개정판

신용평가사가 들려주는 산업이야기 2
석유의 미래 The future of oil

개정판

신용평가사가 들려주는 산업이야기2
석유의 미래 The future of oil

개정판 1쇄 발행 2023년 4월 10일

지은이 김명수, 최우석, 이혁준, 박종일, 최재호, 박선지
펴낸이 장길수
펴낸곳 지식과감성#
출판등록 제2012-000081호

주소 서울시 금천구 벚꽃로298 대륭포스트타워6차 1212호
전화 070-4651-3730~4
팩스 070-4325-7006
이메일 ksbookup@naver.com
홈페이지 www.knsbookup.com

ISBN 979-11-392-1014-9(03320)
값 15,000원

• 이 책의 판권은 지은이에게 있습니다.
• 이 책 내용의 전부 또는 일부를 재사용하려면 반드시 지은이의 서면 동의를 받아야 합니다.
• 잘못된 책은 구입하신 곳에서 바꾸어 드립니다.

지식과감성#
홈페이지 바로가기

개정판

신용평가사 가 들려주는

산업 이야기 2

The future of oil

| 김명수 | 최우석 | 이혁준 | 박종일 | 최재호 | 박선지 |

지산과감평

서문

작년 여름『산업이야기』1권을 낸 데 이어 올 봄에 2권을 내 놓는다. 1권에서는 세계 경제의 패러다임 변화와 4차 산업혁명과 관련된 이슈를 다루었다면 2권의 주제는 원자재시장과 금융이다. 특히 원자재 중에서도 현대문명의 근간인 석유와 미래문명의 핵심이 될 배터리 광물의 현주소를 다루었다.

오늘날 'dirty'하다는 오명이 씌워진 석유는 1960년대까지만 하더라도 값싸고 청정한 연료의 대명사였다. 또한 석유는 대표적인 '전략상품'이었다. 1차대전이 석유의 영국과 석탄의 독일간의 대결이었다면, 2차대전은 무한정의 석유를 가진 연합국과 합성연료에 의존한 추축국간의 대결이었다. 그 승부가 어떻게 될지는 불을 보듯 뻔한 것이었다.

양차대전을 통해 석유를 가진 자가 세계를 지배한다는 것을 체득한 강대국들은 전후 중동의 주도권을 쥐기 위해 살벌한 경쟁을 벌였다. 미국, 영국, 프랑스가 신생 왕국들의 호의를 얻기 위해 각축을 벌였고, 소련도 자생하는 민족주의 세력을 후원하며 중동으로의 진출 기회를 노렸다.

서구의 석유 메이저들은 거의 70년 동안 자기 돈을 들여 이들 신생왕국들의 국가건설에 이바지했다고 생각했지만, 1970년대 들어 중동인들의 민족주의적 자각 앞에 제국주의의 누명을 쓰고 쫓겨났다. 서구 선진국들은 자신들이 중동의 개척자이자 수호자인 줄 알았지만 사실 마호멧의 후예들이 그 땅의 주인이고 자신들은 소작인에 불과했던 것이다. 게다가 서구인들이 쌓아 올린 찬란한 문명은 이제 이슬람문명에 에너지로 종속되는 비참한 현실을 직시해야 했다.

개척자들은 눈물을 머금고 민족주의가 싹틀 수 없는 혹한지와 심해로 나아갔다. 대체 에너지를 찾아 원자력과 재생에너지에 심혈을 기울였다. 정치지도자들은 연예인마냥 TV에 나와 에너지 절약을 선전했다. 기술자들은 원유 1배럴에서 뽑아내는 석유의 양을 두 배로 불리며 공급 증가에 기여했다. 이 모든 노력이 합쳐져 중동 국가들의 주기적인 위협에도 불구하고 1980년대 중반 저유가가 실현되었다. 석유는 더 이상 전략상품이 아니었고 철광석과 석탄같이 돈만 주면 살 수 있는 상품이 되었다.

1940년대부터 셰일지층에서 가스와 석유를 뽑아낼 수 있다는 것이 알려졌지만 경제성 있는 기술은 개발되지 않았다. 모두가 만류할 때 근 150년간 뽑아 올려 텅 비어버린 유전에서 석유를 더 뽑아낼 수 있다고 믿은 고집불통 노인 조지 미첼에 의해 셰일혁명이 일어났다. 개척자들과 선각자들의 피나는 노력으로 서구사회는 이제 에너지 걱정 없이 느긋하게 미래 사회를 설계할 수 있게 되었다.

그러나 1990년대부터 이산화탄소 증가와 지구 온난화가 동행한다는 것이 과학자들의 노력으로 밝혀졌고, 여기에 환경운동과 정치권이 가세하며 기후변화는 금세기 가장 중요한 숙제 중의 하나로 떠올랐다. 기후변화로 환경재앙이 발생할지도 모른다는 과학자들의 예언에 만연히 화석연료를 태우며 아이들의 미래를 망칠 수는 없는 일이다. 2050년까지 넷제로를 달성하지 못하면 아름다운 지구는 금성처럼 변할지 모른다는 두려움이 의사당과 금융시장을 맴돈다. 국제회의에서 선진국은 물론이고 하루 3달러 미만으로 생활하는 극빈국도 기후변화에 동참하라는 설득이 이어진다. 석유는 지천으로 널렸지만 석유를 태우는 것은 이제 죄악이 되었다.

어차피 석유에서 벗어나고자 했던 유럽이 에너지 대전환을 위해 제일 먼저 나섰다. 이왕 가야 하는 길이라면 남들보다 먼저 나가 재생에너지 강국이 되는 것이 낫다. 유럽은 태양광패널과 풍차로 도배되고 있고 2050년까지 에너지 부족을 버티기 위해 임시방편으로 러시아에서 천연가스를 대거 들여왔다. 지정학적 위험은 잠시 잊고 러시아에 10여년간 에너지를 의존하는 것도 나쁘지 않은 선택이다. 그 동안 별일이야 있겠는가?

그러던 중 우크라이나 전쟁이 터졌다. 유럽은 1970년대의 악몽 같은 상황으로 회귀했음을 깨달았다. 게다가 이번 상대는 어설픈 중동 국가가 아니라 무시무시한 러시아다. 유럽은 기후변화(climate change)라는 먼 미래의 괴물이 아니라 레짐 체인지(regime change)라는 눈앞의 적과 싸워야 한다는 것을 깨달았다.

'유럽의 9·11'이라는 우크라이나 전쟁을 맞아 세계의 정치·경제, 그리고 산업의 미래는 어떻게 될 것인가?

1부에서는 이러한 주제의식 하에 석유산업의 역사와 현재, 그리고 기후변화와 우크라이나 문제를 다루어 보았다. 2부에서는 NICE신용평가의 이혁준 상무가 금융산업에 대해 가진 깊은 고민을 드러내 보였다. 중금리 대출 사업이 왜 어려운지, 격변기에 실적이 요동쳤던 증권업을 신용평가 관점에서 어떻게 보는지, 신용카드·캐피탈 업권의 당면과제들이 무엇인지가 주제다. 3부에서는 일선에서 뛰고 있는 애널리스트들이 배터리 광물산업의 현실과 인터넷전문은행의 사업전략에 대해 평가한 실전 보고서들을 실었다.

『산업이야기』는 단순히 산업과 기업에 대한 이야기를 넘어 정치, 경제, 국제관계, 금융시장, 과학실험, 환경운동, 그리고 이제 '전쟁과 평화'까지 난마처럼 얽인 고도의 복잡한 스토리이다. 독자들에게 고도로 복잡한 산업사회의 이면을 이해하는데 조금이라도 도움이 되었으면 하는 바람이다.

2022년 3월 30일
저자를 대표하여 김명수 씀

contents

4 서문

**1부
원자재 시장**

13 반독점의 역사와 빅테크에 미칠 영향 | 김명수
33 석유의 미래 1 (1859~2차대전) | 김명수
49 석유의 미래 2 (2차대전~오일쇼크) | 김명수
72 석유의 미래 3 (1980~현재) | 김명수
97 석유의 미래 4 (기후변화-전편) | 김명수
122 석유의 미래 5 (기후변화 최종편) | 김명수
151 우크라이나 전쟁이 세계경제에 미칠 파문 | 김명수
171 원자재 슈퍼사이클 논란 | 최우석

2부
금융시장

- 199 격변기 증권업을 바라보는 신용평가사의 시각 | 이혁준
- 205 중금리 대출의 추억 | 이혁준
- 218 신용카드사와 캐피탈사의 미래 | 이혁준

3부
New Industry Insight

- 235 배터리 광물 가격 급등 원인과 영향 분석
  | 박종일 | 최재호
- 268 인터넷전문은행 출범 후 4년, 우리가 기대했던 것은 달성되었는가 | 박선지

1부 원자재시장

반독점의 역사와
빅테크에 미칠 영향

김명수

1. 대기업의 탄생

1) 남북전쟁

미국은 남북전쟁(1861~1865) 이전 사실상 농업국가였다. 주력 수출품은 농산물이었고 공산품은 대부분 영국에서 수입되었다. 온대 지방인 미국 북부는 밀, 옥수수 등의 주곡농업이 이루어졌고 제조업은 일부 섬유공장을 제외하곤 여전히 장인 중심의 영세한 수공업이었다. 아열대성의 남부지역에서는 담배, 면화, 사탕수수 등 상품작물이 대규모로 재배되었다. 새로 영토로 편입된 중서부 변경지역에 노예제 적용 문제를 둘러싸고 폭발한 남북전쟁은 미국 북부와 남부가 사실상 다른 체제(Regime)이었음을 드러내었다.

현대에 와서 반인륜적인 범죄로 여겨진 노예제는 1년 내내 노동력이 필요한 열대지방의 상업농법과 관련이 있다. 4계절 기후가 분명한 온대지방에서 노예는 수확기가 끝난 후 새해의 파종기까지 유휴 노동력화되고 농장주는 노예 부양 의무를 진다. 추운 미국 북부지역에서 노예제가 비교적 빨리 폐지되고 계약 임노동제가 일반화된 이유다. 반면 일년 내내 재배와 수확이 가능한 열대지방의 상업농(Plantation)에서는 노예제의 효율이 컸다. 남부지역에서는 노예제가 온존되었고 전쟁을 치르면서까지 이 제도에 집착하였다. 미국 북부와 남부는 서로 화해할 수 없는 다른 체제였다.

남북전쟁이 북군의 승리로 끝나자 전쟁을 주도한 공화당 전성시대가 열렸다. 링컨이 만든 공화당은 구 휘그당원, 연방주의자, 반이민주의자(아일랜드 노동자 대거 유입에 대한), 노예해방론자의 어색한 연합체였지만 다수는 구 휘그당원이 차지하였다. 휘그당원들은 경제적으로 친개발(pro-development), 친기업 노선이었다. 북부지역의 자경농과 도시 상공인 등 신흥 중산층을 지지세력으로 삼고 승전을 거머쥔 공화당은 이후 70년간 미국 정치의 대세로 자리 잡아 대공황기까지 정국을 주도한다.

정치적으로 친개발 노선이 득세하고 링컨이 내전 중에 추진한 대륙횡단철도가 1869년 완공되자 국토가 종횡으로 연결되었다. 이념이 서고 지리가 통합되자 시장이 거대해지고 기업이 우후죽순처럼 솟아났다. 마크 트웨인이 이른바 '도금시대'(The Guilded

Age, 鍍金時代)로 명명한 남북전쟁 후 40년간 기록적인 경제성장을 보인 것이다.

 기업들의 활동 무대가 거대한 대륙 전역으로 확장되며 대기업이 탄생하였다. 철강업에 앤드류 카네기, 정유업에 존 D. 록펠러, 철도업에 제이 굴드 등 청년 사업가들이 등장하였고, 월가에는 당당한 풍채의 존 피어폰트 모건이 새 바람을 몰고 왔다. 모건은 이자와 수수료에 안주하던 과거의 금융가들과는 달리 철도와 철강산업 구조조정에 투신하여 거대한 부를 일구었다. 심지어 1907년 불황 때에는 중앙은행의 역할을 맡아 금융시장 안정화를 주도하는 경지에 이른다. 이들 모두 언론으로부터 강도 귀족(Robber Baron)으로 불릴 만큼 시기와 질투를 받았다. 그중 압권은 록펠러의 스탠더드오일이었다.

 2) 세계 최초의 다국적기업 : 스탠더드오일

 석유산업은 미국이 창조하였고 등유(kerosene)는 미국의 발명품이다. 조명용 고래기름과 석탄에서 추출한 오일은 비싸고 효율이 좋지 않았다. 펜실베이니아 티투스빌에서 에드윈 드레이크가 최초로 석유 시추에 성공(1859년)한 후 등유는 단 10년만에 미국을 넘어 세계시장을 장악하였다. 그것도 펜실베이니아란 일개 주에서 생산한 제품이 세계 조명등 시장을 완전 대체한 것이다.

 신흥산업인 석유산업은 많은 문제점을 안고 있었다. 펜실베이니아 지역에 집중된 유전에 몰려든 채굴업자들은 남굴(濫掘)을 일삼았다. 유전이 지하로 연결되어 있기 때문에 먼저 채굴하는 것이 이득이다. 남굴된 기름은 과잉을 넘어 버려지기 일쑤였고 유전지대는 넘치는 원유로 진창을 이루었다. 가격은 폭락했다. 심지어 유정이 1년 만에 고갈되어 흥청대던 도시가 유령도시로 변한 사건(피트홀 유정 고갈 사건)도 있었다. 과학자들은 10년안에 석유가 고갈될 것이라고 경고했다.

정유업자들의 문제도 심각했다. 정유시설의 가격이 천정부지로 치솟자 투기가 만연했다. 농부들은 홈스테드법(정착 농민에게 미개발 토지 20만 평의 무상불하)으로 취득한 농지를 팔고 부실한 정유시설을 사들였다. 투기판에는 거짓말과 사기가 속출했다. 고물 정유시설에서 정제한 불순물이 많은 저질 등유는 끔찍한 폭발의 위험을 내포하고 있었다. 1870년대 중반 석유 폭발 사고로 매년 오륙천 명이 목숨을 잃었다.

수송도 문제였다. 산악지대인 펜실베이니아에서 채굴한 석유를 술통(배럴)에 채우고 엘러게이강에 뗏목을 띄워 수송하는 방식은 장기적인 대안이 될 수 없었다. 저장 방식의 표준화, 교통 요지에 넓은 집하장의 확보, 저렴한 육상·해상 운송 시스템이 필요했다.

이 모든 문제를 해결한 사람이 록펠러다. 록펠러는 모건 같은 당당한 풍채나 카네기 같은 유려한 언변은 없었지만 치밀하고 조용하게 정유업계를 장악해 나갔다. 부친의 반대로 대학 진학이 좌절

된 록펠러는 상업학교에서 배운 회계 실력으로 모든 사업 관련 장비들을 자와 저울, 그리고 숫자로 계량화해 나갔다. 일확천금을 노리고 유정 후보지를 매점하고 시추 업자들을 동원하며 투기적 행각을 일삼던 보통의 업자들과는 전혀 달랐다.

록펠러는 사업 초기부터 지하 유정에서 무분별하게 채취되는 석유사업의 불확실성을 제거하기 위해 '보이는 손'[1]의 중앙집중적 통합관리가 필수적임을 본능적으로 깨달았다. 록펠러는 1860년대 후반~1870년대 전반에 걸쳐 지역별 정유시설은 물론이고, 송유관, 저장탱크, 집하장, 유조차량, 물류회사, 연안 부두시설을 인수하고, 이리(Erie)철도 · 뉴욕센트럴 철도와 동맹을 맺어 철도운송료를 가장 저렴한 가격에 확보하였다. 록펠러는 거래 상대방과 비밀유지를 생명처럼 받들었기에 10여 년 동안 이런 일이 진행되는지 아무도 몰랐다.

기업이 기업을 소유하는 것이 불법인 당시 스탠더드오일은 인수한 회사의 주식을 자사 신탁위원회에 신탁(트러스트[2])하고 그 대가로 신탁증서를 발행하는 창의성을 발휘하여 석유제국을 형성해 나갔다(1882년). 피인수 기업의 주주는 위원회 멤버로 받아들여졌다. 트러스트의 관리 문제를 해결할 방안은 위원회에 의한 관리와

---

1. 아담 스미스의 '보이지 않는 손'에 대치하여 미국 하버드대의 기업사학자인 알프레드 챈들러가 만들어낸 개념이다. 대기업의 중앙집중식 관리체계를 일컫는다.
2. 이로써 독점(monopoly)이란 용어 대신 신탁증서(certificate of trust)를 주고받은 스탠더드오일의 카르텔 방식에서 '트러스트'란 용어가 유래하였다.

조정 시스템이었다. 국내거래위원회, 수출거래위원회, 제조위원회, 인사위원회, 파이프라인위원회, 송무위원회, 윤활유위원회, 생산위원회 등이 갖춰졌다.

기술이 공유되고 품질이 안정되자 폭발사고는 소멸하였다. 소비자가격은 1/10 수준으로 내려갔다. 가격이 하락하여 소비자가 두터워지자 현금이 쏟아져 들어왔고 신탁증서를 받은 대부분의 사업자들도 두둑한 배당에 만족하였다. 미국을 넘어 유럽에서 극동까지 시장을 확장하였고 세계 최초의 다국적기업(Multinationals)이 되었다. 스탠더드오일 단독으로 세계시장의 90%를 장악하였다. 이러한 독점은 러시아 바쿠 지역에서 노벨과 로스차일드 가문이, 수마트라에서 로열더치사가 유정을 개발할 때까지 지속된다.

정유 트러스트의 대성공을 보고 이러한 사업방식이 붐을 이루었다. 철도, 철강, 정육, 통신, 담배, 재봉틀, 식품 등 부문을 가리지 않고 기업 트러스트가 결성되어 1900년대 초반에 이르면 300여 개의 트러스트가 결성되었다. 독점에 대한 우려가 싹트기 시작했다.

2. 반독점의 물결

1) 제 1 물결 : 1901년~ 대공황

연방법으로서 최초의 회사규제법인 셔먼법이 1890년 통과되었지만 기업인들은 이에 크게 개의치 않았다. 회사법은 원래 주의 권한이고 연방의 의제가 아니었다. 최초의 연방 회사법인 셔먼 반독점법에서 정의하는 "거래의 제한", "경쟁의 중대한 감소", "독점화" 등이 치열한 사업의 세계에서 무엇을 의미하는지 관습법인 영미법의 전통에서 구체화되기란 어려웠다.

미국인들은 독점에 대해 두 가지 감정을 가지고 있었다. 철강, 석유, 철도, 통신 같은 산업에서 신흥공업국 미국의 대기업은 국위선양의 화신으로 비쳐졌다. 이들 기업이 세계적 경쟁력을 갖추려면 대규모 생산시설과 유통망이 필요하다고 생각했다. 미국인들은 US스틸이 영국과 철강 패권을 두고 싸우고, AT&T 같은 신생회사가 세계 최대의 전화망을 운영하고 있다는 사실에 자부심을 느꼈다. 대륙횡단철도를 운영하는 유니언퍼시픽이 제공하는 쾌적한 서비스에 시민들은 만족했다. 스위프트사가 개발한 냉동화물열차로 비싼 소고기를 도시에 대량 공급하자 중산층도 마음 놓고 먹을 수 있게 되었다. 시민들이 건강해지고 아이들의 키가 크기 시작했다.

그러나 다른 한편 불만은 쌓어간다. 급속한 대기업화는 기존 사업체계 내의 중간상, 도매상, 지역사업자, 피인수 기업 관련자들에게 끊임없이 변화를 요구한다. 사업재편 과정에서 마찰적 실업이 증가하고 지역 영세 상인들은 선택을 강요 당한다. 고용주와 고용인 간에 부의 격차가 커졌고, 대규모 노사분규가 일어났다. 사무 노동자와 육체 노동자 사이에 갈등이 심화되고, 낯선 사람을 상대로 하는 범죄가 증가했다. 일자리를 찾아 가족이 해체되고 삶의 속도가 무척 빨라지고 사람들은 피로를 느낀다.

언론은 사회 저변의 불만을 포착하고 이를 기사화하기 시작한다. 정치인과 공직자에게 요구되던 도덕과 행동 규범의 기준을 기업인들에게 들이대기 시작했다. 이른바 사인(私人)의 공인화(公人化)다. 『맥클루어즈지』(McClure's Magazine)의 여작가 아이다 미네르바 타벨(1857~1944)은 오랜 시간 밀착 취재를 거쳐 1902~1903년간 19편에 걸쳐 록펠러라는 개인과 스탠더드오일의 행각을 폭로하였다. 타벨은 현대적 탐사보도의 신기원을 연 위대한 언론인으로 부상했다. 업튼 싱클레어도 1906년 소설『정글』에서 대규모 정육산업이 미국인들의 식생활을 풍요롭게 만들었지만 이면에 이민노동자들의 비참한 모습이 있음을 그려내 대중의 동정을 샀다. 이 소설로 그는 정계에 데뷔했다

대중의 불만을 업고 진보주의는 기세를 올리기 시작했다. 미국 전역에 기업 합병의 바람이 크게 불면서 트러스트가 급증하자 반독점이 정치 현안으로 부각되었다. 젊고 열정적인 연설가 윌리엄 제닝스 브라우닝(1860~1925)은 36세, 40세의 나이에 민주당 대통령 후보로서 공화당의 윌리엄 매킨리(대통령 재임기 1897~1901)와 두 번 연이어 맞붙었다. 전국 순회연설에서 그는 '소비자 보호, 사회정의, 근로조건 개선, 대기업 통제'를 주장하였다.

언론인, 지식인, 진보적 정치인들의 압박에 기업인들은 이들을 사회주의자로 취급하며 무시하였고, 번영의 시대를 이끌었던 공화당에 기대를 걸었다. 록펠러도 "공화당 정치인들이 믿을 만 해" 하

며 매킨리에게 두둑한 후원금을 냈다. 매킨리가 브라우닝을 두 번다 이겨 한시름을 놓는 듯 했으나 그는 재선된 지 6개월 만에 암살당했다. 그 직을 승계한 젊은 부통령 시어도어 루스벨트(대통령 재임기 1901~1909)는 공화당 내 반항아였다.

미국-스페인 전쟁의 영웅 루스벨트는 매킨리의 픽업으로 부통령이 되었지만 할 일이 없는 부통령 직을 따분해 했다. 그런데 6개월 만에 대통령직을 승계하여 미국 역사상 최연소 대통령(43세)이 된 것이다. 젊은 대통령은 공화당 내 아웃사이더였고 전통의 공화당 내 지지세력이 없었다. 그는 당내 반대를 무릅쓰고 자신의 어젠다를 실천하기로 했다. 바로 '대기업 규제'인 것이다. 방법은 공화당 천지인 의회를 건너뛰고 법무부(Department of Justice)를 동원하는 것이다.

그는 모두가 잊고 있던 셔먼법을 동원하여 1902년부터 7년 동안 철도, 철강, 정유, 정육, 식품 등 43개 트러스트를 기소하였다. 1906년 11월 스탠더드오일의 기소는 그 하이라이트였다. 다른 트러스트와 달리 등유는 누구나 쓰는 소비재였기에 시민들이 민감하게 느꼈다.

연방대법원도 응답했다. 애매모호한 셔먼법의 조항을 이른바 '합리성의 원칙(rule of reason)'을 들어 적극적으로 판단하였다. 무엇이 합리적인가? US스틸의 50% 시장점유율은 합리성의 기준에 부합하여 독점이 아니지만, 스탠더드오일의 90%는 독점으로 판단하였다. 추측건대 US스틸의 전신인 카네기사의 앤드류 카네기는 엄청난 자선사업으로 국민들의 사랑을 받았지만, 스탠더드오일의 록펠러는 여작가 타벨의 탐사보도로 의혹과 경멸의 대상이었다. 대법관들도 여론의 눈치를 살필 수밖에.

1911년 스탠더드오일은 Exxon(뉴저지), Mobil(뉴욕), Sohio(오하이오), SoCal(캘리포니아) 등 33개 지역별 기업으로 분할되었고 연이어 20여 개의 다른 트러스트들도 해체되었다. 미국이 배출한 수십 개의 대기업은 아이러니하게도 장기간 미국의 번영을 이끈 공화당 치세 하에 우연히 정권을 잡은 반항아 시어도어 루스벨트에 의해 격파된 것이다. 루스벨트는 트러스트 파괴자(Trust Buster)라 불렸다. 트러스트 해체 열풍은 1929년 대공황이 되어서야 사그라들었다.

2) 제 2 물결 : 전후 ~ 1980년

근대 유럽을 바꾸어 놓은 것이 1차 대전이었다면 미국을 바꾸어 놓은 것은 대공황이다. 대공황은 휘그적 전통의 공화당이 주도하던 미국의 정치지형을 바꾸어놓았다. 민주당은 대공황기를 맞아 이념적으로 좀 더 진보적이고 정부 개입적인 정강정책을 장착하였다. 매력적인 신사 프랭클린 D. 루스벨트(FDR, 1931~1945년 재

---

3. 1932년 FDR 이 실직하고 가난한 노동자그룹을 "Forgotten men"으로 지칭하고 이들에 대한 지원을 호소하는 연설을 하여 유명해 진 개념

임)가 대공황으로 "잊혀진 사람들(Forgotten men)[3]"에 대한 지원을 호소하자 자본주의를 의심하는 지식인 그룹과 실직한 도시빈민들이 지지세력이 되었다. 남부를 지지세력으로 하던 민주당은 이들이 상주하는 대도시를 텃밭으로 확보해 선거에서 우위를 점했다. 자유주의적인 공화당은 수세에 몰리고 당내 인물난으로 전쟁 영웅인 아이젠하워를 긴급 수혈해 가며 근근이 버텨나갔다. 민주당은 FDR 이후 공화당에 레이건이 등장할 때까지 약 50년간 미국 정국을 주도하며 진보적 의제를 밀고 나갔고 공화당도 이에 눈감았다.

2차대전으로 유럽과 일본의 공업시설이 모두 파괴되자 미국만이 세계 유일 공업국으로 우뚝 섰다. 미국 내 진보진영도 대공황과 2차대전으로 주춤했던 반독점에 대한 비판의 목소리를 다시 높였다. 트러스트는 해체되었고 인수합병을 통해 성장한 대기업도 더 이상 없었으나 첨단산업은 달랐다. 전자산업에서 새로운 4대 천왕이 등장했으니 바로 AT&T, RCA, IBM, XEROX가 그것이다. 이들은 오직 기술력으로 스스로 성장해 미국을 넘어 세계의 통신, TV, 컴퓨터, 복사기 시장을 석권하였다. 그러나 이들도 반독점 혐의에서 예외가 될 수 없었다. 다만 이들에 대한 당국의 조치가 다른 방식을 취했을 뿐이다.

반독점 당국은 1910~20년대의 경험을 통해 트러스트를 해체하는 방식의 한계를 절감했다. 1911년 스탠더드오일에서 분할된 개별 기업들은 더욱 호황을 누렸다. 지역별로 권역을 나누어 시장이 안정되었고 마침 자동차 붐으로 가솔린 수요가 폭증했기 때문이다. 록펠러는 산업의 제왕 자리는 내놓았지만 주가 상승으로 전무후무한 부자가 되었다. 기업분할 방식의 반독점 해법에 의문이 일어났다. 미 법무부는 이들 4대 기업에 대해 다른 접근 방법을 내놓았다.

1958년 미 법무부는 RCA, IBM, AT&T가 보유한 특허를 모두 공개하도록 하였다. 1959년 건식 복사기를 내놓아 세계 사무실 환경을 강타한 XEROX에 대해서도 1975년 같은 조치가 내려졌다. 특허권을 개방해 경쟁기업들이 기술에 접근할 수 있게 해야 한다는 논리였다. '특허권의 나라' 미국에서 '특허권' 보다 '독점' 문제를 더 심각하게 다룬 첫 사례다.

AT&T는 전화 네트워크 사업을 독점하고 있었으니 자사의 벨연구소가 보유한 반도체 기술을 개방하는데 그쳤다. IBM도 기존 특허를 개방했지만 차원이 다른 호환 컴퓨터인 '시스템 360'과 개인용 컴퓨터(PC) 시장으로 달려나갔다. 이 조치로 벨연구소와 IBM의 특허와 기술인력은 외부로 유출되어 페어차일드반도체, 텍사스인스트루먼트, 마이크론, 모토롤라, 애플, 마이크로소프트 등 실리콘밸리의 창업 붐을 이끄는 초석이 되었다. 미국의 반도체, 컴퓨터 산업이 꽃을 피웠다.

그러나 RCA와 XEROX의 운명은 달랐다. RCA는 라디오·TV 판매 수익, 라디오 패키지 기술이전 수익, 자회사인 NBC방송 수익으로 1950년대까지 세계 전자산업의 황제로 군림하였다. 특히 자체 개발한 '흑백 TV와 호환되는 삼색 진공관 컬러 TV'는 타의 추종을 불허하는 기술이었다. RCA가 법무부의 조치에 따라 미국 내 기업에 무료로 기술이전을 하게 되었지만 미국 업체들은 컬러 TV시장에 도전하지 않고 진공관과 전자부품 등 수익성 좋은 단품만을 만들었다. 오히려 해외 기업들이 달려들었다.

RCA의 경영자 데이비드 사르노프도 기술이전 로열티를 받을 수 있는 해외시장, 즉 유럽의 필립스와 일본 기업들로 눈을 돌렸다. 일본 기업들은 돈만 내면 RCA 기술을 마음껏 가져다 쓸 수 있었고 RCA도 로열티 수입으로만 1년에 2~3억 달러를 벌어들였다. 태평양 건너 일본에서 RCA의 세례를 받은 소니, 마쓰시다, 샤프, 산요 등 신생기업들이 무럭무럭 자라났다.

1965년 RCA는 회사와 미국 전자산업의 미래에 큰 영향을 미칠 전략 두 가지를 마련하였다. 첫째는 컴퓨터에서 IBM에 도전하고, 둘째는 RCA가 거대 복합기업으로 변화한다는 것이었다. RCA는 사이렌의 유혹과 같이 '컴퓨터의 유혹'과 '거대 기업의 저주'에 걸린 것이다.

그러나 빛의 속력으로 신제품을 개발해 나가는 IBM은 '움직이는 과녁'이었다. IBM에 대한 도전은 5억 달러의 손실만 남기고 실패로 끝났다. 거대 복합기업이 되겠다는 RCA는 출판사인 '랜덤하우스', 골프 브랜드 '아놀드 파머', 자동차렌탈업의 'Hertz'를 인수하였고, 그 외에도 제지, 식품, 부동산, 카펫 제조 등으로 사업을 확장하였다. 문어발식 다각화는 성공적이지 못했고 기업의 자금을 고갈시켰다.

세계 시장 점유율 90%를 자랑하던 XEROX도 1,700개의 특허를 풀었고 기술이전 로열티를 벌어들였다. 그러나 '작은 것이 아름답다'는 철학의 일본 기업 세이코엡손과 캐논이 소형 복사기를 만들어낼 줄은 꿈에도 생각하지 못했다. XEROX는 2017년 일본 기업에 인수합병되며 그 조종을 울렸다. 반독점 조치는 일본 기업을 키우고 RCA와 XEROX를 무너트렸다. 더 큰 문제는 이 조치로 경쟁이 강화되기는커녕 미국의 소비자가전 산업이 다 파괴되었다는 것이다. 미국 내 자성의 바람이 불었다.

1970년대 리차드 닉슨 아래서 일했던 법학자 Robert Bork는 1978년 쓴 『The Antitrust Paradox』에서 반독점법의 폐해를 지적하며 "미국 반독점법의 유일한 합법적 목표는 소비자 효용 극대화여야 한다."라고 주장하였다. 더 작은 기업, 혹은 덜 효율적인 경쟁자를 "보호할 가치가 있는" 자로 판단하지 않아야 한다는 것이다.

1981년 공화당의 로날드 레이건이 대통령이 되자 이런 Bork의 주장이 받아들여졌고 소비자 후생이 퇴보하지 않는 한 대규모 인수합병에 정부는 더 이상 관여하지 않았다. '80년대 이후 미국에서 제약, 항공, 철강, 자동차, 화물운송, 종자, 화학, 통신산업 등 거의 전 영역에서 인수합병이 일어났고 모두 반독점 심사를 통과하였다. '80년대 후반 마이크로소프트가 소프트웨어 제국을 세울 수 있었고, Google, Amazon, Facebook, Apple(GAFA)이란 온라인 거대기업이 탄생한 배경이다.

3. 제3의 물결
1) 빅테크를 둘러싼 국가간 충돌

최근 빅테크를 둘러싼 반독점 논쟁이 치열하다. 이들이 인류에게 열어 준 새로운 세상의 기쁨은 새삼 말할 필요도 없지만, 플랫폼 기업의 정의 상(by definition) 독점으로 치닫고 있는 것도 사실이다. 이들의 사업방식을 분석하고 소비자 효용이 우선하는지 경쟁 제한성이 높은지 복잡한 경제학적, 법적 논의를 여기서 거론할 생각은 없다. 그러나 이미 현실 세계에서 빅테크에 대한 규제 필요성은 미국 내는 물론, 세계 각국에서 다양한 형태로 제기되어 왔다. 이 이슈들은 한 발 뒤로 물러서 구분해서 볼 필요가 있다.

우선, 빅테크에 대한 미국 내 규제는 지난 40년간 거의 없었고 규제 움직임은 주로 해외에서 터져 나왔다. 사민주의적 규제 천지인 유럽은 세계적인 온라인 기업을 배출하는데 실패했고 역내 시장을 보호하기 위해 GAFA를 비판하며 규제의 목소리를 높여왔다. 역내 산업을 보호하려는 EU와 자국 기업을 보호하려는 미국이 충돌하였다.

EU 국가들은 트럼프 집권기에 빅테크 역내 매출의 2~3%를 디지털세로 부과하려 하였고, 트럼프 정부는 유럽 수입품에 대한 25% 보복관세를 예고해 왔다. 아울러 미디어 시장을 침투해 들어오는 구글과 페이스북에 대해 신문기사 사용료를 요구하였다. 호주 정부는 2021년 2월 기사 사용료 지급을 강제하는 '뉴스 미디어 협상법'을 상정해 놓았고, 프랑스 정부도 유수 언론과 협상하라는 반독점 당국의 명령을 어겼다며 동년 4월 구글에게 593백만 달러의 과징금을 매겼다.

미국 바이든 행정부는 EU의 디지털세에 대한 대안으로 빅테크의 외국시장 이익률이 10%를 넘을 경우 초과이익의 20~30%를 외국 정부에 과세권으로 배분하는 타협안을 제시하고 있다. 바이든 행정부가 반대급부로 노리는 것은 글로벌 최저한세(최소 15%) 도입이다. 증세가 필요한 바이든은 미국 대기업들이 낮은 법인세율을 찾아 해외로 본사를 옮긴 것을 본국으로 귀환시키겠다는 것이다.

초저율의 법인세는 EU 내 아일랜드, 헝가리, 에스토니아가 채택하고 있고 이들이 최저한세에 반발하고 있다. 그러나 EU 내 3국의 영향력은 크지 않으므로 글로벌 최저한세는 무난히 채택될 것으로 보인다. 이는 곧 디지털세를 대체할 초과이윤세가 채택될 것을 의미한다. 또한 신문기사 사용료에 대해서는 미국 상무부가 좀 더 광범한 조사를 거쳐 시행할 것을 제안하고 있고, 호주·프랑스 뿐 아니라 다른 나라에도 적용될 수 있는 사안이므로 좀 더 추이를 지켜봐야 할 것이다.

결국 빅테크에 대한 외국 정부의 규제 움직임은 EU의 중상주의 정책에 불과하고 GAFA도 미국 정부란 최종 보호자 우산 아래 움직일 것이므로 크게 우려하지 않는 것으로 보인다. Facebook은 외국 정부에 신문 사용료 납부를 거절하며 기사 사용을 더 이상 하지 않겠다고 선언했다. 문제는 미국 정부의 움직임이다.

2) 바이든 행정부의 반독점 물결

미국 내 움직임은 예사롭지 않다. 바이든 대통령은 2021년 7월 '경쟁 증진을 위한 행정명령'에 서명하며 "지난 40년 동안 거대 기업의 힘을 축적하는 것을 실험해 왔다. 얻은 것은 무엇인가? 저성장, 약화된 투자, 소상공인의 몰락이다."라고 지적하였다.

그는 FTC 수장에 32세의 젊은 여성 법학자 리나 칸(Lina Khan)을 임명하였고 법무부 반독점 국장에는 조나단 캔터(Jonathan Kanter)를 선임하였다. 리나 칸은 예일대 로스쿨 재학 당시부터 반 아마존주의자로 유명해졌고, 조나단 캔터도 반 구글론자다. 스탠더드오일을 공격한 아이다 타벨을 연상시키는 리나 칸은 '민중의 변호사'로 명성을 떨친 루이스 브랜다이스(Louis Brandeis, 1916~1939 연방대법관 역임)의 철학을 추종한다.

브랜다이스는 "규모는 죄가 아니다. 그러나 규모는 그것이 쟁취되어 가는 수단 혹은 그것의 사용에 의해 유해해질 수 있다"라며 1914년 Clayton Anti-trust Act 의 통과를 주장했다. 클레이턴 반독점법은 추상적인 셔먼법을 구체화한 것으로 불공정행위와 기업결합을 제한한다. 브랜다이스에게 민주주의란 노동자가 고용주와 협상할 자유를 포함하는 것이다. 이러한 자유는 다른 경제주체에도 똑같이 적용되어 공급자가 소매업자와, 역으로 소매업자가 공급자와, 농부가 은행과 협상할 수 있어야 하고 그러기 위해서는 무조건 시장 참여자가 많아야 한다.

리나 칸이 주창하는 네오-브랜다이스 운동은 "큰 것은 나쁘다. 대기업이 합병하지 못하도록 하라. 끝. (Big is bad. Just don't let big firms merge. The end.)"이라는 슬로건으로 대변된다. 이는 로버트 보크의 소비자 효용을 중시하는 접근법을 대체하여 중소기업과 소상공인을 보호하고 사회문제들을 해결하기 위한 다양한 목표들을 제시한다. 이들 목표는 정량화될 수 없고 그때그때 사회적 서사의 중요도에 따라 목표가 달라진다. 이미 리나 칸은 아마존이 MGM Studios를 85억 불에 인수하는 건을 불허하였다. 빅테크의 인수합병에 제동이 걸렸다.

3) 초당적 협력이 가져올 후폭풍

많은 언론과 전문가들은 FTC의 새로운 리더십이 막강한 자금력과 변호인단을 보유한 대기업은 물론, 의회와 대법원의 도전을 받게 될 것이라고 예측한다. 그 예로 드는 것이 마이크로소프트의 사례다.

1991년 반독점 혐의로 기소된 마이크로소프트는 1998년 클린턴 행정부에서 2개의 기업으로 분할을 명령받았으나, 2002년 조지 W. 부시 행정부 때 연방대법원에서 그 명령이 취소되었다. 마이크로소프트에 대한 재판은 12년 동안 세 명의 대통령을 거치며 결론이 번복되었다. 이론적으로 '소비자 효용 우선'이란 로버트 보크의 철학이 살아 있었고 좀 더 솔직하게는 미국의 국익 앞에 행정부와 대법원이 타협한 결과다.

그러나 2021년은 반독점의 역사에 한 획을 긋게 될 것이다. 6월 11일 미국 하원에서 빅테크를 대상으로 하는 반독점 법안 패키지 4개 법안이 초당적으로 발의되었다.[4] 민주 공화 양당이 빅테크 규제에 나선 것은 이들의 힘을 두려워하게 되었기 때문이다.

민주당은 2016년 대선에서 Facebook과 twitter가 트럼프의 러시아 스캔들을 가짜 뉴스로 삭제·검열하였고 이것이 트럼프를 당선시켰다고 생각한다. 공화당도 빅테크가 유력 정치인의 계정을 검열하고 있고, 민주당에 거액의 선거자금을 헌납하고 있다고 믿는다. 과거 민주당이 공화당에 선거자금을 뿌리는 록펠러와 카네기를 눈엣가시처럼 여겼듯이 지금의 양당 정치인들은 자신들의 운명을 좌지우지할 수 있는 빅테크의 거대한 힘을 제어하고자 한다.

GAFA는 탁월한 변호인단과 로비력을 갖추고 있고 대법원은 트

---

4. 미국 온라인 시장선택과 혁신 법안, 플랫폼 독점 종식 법안, 서비스 전환 활성화를 통한 경쟁과 호환성 증진 법안, 플랫폼 경쟁과 기회 법

럼프 연간에 보수화되어 반독점 당국의 의지가 관철될지는 불투명하다. 그러나 바이든 시대에 의회와 행정부는 혼연일치되어 GAFA의 독점력을 약화시키고자 한다. 반독점의 제1물결(1901~대공황)에서 시어도어 루스벨트란 공화당 내 진보파가 추진력을 발휘해 트러스트가 해체되었고, 제2물결(전후~1980년)에서 진보주의가 대세가 되며 첨단기업의 특허권마저 방출되었다. 대기업은 의회와 행정부를 이길 수 없다는 것이 남북전쟁 이후 160년간의 역사다.

제3차 반독점 물결은 이제 바다를 넘어 세계 전역에 밀어닥칠 것이다. 최근 우리 국회도 빅테크의 인-앱 결제를 의무화하는 사업방식에 제동을 건 통신관계법을 통과시켰다. 우리나라에도 상당수의 온라인 대기업들이 존재한다. 우리가 사태의 추이를 주시해야 하는 이유다.

참고문헌

1. 『황금의 샘 1』, 대니얼 예긴 저, 라의눈
   석유산업의 역사를 생생하게 묘사한 역저로서 스탠더드오일의 성장을 객관적으로 이해할 수 있다.
2. 『(신화가 된 기업가들)타이쿤』, 찰스 R. 모리스 저, 생각비행
   도금시대를 수놓은 카네기, 록펠러, 굴드, 모건에 대한 생애를 서술한 저작.
3. 『전자산업100년사』, 알프레드 챈들러, 베리타스북스
   소비자가전과 컴퓨터를 둘러싼 각국 기업간 역사에 대해 쓴 책이다. RCA의 붕괴 과정을 이해할 수 있다.
4. 『플랫폼제국의 미래』, 스콧 갤러웨이 저, 비즈니스북스
   GAFA의 명암에 대해 잘 이해할 수 있다.
5. 『아이다 미네르바 타벨』, 스티브 와인버그 저, 생각비행
   타벨의 전기. 타벨이 스탠더드오일을 추적한 기록을 참조하였다.

석유의 미래 1
(1859~2차대전)

김명수

1. 전략상품이 된 석유

1) 모험사업인 석유산업

1859년 미국의 지하수 시추 업자 에드윈 드레이크로부터 시작된 석유산업은 기껏해야 젊고 배포 있는 시추 업자와 투기꾼들이 일확천금을 노리고 덤벼드는 모험사업에 불과했다. 성공 확률은 낮고 성공하더라도 가난한 농부들에게 등유(kerosene)는 여전히 비싸 팔기가 어려웠다. 석유산업의 초기 관건은 가격을 낮추고 안정적인 판매망을 확보하는 것이었다.

존 D. 록펠러는 석유산업의 하류 부문인 정유업 트러스트를 이끌며 넘볼 수 없는 가격경쟁력으로 미국 시장의 90%, 세계 시장의

70%를 장악하였다. 러시아 바쿠 지역의 노벨브라더스社(노벨家)와 카스피해와 흑해 석유회사(로스차일드家), 그리고 수마트라 유전개발에 성공한 로열더치社가 유럽시장을 일부 가져가는 형국이었다. 대담한 유대계 영국인 마커스 새뮤얼이 로스차일드가와 손잡고 바쿠의 석유를 유조선으로 실어날라 극동지역에 파는 창의적인 사업방식을 선보이자 진정한 의미의 국제경쟁이 시작되었다. 해상운송회사 쉘(Shell Transport and Trading Company)의 기원이다. 쉘社와 로열더치社는 합병하며 스탠더드오일에 맞설 거대 다국적기업으로 성장해 갔다.

판매 경쟁은 가속화되어 갔지만 등유 시장의 수요 전망은 밝지 않았다. 토머스 에디슨이 1879년 백열전구를 발명했기 때문이다. 낙후된 시골은 여전히 등유를 켰지만 부유한 도시는 깨끗하고 밝은 전구로 바꾸어 나갔다. 전력산업의 급속한 발전은 석유산업을 위협했다. 1911년 트러스트 해체 명령을 받은 스탠더드오일의 경영자 존 아치볼드는 자신이 보유한 주식을 모두 팔아 치웠다. 석유산업의 미래 전망을 어둡게 본 것이다.

2) 자동차 연료 시장의 등장

우울한 석유산업에 새로운 시장이 나타났다. 자동차 연료유 시장이다. 1905년 내연기관 자동차는 증기차와 전기차와의 경쟁에서 완전히 승리했다. 수공업에 의존해 귀족들의 사치품이던 자동차를 헨리 포드는 단돈 300불에 제공해 블루칼라 노동자들도 살 수 있도록 만들었다(1908년). 이는 다양한 자동차 개발을 더욱 촉진했다. 자신의 소득과 사회적 지위를 드러내기 위해 다양한 세그먼트의 차종이 소비되기 시작했다. GM의 사업모델이다. 미국 자동차 시장은 1900년 8천 대에 불과하였으나 1912년 90만 대로 늘어났다.

포드는 말년에 독일로 거주지를 옮겼다. 히틀러가 포디즘에 감명받아 그를 특별 초청하였고 포드는 독일에 공장을 차렸다. 1930년대는 2차대전의 전운이 감돌던 시점이라 포드의 현지법인은 성공하지 못했지만 포드의 기술 전수를 받은 국민차 '폭스바겐'은 공전의 히트를 쳤다. 미국과 유럽의 자동차 수요로 갑자기 석유산업은 활기를 띠었다. 등유 수요와는 비교할 수 없을 정도로 많은 휘발유를 들이키는 자동차로 이제 공급 부족을 의심해야 할 지경이었다.

1901년 발견된 텍사스 스핀들탑의 대형 유전은 미국 석유사업의 시장 판도를 바꾸어놓았다. 지리적으로 펜실베이니아와 애팔래치아에 집중된 석유 생산을 미국 남서부로 옮겨놓았다. 황무지 텍사스에 사람이 모여들고 땅값이 오르고 도시가 만들어졌다. 걸프오일(멜론家 소유)과 텍사코는 여기서 사업을 시작하여 스탠더드오일의 시장을 잠식해 들어갔다. 미국 시장에서도 본격적인 경쟁이 시작되었다. 더 중요한 것은 용도였다. 텍사스산 석유는 조명용으로 좋지 않았지만 연료유로 적합했다. 쉘社도 텍사스산 석유를 얻기 위해 미국 현지법인을 세웠다. 1910년 휘발유 판매량이 처음으로 등유 판매량을 넘어섰다.

3) 승전의 열쇠 : 석유

쉘社의 마커스 새뮤얼은 석탄 연료용 선박을 석유 선박으로 개조하는 일에 빠져 있었다. 그는 1901년 세계 최초로 선박에 내연기관을 사용하였다. 그는 등유보다 훨씬 수요가 큰 연료유 시장을 개척해야 된다고 믿었다. 목표는 세계 최강 영국 해군이었다.

제1차 세계대전 직전 해군장관이던 처칠은 석유 함정의 장점을 바로 알아보았다. 내연기관 방식은 석탄 증기선 대비 속력이 4노트 이상 빠르고 연료 선적에 인력이 필요 없고 심지어 화부도 필요 없었다. 석유의 장점은 전투 중 가장 잘 발휘되었다. 전투가 최고조에 달할 때 석탄 함정에서 석탄이 소진되면 심지어 함포병까지 동원되어 석탄을 옮겨야 했다. 이는 함대를 치명적 위기에 빠트렸다. 석유는 그럴 필요도 없고 화력을 증강시킬 수 있었다. 게다가 창고도 필요 없고 가볍고 비용도 쌌다.

그러나 치명적 결함이 있었다. 영국은 석유가 없었다. 석탄 함정론자들은 웨일즈 산악에 지천으로 널린 질 좋은 석탄을 버리고 영국 영토에서 한 방울도 나지 않는 석유로 연료를 바꾸는 것은 '미친 짓'이라고 비난했다. 이런 비난을 뚫고 처칠은 1911년 영국 해군을 석유 추진 함대로 개조하는 역사적인 결정을 했다. 그의 대안은 다양한 석유 공급처의 확보였다. 비록 네덜란드 기업이지만 당시 유일 강대국 영국의 후원을 원하는 로열더치쉘(로열더치와 쉘의 합병법인)로부터 무한정 공급받을 수 있었고 신대륙으로부터도 살 수 있다고 주장했다. 처칠은 연료 공급의 "다양성, 다양성, 다양성!"을 외쳤다.

　석유 함대의 효과는 막대했다. 1차 대전 중 독일 함정은 본국의 석탄창고로부터 멀리 벗어나지 못해 근해 함대로 기능하는데 그쳤지만, 석유 함정으로 개조한 영국 해군은 원양 함대로서의 위용을 완벽히 보여주었다. 제해권을 장악한 것이다.

　해군장관 처칠은 고루한 육군 지휘관들이 반대하던 탱크 개발도 적극 후원하였다. 1918년 8월 아미앵 전투에서 휘발유로 움직이는 456대의 영국 탱크군단이 독일의 깊은 참호망을 돌파했다. 이윽고 전쟁이 끝났다. 처칠은 1차 대전을 거치며 전신(戰神)으로 거듭났다.

　석유는 이제 단순한 상품이 아니라 국가의 존망을 좌우하는 전략상품이 되었다. 군함과 탱크와 전투기의 연료가 되었고 서유럽과 북미의 시민들의 발이 되어준 자동차의 연료였다. 이제 석유는 사업가들에게만 맡겨둘 수 없는 전략상품이 되었다. 석유가 없으면 전쟁에서 패배한다는 것이 증명되었고, 평화 시에는 낙후되어 열등국가로 떨어진다는 것을 의미했다. 미국처럼 자국 영토 내 석유가 없던 서유럽 강대국들은 석유 자원 확보에 나서야 했다. 목표는 중동이었다.

2. 1차대전 후 중동 석유의 향배

1) 페르시아(이란)

1차 대전 이전 북아프리카와 중동지역에서 영국에게 가장 중요한 전략 거점은 이집트와 페르시아(1935년 이란으로 개명)였다. 이집트의 수에즈운하는 제국의 보석, 인도로 향하는 항로를 5천마일 이상 단축시켜 주었고, 페르시아는 남하하는 러시아를 방어하는 요충이었다. 러시아가 페르시아를 접수하면 영국은 인도를 방어할 길이 없게 된다. 중앙아시아의 패권을 두고 영·러가 격돌한 19세기 판 냉전 '그레이트 게임'의 현장이다.

페르시아를 강화하기 위해서는 허약한 왕국의 재정상태를 개선해야 했다. 호주 금광사업에서 막대한 부를 쌓은 영국의 윌리엄 녹스 다아시(William Knox D'Arcy, 1849~1917)가 1901년 페르시아 국왕에게 거금을 지불하고 단독으로 앵글로-페르시안 석유회사를 세워 탐사 계획에 뛰어들었을 때 영국 정부는 반색했다. 다아시의 계획은 영국의 외교정책을 돕는 역할을 했기 때문이다.

탐사 7년 만인 1908년 페르시아에서 석유가 발견되었지만 기후와 풍토가 다른 오지에서 장기간 시추작업의 후원에 지친 다아시는 더 이상 사업을 진행할 힘이 없었다. 게다가 석유 판매를 위해 정유공장, 파이프라인, 유조선 등이 추가로 필요하고 당대의 다국적기업인 로열더치쉘, 스탠다드오일과 판매시장을 두고 경쟁해야 했다. 이런 앵글로-페르시안에 구원의 손길을 내민 사람은 이번에도 윈스턴 처칠이었다.

석유 함대로 전환한 영국 해군에게 안정된 석유 공급원이 필수였다. 로얄더치셸에 석유를 의존하고 있지만 결국 헤이그에 있는 네덜란드 기업이라 믿을 수 없었다. 네덜란드는 독일과 국경을 접하고 있고 언제든 독일의 압력을 견디지 못할 것으로 의심받았다. 영국 정부에 남은 대안은 작은 신생기업인 앵글로-페르시안 밖에 없었다.

1914년 6월 처칠은 의회 연설에서 영국 정부가 앵글로-페르시안에 220만 파운드를 투자하고 대신 주식 51%를 소유해야 한다고 주장하였고 압도적 다수결로 의회를 통과하였다. 처칠의 민간 기업의 정부 인수 제안은 1875년 디즈레일리가 수에즈 운하의 주식을 매입했던 것을 제외하고는 전례가 없는 일이었다.

앵글로-페르시안은 새로운 자본과 안정적인 시장을 얻었다. 바로 세계 최강국 영국 정부다. 그해 8월 제1차 세계대전이 터졌다. 영국군은 앵글로-페르시안에서 1차 대전 동안 필요 석유의 5분의 1을 공급받았다.

2) 메소포타미아(이라크)

제1차 세계대전 이후 오스만투르크가 쇠퇴하며 영토가 축소되자, 북아프리카와 중동지역은 혼돈에 빠졌다. 영-러간(間) 지정학적 의미이던 '그레이트 게임'에 이제 석유 문제까지 가세하였다. 영국은 오스만제국의 위협을 무릅쓰고 천신만고 끝에 페르시아, 메소포타미아, 쿠웨이트 지역에 군대를 파견하였다. 메소포타미아 지역(1921년 이라크 건국)에는 벌써 터키 황제의 후원 아래 '석유업계의 탈레랑'이라 불리던 유명한 석유 사업가 칼루스트 굴벤키안에 의해 '터키 석유회사'가 설립되어 있었다.

1차 대전 말 메소포타미아 지역의 주요 도시 모술을 점령하고 있던 프랑스의 수상 조르주 클레망소와 영국 수상 로이드 조지는 메소포타이마 지역 통제권을 두고 협상하였다. 클레망소는 시리아에 대한 통제권을 갖고 메소포타미아 지역은 영국에게 양도하되 그 지역에서 생산되는 석유의 일정량을 받을 수만 있다면 이를 받아들일 수 있다고 대답했다.

1920년 영국과 프랑스는 메소포타미아 석유 분배에 대한 '산레모 협정'을 체결하였다. 앵글로-페르시안이 50%, 프랑스 국영회사 CFP가 25%, 로열더치쉘이 25%의 석유를 할당받고, 기득권을 가지고 있던 굴벤키안에게는 5%에 해당하는 금전 이득을 제공하는 것으로 결정하였다. 그의 별명이 '미스터 5%'가 된 이유다. 쉘도 1차 대전 중 연합국에 대한 석유공급의 공로를 인정받아 참여가 허락되었다.

워싱턴 정가는 분노하였다. 영국과 프랑스가 1차 대전에서 75만 명의 목숨을 바친 미국을 배제한다고 생각했다. 미국 정부와 석유업계에는 급격히 증가하는 석유 소비를 보고 석유 고갈론이 고개를 들던 시기였다. 조바심이 난 미국은 동등한 참여권을 요구했다. 영국은 미국이 세계 석유의 3분의 2를 생산하는 나라임을 강조하며 설득했지만, 한편으로 쇠약해져 가는 국력으로 광활한 중동지역을 홀로 막아낼 자신이 없었다. 영국은 미국을 중동지역에 받아들이기로 했다.

1928년 7월 마침내 완전한 계약이 체결되었다. 앵글로-페르시안이 23.75%만 갖고, 미국 기업의 컨소시엄인 '근동개발회사(Near East Development)'에 23.75%를 양보한 것이다. 프랑스 CFP, 로얄더치쉘도 각각 23.75%, 나머지 5%는 굴벤키안 개인의 몫이었다.

또 하나의 중요한 약속, '적선(赤線)협정'이 체결되었다. 즉, 오스만제국에서 분리되어 나온 중동지역 영토(페르시아와 쿠웨이트를 제외한 전 중동지역)에 붉은 선을 그어 그 지역 내 석유 생산은 반드시 '터키 석유회사(후일 이라크 석유회사로 개명)'를 통한다는 것이었다. 그 말은 전 중동지역의 석유 개발은 영국이 주도하고 굴벤키안 개인은 5%의 이권을 갖는다는 뜻이었다. 이는 후일 심각한 대립의 씨앗이 되었다.

3) 사우디아라비아

아라비아반도의 부족장 이븐 사우드는 25년간 오스만제국과 토호들과의 치열한 전투와 정치 끝에 1926년 45세의 나이로 아라비아 중부의 지배자가 되었다. 그러나 신생 왕국 사우디아라비아의 재정수입원은 메카와 메디나로 오는 순례객의 관광수입뿐이었다. 1929년 대공황이 닥치자 그마저 끊겨 신생국의 운명은 바람 앞의 촛불이었다.

당시 탐사전문가들은 아라비아반도에는 석유가 없다고 믿었다. 몇몇 허풍쟁이들이 텍사스와 비슷한 지형인 아라비아의 지하에도 막대한 석유가 묻혀 있다고 떠들었고, 자체 유전이 없던 캘리포니아 스탠더드오일(소칼, SoCal, 후일 셰브론)이 덤벼들었다(1933년).

영국은 전략적 가치가 떨어지는 사우디아라비아의 사업 참여에 소극적이었다. 젊고 국제정세에 민감한 이븐 사우드는 미국을 끌어들이기 위해 미국 기업으로 눈을 돌렸다. 자본력이 약한 소칼은 미국 정부에 호소해 텍사코, 뉴저지 스탠더드(엑슨), 뉴욕 스탠더드(모빌)를 끌어들였고 결국 미국 기업만으로 아람코(Aramco: 아라비아아메리카석유회사)를 설립하게 된다(1946년). 당연히 적선협정이 문제 되었지만 미국의 보호를 받고자 한 이븐 사우드 국왕의 강력한 의지와 미국을 지역 안보에 끌어들이고자 한 영국의 양보가 맞아떨어진 결과가 아람코의 설립이다.

4) 쿠웨이트

쿠웨이트는 페르시아만 북부의 상업 중심지이자 영국의 군항이었다. 쿠웨이트의 아마드 수장이 자치권을 가지고 있었지만 이란, 이라크, 사우디아라비아 모두 쿠웨이트 영유권을 주장해 도시국가의 미래는 어두웠다. 쿠웨이트는 영국의 영구 보호를 원했다.

쿠웨이트의 재정수입원은 진주조개잡이였지만 1920년대 미키모토 고키치라는 일본인이 인공 진주 양식 기술을 개발하여 세계 시장을 석권하자 쿠웨이트 경제는 파탄 났다. 쿠웨이트도 석유 이권을 팔아야 했고 앵글로-페르시안과 걸프오일의 50:50 합작 투자회사(쿠웨이트석유회사)에 75년간의 이권을 주는 협정을 맺었다(1934년). 허약한 재정을 메우고 세계 최강국 영국과 미국을 쿠웨이트 지역에 붙잡아 두기 위해서다.

이로써 이란, 이라크, 사우디아라비아, 쿠웨이트 등 페르시아만의 주요 신생 국가들의 유전 개발권이 확정되었다. 페르시아는 앵글로-페르시안(영국), 이라크는 연합국 컨소시엄, 사우디는 아람코(미국), 쿠웨이트는 영-미 합작법인이 석유 개발권을 가진 것이다. 그 대가로 신생 왕국들은 거액의 선불금을 받아 재정을 안정시키고 불확실하나마 미래 수익도 기대하게 되었다. 페르시아, 이라크에 이어 1938년 마침내 쿠웨이트와 사우디에서도 대규모 유정이 발견됨으로써 미래 수익은 현실이 되었다. 본격적인 석유 방출이 시작될 즈음 2차대전이 발발했다. 중동 석유의 반출은 2차대전의 종결을 기다려야 했다.

3. 2차대전 후 석유질서의 재정립

1) 공급과잉의 시대(1920년~대공황기)

미국에서는 1920년대들어 캘리포니아, 오클라호마, 서부 텍사스, 뉴멕시코 황무지 일대에서 석유가 개발되었고, 기술발전으로 석유 분해 능력도 배가되어 1차 대전 직후 일어난 석유 고갈론은 말끔히 사라졌다. 스탠더드오일의 후계 회사들은 종합석유회사로 발전했고, 텍사코, 걸프오일 같은 독립계 석유회사들도 경쟁 대열에 참여하였다.

미국 기업들과 로열더치쉘은 텍사스와 같은 지형인 멕시코에도 활발히 진출하여 유전개발에 성공하였다. 그러나 '반미주의'의 멕시코는 1938년 카르데나스 공산주의 군부정권이 들어서며 유전을 국유화시켰다. 쉘과 미국 기업이 썰물처럼 빠져나가자 멕시코 석유산업은 쇠퇴하였다. 투자 안정성이 보장되지 않는 멕시코에 진출할 석유 메이저는 없었다. 멕시코의 국유화는 후일 세계 각지에서 산유국 정부와 메이저 석유회사 간에 벌어질 본질적이고도 장기적인 싸움의 전조였다.

석유 메이저들은 가난하고 인구가 적은 농업국 베네수엘라로 몰려갔다. 마라카이보 호수에서 대형 유전이 발견되었다. 베네수엘라의 번영에 기여한 것은 미국 탄광의 노동쟁의였다. 광산노조의 강성 지도자 존 루이스가 이끄는 호전적 노동쟁의는 연례행사였다. 이는 산업 전반에 걸쳐 석탄 대체물질을 찾는 강력한 유인으로 작용했다. 베네수엘라 석유장관은 농담 삼아 수도 카라카스 광장에 존 루이스의 동상을 세워야 한다고 했다. 베네수엘라는 1920년대 말 세계 2위의 석유 생산국이 되었고 이를 대부분 영국과 미국에 수출했다.

러시아도 돌아왔다. 1917년 러시아 볼셰비키 혁명으로 풍전등화의 위기에 놓인 바쿠의 로스차일드는 쉘에 지분을 매각하였고, 노벨도 간신히 50% 지분을 뉴저지 스탠더드에 매각하였다. 쉘과 뉴저지는 볼셰비키 혁명이 6개월 안에 실패할 것으로 보고 큰 도박을 했지만 결국 실패하였다. 유전이 국유화된 것이다. 그 국유화된 유전은 '러시아 석유회사'로 1928년 유럽시장에 돌아왔다. 루마니아에서도 유전이 발견되었다. 유럽에도 석유는 넘쳐흘렀다.

1920년대 들어 세계 석유 메이저는 재편되었다. 미국의 뉴저지 스탠더드, 뉴욕 스탠더드에 걸프오일, 텍사코가 도전장을 내밀었고, 유럽의 로열더치쉘, 앵글로-페르시안, 러시아석유회사 등이 세계 시장에 영향력을 행사하기 시작했다. 신흥 석유 메이저 간 본격적인 국제 경쟁이 시작되었다.

1929년 대공황이 터져 전 세계적으로 수요가 급감했지만 1930년 동부 텍사스에서 뜻밖에 초대형 유전이 발견되었다. 이른바 '블랙 자이언트'라 명명된 신생 유전은 오히려 석유업계에 커다란 암운을 드리웠다. 엄청난 공급과잉이 시작된 것이다. 미국은 산업 붕괴를 막고 석유 가격 지지를 위해 1932년 의회에서 관세법이 통과시켜 사실상 석유 수입 금지에 들어갔다. 이는 베네수엘라 경제를 붕괴시켰다.

2차대전 시기 유전 확보를 위해 독일이 러시아 바쿠로, 일본이 수마트라로 돌진하여 소련과 미국으로 확전 된 것은 유명한 사실이다. 이 시기는 석유가 모자란 것이 아니라 공급망이 무너진 것이다. 독일과 일본은 석유에 목말라했지만 연합군은 석유가 모자라지 않았다. 2차대전이 끝나자 석유 공급과잉 문제를 해결해야 했다. 중동 국가들의 운명이 달려 있었기 때문이다.

2) 2차대전 후: 미국의 진입과 석유 질서의 재편

1차 대전 후 영국의 석유정책이 중동을 향했다면 2차 대전 후에는 미국이 그랬다. 미국은 소련의 중동 지배를 결단코 막고자 했다. 영국은 미국에 대해 양면적이었다. 한편으로는 미국이 중동에 개입해 주길 바라면서, 다른 한편으로 미국이 영국을 몰아내지 않을까 두려워했다. 영-미 양국은 서로를 의심했다.

미국에서는 소위 '보존 이론'이 등장했다. 미국 정부가 혹시 있을지 모를 3차 대전에 대비해 외국의 석유를 개발함으로써 국내 석유의 소모를 줄이고 미래를 위해 보존해 궁극적으로 미국의 안보를 확보한다는 내용이었다. 이는 결국 미국 내 석유사업을 동결하고 수입을 확대해야 한다는 허황한 논리로 연결돼 정치적으로 채택되지 않았지만 그동안 무관심했던 멀고 먼 중동의 중요성을 환기시켰다.

국제정치적으로는 이란이 핵심이었다. 소련과 이란은 국경을 마주하고 있었고 아제르바이잔 지역에 상주한 스탈린의 군대는 하시라도 이란으로 밀고 내려올 기세였다. 이란이 공산화되면 중동 전체가 공산화되는 것은 시간 문제였다. 영국은 더 단호했다. 유일한 자국 회사인 앵글로-이란을 지켜야 했다. 앵글로-이란은 석유 공급원인 동시에 51% 지분에 대한 배당으로 영국 재무부의 중요한 달러 수입원이었다.

앵글로-이란은 미국의 두 회사인 뉴저지 스탠더드와 뉴욕 스탠더드를 끌어들였다. 1947년 9월 이 세 회사는 20년 장기계약에 조인했다. 사우디아라비아에는 1946년 12월 미국 석유 메이저 4개사 컨소시엄(소칼, 텍사코, 뉴욕, 뉴저지)인 아람코가 만들어졌다. 쿠웨이트의 석유를 앵글로-이란과 50:50으로 나누기로 한 걸프 오일도 쉘과 20년 장기계약을 맺음으로써 유럽과 극동에 안정적 판매망을 확보하였다.

이익 배분 구조도 개편되었다. 산유국들은 과거의 방식, 즉 큰 금액의 선급금을 받고 생산량에 따라 배럴당 몇십 센트를 받는 방식에 불만을 갖고 있었다. 유가가 오르면 그 이익은 모두 석유회사와 그 소속국으로 돌아갔기 때문이다. 석유회사는 이윤을, 영국과 미국 정부는 거액의 법인세를 즐겼지만 산유국들의 로열티 수입은 초라했다. 이는 거센 민족감정의 원천이 되었다. 당시 세계 2위 산유국 베네수엘라 정부가 뉴저지 스탠더드, 쉘과 맺은 계약이 합리적으로 보였다. 산유국과 석유회사 간 이익을 50 대 50으로 나눈 것이다.

이로써 1950년대 초 산유국 정부와 석유회사 간 계약구조가 정해졌다. 앵글로-이란의 기득권에 미국 기업들이 참여하는 3건의 장기계약과 이익 반분의 원칙이 적용되었다. 전후 막대한 중동 석유를 유럽시장으로 이동시키는 구조가 자리 잡았다.

이 과정에서 프랑스는 완전 배제되었다. 이라크석유회사에 대한 기득권 23.75%마저 절반으로 축소되었다. 프랑스 비시 정권이 나치 독일에 협력한 것을 문제 삼아 '준(準) 적군'으로 간주된 것이다. 프랑스는 석유를 사기 위해 달러 부족에 시달렸고 드골은 프랑스의 비참한 처지에 분노했다. 자신들이 영향력을 갖고 있던 북아프리카에서 석유 개발에 나서야 했다.

그렇지만 파리에서 유럽 재건 프로그램을 추진하던 사람들은 석유의 확보 자체는 크게 우려하지 않았다. 석유는 석유회사들이 무제한 공급해 주는 것이었다. 1946년에는 유럽에 공급된 석유의 77%가 신대륙에서 수입되었으나 1951년에는 80%가 중동에서 수입되었다. 유럽의 수요와 중동 석유의 개발이 시기적으로 일치함으로써 시장은 안정을 찾아 나갔다. 여기까지가 드레이크로부터 2차대전까지 약 100년간 석유산업의 역사다.

석유의 미래 2
(2차대전후~오일쇼크)

김명수

1. 석유질서 균열의 시작
1) 한국전쟁과 이란 위기(1951~1953)

1950년 6월 한국전이 발발하자 중동에 비상등이 켜졌다. 2차대전 중 테헤란을 점령하였던 소련군은 철수하였지만 여전히 이란 국경선 부근에 상주하고 있었다. 미국 정부는 중동 지역 석유의 40%를 생산하고 주요 항공유 공급원인 이란의 중요성을 깨달았다. 이란이 무너지면 중동 전체가 소련의 손아귀에 넘어가는 것은 시간문제였다.

직접 개입은 어려웠다. 38도 선 수복을 목표로 시작한 미국의 한국전 참전이 인천상륙작전으로 예상외의 빠른 성공을 거두자 전쟁 목표가 상향되었다. 유엔군이 압록강으로 치닫자 중국이 참전하며 전쟁은 장기 교착국면에 빠졌다. 종전 후 야당 당수로 전락한 윈스턴 처칠은 미국이 한국에서 발을 빼고 중동에 적극 개입해 주길 촉구했다. 그는 "카스피 해부터 페르시아 만에 이르는 그 광활한 지역의 중요성을 제대로 인식하지 못하는 미국의 태도에 충격받았고, 그 지역은 한국보다 더 중요하오."라며 탄식했다.

젊은 이란 국왕 모하메드 팔레비는 계급, 지역, 종교 갈등을 조율할 능력을 갖추지 못했다. 이해관계가 복잡하게 충돌하던 정치세력들이 '반영(反英)'의 기치 아래 집결하였다. 석유위원회 수장이던 모하메드 모사데그는 반영의 기수로 앵글로-이란을 악마화하며 지도자로 떠올랐다. 모사데그가 1951년 4월 수상으로 선출되었고 국왕을 몰아냈다. 그 다음 달, 앵글로-이란은 국유화되었다. 영국인들은 이란에서 쫓겨났다.

모사데그는 친소(親蘇)로 기울었다. 그는 애초의 약속을 어기고 계엄령을 연장하고 소련식 인민 투표를 동원하여 독재권을 강화하는 등 체제 변경을 시도하였다. 이제 소련에게는 로마노프 왕조부터 150년간 이어온 페르시아만 진출이라는 오랜 목표가 눈앞에 다가왔다.

영국은 빼앗긴 석유 이권을 되찾기 위해 군사행동을 계획했지만(Y계획), 이것이 소련 침공의 빌미를 주어 영원히 이란을 잃을 수 있다는 두려움에 미국이 극력 반대하였다. 대신 양국은 모사데그의 독재 장기화에 반발한 국왕 지지세력을 등에 업고 친위 쿠데타(작전명 '아작스 작전')를 감행하였다(1953년 8월). 팔레비가 복귀하였다.

앵글로-이란은 개편되어야 했다. 국유화란 껍질은 유지하되 반영 기류를 감안하여 운영권을 새로운 컨소시엄에 주기로 한 것이다. 이란 컨소시엄에는 앵글로-이란(40%), 미국 기업들(뉴저지, 뉴욕, 텍사코, 캘리포니아, 걸프오일 이상 5개사 합계 40%), 쉘(14%), 그리고 프랑스 CFP(6%)가 참여하였다. 기름이 넘쳐나던 미국 석유회사들은 내키지 않았지만 미 국무부의 강권으로 컨소시엄에 참여하게 된 것이다.

이란 컨소시엄에 미국 기업의 참여로 중동에서 영국은 쇠퇴하고 미국이 단연 주인공으로 등장하였다. 미국은 두 개의 지주, 즉 사우디아라비아와 이란을 양대 축으로 중동전략을 펼치게 된 것이다.

2) 산유국과 석유회사간의 갈등

이제 미국은 중동을 부자로 만들어주어야 했고 그들의 비위를 맞추어야 했다. 우선 미국은 석유회사들에게 이익 반분 협정을 받아들이도록 적극 설득하였다. 신협정은 사우디아라비아를 포함한 중동 국가들의 재정 수입을 증대시키고 서구에 대한 우호적 감정을 유지하는 데 도움을 줄 것이다. 이는 마치 중동지역에 대한 마샬플랜과 같은 효과를 가져와 석유회사들이 납부한 세금으로 왕국의 재정을 튼튼히 해 줄 것이다.

그러나 이익 반분이란 계약 문구는 명료했지만 기업회계로 넘어가면 애매모호하기 그지없는 개념이었다. 어떤 이익을 얘기하는지, 각국에 납부하는 세금은 공제되는지, 탐사비용과 시설투자는 어떻게 처리하는지, 정유처리 기술개발의 효과는 누구에 귀속되는지 등등 모두가 논쟁거리였다. 석유회사가 고정 고시가격을 정하고 배럴당 몇 센트를 받는 형식으로 정해졌지만, 매년 그것을 얼마로 할지는 지겨운 논쟁거리였다. 실제로 산유국별로 배럴당 15~35센트라는 큰 차이를 보였다.

전후 기존 산유국이던 이란, 이라크의 생산 재개에 이어 사우디아라비아와 쿠웨이트가 후발로 가세하며 한꺼번에 쏟아져 나온 중동 석유는 공급과잉으로 가격 인하 압박이 거셌다. 저렴하고 풍부한 석유 공급으로 유럽 에너지 시장은 급속히 안정되었지만 가난한 중동의 신생 왕국들은 불만이 가득했다. 석유가격 하락으로 산유국 정부의 수입이 감소한 것이다. 정통성이 부족한 신생 왕국들이 지역 토호와 공산세력의 발호를 막기 위해서는 돈이 필요했다.

석유 가격이 하락하자 부족한 재정수입을 늘리기 위해 산유국은 석유기업들에게 생산량을 더 늘리길 요구했고, 이는 가격 하락을 가속시켜 파괴적인 악순환으로 들어갔다. 미국 석유산업의 초기 피트홀 유정 고갈사건(무분별한 시추 경쟁으로 1년 만에 유정이 고갈되고 흥청대던 유전지대가 유령도시화된 사건)의 국제판이 될

지 모른다는 공포가 어른거렸다.

과거 경험으로 이것이 어떤 결과로 이어질지는 우려스러웠다. 대공황기 유가 하락으로 앵글로-페르시안(후일 앵글로-이란, British Petroleum)이 페르시아(후일 이란) 정부에 납부할 로열티를 삭감하자 분노한 당시 국왕 레자 팔레비는 "석유는 더 이상 황금이 아니다"라며 1932년 11월 앵글로-페르시안의 석유 이권을 일방적으로 취소한 적이 있었다. 영국은 군사행동까지 고려했으나 결국 로열티를 올려주는 것으로 합의하였다.

산유국 정부와 석유회사 간 갈등의 본질은 이것이다. 산유국 정부는 지하에 있는 석유에 대해 주권을 가지고 있다. 그러나 그 석유는 채굴했을 때 가치를 가진다. 산유국은 지주, 석유회사는 소작인인데 문제는 발견한 유전이 가치가 클 때 발생한다

허약한 산유국들은 석유사업에 성공한 외국인들이 거만하고 마치 주인인 양 행세하고 시급한 국가 건설의 요구에 부응하기는커녕 알라의 은총인 석유를 고갈시키고 있다고 여겼다. 외국인과 석유회사들은 식민지 제국주의 그 자체였다.

석유회사들은 완전히 다른 생각을 가지고 있었다. 그들은 위험을 무릅쓰고 탐사를 하고, 정유공장, 파이프라인, 수송선단과 30~40개국의 정박항에 거대한 투자를 했다. 투자에 대한 장기 안정적 보상을 원한 것뿐이다. 그들은 탐욕적인 지주들의 덫에 걸려들었다고 생각했다.

3) 반분 협정의 균열

석유 메이저들의 약점을 물고 늘어지는 경쟁 사업자들도 많았다. 1948년 미국의 독립계 석유사업자 장 폴 게티가 중동지역에 등장했다. 그가 쿠웨이트와 사우디아라비아 간 국경 유역인 중립지대(사막지대로 양국간 국경선 인근에 중립지대를 설정)의 석유개발에 나서 배럴당 55센트라는 높은 로열티를 지불하자 석유사업자들은 당황하였다. 당시 석유사업자들은 보통 산유국에 15~16센트에서 최대 35센트를 지불하였다. 이 계약은 산유국들에 자신들이 석유회사로부터 이용당한다는 이미지를 낳았다. J. 폴 게티는 이 계약으로 세계 제1의 부호가 되었다.

패전국 이탈리아도 뒤늦게 뛰어들었다. 국영 석유회사 ENI를 이끌던 이탈리아의 야심만만한 엔리코 마테이는 영미 석유메이저들을 '7공주'라 싸잡아 비난하는 여론전을 전개하며 카르텔의 균열을 노렸다. 1957년 이란 국왕과 새로 개발하는 유전 수익의 75%를 주겠다고 약속하였다. 그가 진정으로 원한 것은 사우디 아람코와 이란 컨소시엄의 지분이었다. 이란 지역에서 상업성 있는 유전 개발은 성공하지 못했지만 이 계약은 중동 산유국들에게 깊은 파장을 남겼다. 석유회사들이 폭리를 취하고 있다고 믿게 된 것이다. 1958년 마테이는 서유럽 국가들에게 거래가 금기시되던 소련 석유를 구입하기도 하였다. 마테이의 도발적인 경영방식은 후발사업자 ENI를 석유 메이저 반열에 올려놓았다.

일본도 1957년 통산성의 지도하에 자국 종합상사들의 컨소시엄으로 '아라비아석유회사'를 설립하며 중동시장에 뛰어들었다. 일본이 사우디와 쿠웨이트 중립지대의 해저유전 개발에 제시한 로열티는 57%였다. 산유국들은 석유회사들이 더 양보할 여지가 있다는 것을 알아차렸고, 자신들이 착취당하고 있다고 느끼게 되었다. 전후 석유 질서의 균열이 시작되었다.

2. 20년간의 위기 (1953~1973)

중동의 신생국들에 불어닥친 민족주의 물결은 중동에 전운을 드리웠고, 그 지역에 전적으로 석유 수입을 의존하던 세계 석유시장은 크게 흔들렸다. 그 양상은 20년간 벌어진 세 번의 중동전쟁에서 시장 수급여건과 맞물리며 각기 다른 모습으로 나타났고, 석유 수출국과 수입국 양측에 큰 숙제를 남겼다.

1) 수에즈위기에 등장한 석유무기

1954년 가말 압델 나세르가 쿠데타를 일으켜 이집트의 독재자로 등장했다. 제국주의 세력에 맞서 아랍 민족의 단결을 호소하는 그의 카리스마적인 라디오 연설은 중동지역에 폭발적인 반향을 일으켰다. 나세르도 무기 조달을 위해 소련 진영으로 기울었다. 그는 산유국은 석유 판매 이윤의 50%를 가지지만 이집트는 운하 이윤의 50%를 가지지 못하고 있다며 1956년 7월 수에즈 운하를 국유화하였다. 이제 이집트에 비상등이 켜졌다.

수에즈 운하는 원래 이집트와 프랑스가 반분하고 있었다. 파산 상태에 직면한 이집트가 지분을 영국에 매각함으로써 영국과 프랑스가 각각 50%의 지분을 보유하게 된 것이다. 대영제국 시절 수에즈 운하는 인도로 직항하는 '제국의 고속도로'였으나 1948년 인도 독립 후에는 '석유의 공급로'로 바뀌었다. 운하를 통과하는 전체 화물량의 3분의 2가 석유였다. 운하는 중동의 석유 시설과 일체를 이루는 것으로 영국의 사활이 걸린 중요한 시설이었다.

운하 국유화에 대응하여 1956년 10월 말 영국과 프랑스는 이스라엘을 추동하여 시나이 반도를 공격하게 하고, 영불 연합군이 운하를 재점령하였다(제2차 중동전쟁, 시나이 전쟁). 나세르는 화물선을 침몰시켜 운하 봉쇄로 맞섰고, 시리아도 협조해 중동에서 유럽으로 이어지는 파이프라인을 잠궈버렸다. 운하와 파이프라인이 봉쇄될 경우 영국과 프랑스는 동맹국 미국이 석유를 공급해 줄 것이라 생각했다. 아이젠하워는 평화적 해결을 요구하며 석유 지원을 단호히 거부하였고, 흐루시초프는 런던과 파리에 핵 공격을 하겠다고 위협하였다. 미·소의 위협 속에 석유 고갈 위기에 처한 런던과 파리는 한 달만인 11월 말 수에즈에서 군대를 철수하였다. 나세르의 완벽한 승리였다.

영국에게 수에즈 위기는 하나의 분수령이었다. 앵글로-이란과 수에즈를 잃은 영국은 더 이상 열강이 아니었고 중동의 지역 경찰도 아니었다. 미국의 지시를 따라야 하고 석유자원을 중동지역의 신흥 왕가들에게 기대야 하는 미들급 섬나라에 불과했다. 프랑스도 독지 유전 개발에 나서야 했다.

수에즈 위기가 낳은 성과라면 일본이 초대형 유조선을 개발해 장거리 운항의 경쟁력을 높인 것이다. 일본 조선소들은 디젤엔진 기술의 개선과 향상된 철강 재질을 사용해 초대형 유조선을 너무나 빨리 만들었다. 제3차 중동전쟁이 일어난 1967년에는 규모가 5배나 더 큰 30만 톤 급 유조선이 만들어졌다. 초대형 유조선(Very Large Crude oil Carrier, VLCC)은 수에즈 운하를 이용하지 않고 남아프리카 희망봉을 돌아서 오더라도 운항 단가를 맞추어 냈다. VLCC의 개발은 수에즈운하의 가치를 반감시켰다.

나세르의 승전으로 범아랍주의는 중동의 대세로 자리잡았다. 지역의 주도권을 둘러싸고 사우디아라비아와 이란은 나세르를 경계했지만, 그 외 대부분의 중동 국가는 우호적이었다. 심지어 1958년에는 시리아와 이집트가 합병하여 '아랍연합공화국'을 설립하였고, 같은 해 나세르의 선전선동에 이라크에서도 쿠데타가 발생하여 하셈 왕조의 파이잘 국왕이 참수되었다. 바그다드 신정부도 이라크 석유회사의 석유 이권에 대해 대대적인 개정을 요구했다. 나세르 주도로 카이로에서 아랍석유전문가회의가 열렸고 이 회의는 석유수출국기구(OPEC) 창설의 초석이 되었다. 이제 비 아랍권인 아리안족의 이란과 남아메리카 베네수엘라의 참여가 필요했다.

2) 제3차 중동전쟁과 무력화된 석유무기

(1) OPEC의 창설

중동은 미국 석유산업이 초창기에 빠져들었던 판매처 확보 문제로 시달렸다. 1950년대 초부터 1960년대 말까지 약 20년간 세계 석유시장은 급성장했다. 1948년 일일 생산량 870만 배럴에서 1972년 4,200만 배럴로 증가했다. 미국의 총 생산량은 일일 550만 배럴에서 950만 배럴로 72% 성장하였지만, 세계 공급 역량에서의 비중은 63%에서 23%로 급락했다. 반면 중동의 총생산은 일일 110만 배럴에서 1,820만 배럴로 거의 16배 증가했고, 세계 비중은 40%대로 치솟았다. 중동이 일약 석유 수출의 중심으로 떠올랐다.

여기에 소련과 베네수엘라가 유럽시장에 들어왔다. 카스피해 연안에 이어 소련이 새로 개척한 볼가-우랄 지역은 대규모 유전지대였다. 1950년대 말까지 소련은 베네수엘라를 제치고 세계 제2위의 산유국이 되었다. 석유회사들은 곤혹스러웠다. 소련의 파상적 도전에 맞서는 방법은 의회를 움직여 소련산 석유 수입을 금지하는 것, 그리고 가격을 인하하는 것이었다.

1959년 초 석유 가격이 하락하자 미국 아이젠하워 대통령은 국내 산업 보호를 위해 수입 석유에 쿼터제를 적용했다. 미국에 석유수출을 의존하고 있던 베네수엘라 경제가 가장 큰 타격을 받았다. 베네수엘라 석유장관 페레스 알폰소는 "미국이 우리를 업신여기고 있다"라며 분노했다. 페레스 알폰소는 중동 국가들이 단합하여 석유가격을 인상하기를 원했다. 상대적으로 베네수엘라의 가격 경쟁력이 생겨 유럽 수출이 가능해지기 때문이었다. 그는 OPEC의 필요성을 역설했고, 설립 과정에서 아랍 국가들과 이란 사이에 중요한 가교 역할을 자임했다.

북아프리카에서도 유전이 개발되었다. 프랑스는 자체 소유의 유전이 있어야 했다. 사하라에서의 유전개발은 영미계 석유회사에 대한 의존과 달러 부족의 어려움에서 벗어나게 해 줄 마법의 해결책이었다. 1958년 프랑스 국영 CFP가 알제리에서 상업성 있는 유전을 발견해 프랑스인들을 흥분시켰지만, 곧 한계가 노정되었다. 알제리가 독립한 것이다.

리비아에서도 뉴저지 스탠더드(후일 엑슨)와 독립계 석유회사 콘티넨탈(후일 코노코)이 대형 유전을 발견했다. 리비아산 원유는 최고 품질의 저유황 원유였다. 게다가 리비아에서는 파이프라인으로 이탈리아와 남부 프랑스 해안으로 직송이 가능했다. 수에즈 운하가 필요 없는 북아프리카 석유자원은 유럽의 석유 지형을 완전히 바꾸어 놓았다. 중동에서 확대 일로의 생산량, 소련, 베네수엘라의 유럽시장 참여에 이어 북아프리카에서도 유전 개발에 성공하자 공급과잉이 상시화되었다.

1960년 8월 뉴저지 스탠더드는 공급과잉에 대응하기 위해 산유국에 통고도 없이 중동산 원유의 공시가격을 인하하였다. 산유국들은 격분했다. 아랍 세력의 단결을 경계하던 이란도 석유에 있어서 만큼은 그들과 함께 해야 함을 깨달았다. 1960년 9월, 사우디아라비아, 베네수엘라, 쿠웨이트, 이라크, 이란 5개국이 바그다드에 모여 석유 메이저들의 횡포에 대응하는 새로운 조직, 석유수출국기구(OPEC)를 창설하였다. 이 새로운 기구는 '텍사스 철도위원회'(미국 내 공급과잉 시기 석유가격을 결정한 단체)와 같은 세계적인 생산 조정 시스템을 목표로 했다.

(2) OPEC의 한계

창설 초기 OPEC은 유명무실한 조직이었다. 제네바에 본부를 두려 했으나 국제기구로 승인을 받지 못해 비엔나에서 셋방살이를 하는 격이었다. OPEC은 창설 초기에 단 두 가지 목적에만 주력했다. 첫째는 석유회사들이 일방적 조치를 취할 때 조심하게 하는 것. 둘째는 석유업자들이 공시가격을 다시 내릴 수 없게 하는 것.

회원국들은 재정을 거의 전적으로 석유회사에 의존하는 '석유국가'였다. 이란을 제외한 모든 회원국들의 석유자원은 석유회사 소유였고 세계 공급과잉으로 소비자 우위의 시장에서 판매처를 쥐고 있는 석유회사들의 눈치를 보지 않을 수 없었다.

또한 OPEC 회원국들은 정치적으로는 심각한 경쟁관계에 놓여 있었다. 지역의 맹주를 자처하는 이란과 이를 견제하려는 이라크, 사우디아라비아는 종교적, 민족적으로도 이질감이 심했다. 쿠웨이트가 1961년 영국에서 완전히 독립했을 때, 이라크는 심지어 이 도시 국가를 침략하겠다고 위협했다. 이란 국왕은 "국제 석유 비례 배분은 이론상으로는 좋으나 현실성이 없다"라며 OPEC의 주장을 격하했다. 세계 석유시장의 현안은 미국의 수입 쿼터 및 소련의 석유 수출, 그리고 무한 경쟁이었다.

(3) 6일전쟁

나세르의 범아랍주의는 제국주의 타도와 이스라엘 제거를 목표로 했다. 그의 '아랍연합공화국'은 이집트·시리아 연합으로 이스라엘 국경선을 남북으로 접하며 압박했다. 미국의 이스라엘 군사지원에 대응해 소련 군사고문단을 초빙하고 무기 지원을 받는 등 이스라엘을 절멸시키기 위한 카운트다운에 들어갔다.

그러나 이스라엘이 선수를 쳤다. 좁은 영토와 적은 인구로 장기간의 육상전을 견디지 못할 것을 두려워한 이스라엘이 속전속결로 이집트 공군을 파괴하고 제공권을 장악한 뒤, 시나이 반도, 예루살렘과 요르단 서안지구 및 골란 고원을 공격했다(1967년 6월, 6일 전쟁). 이스라엘은 완충지대를 확보하였고, 시나이 반도를 제외한 세 곳은 현재까지도 이스라엘이 점령한 국제분쟁 지구로 남아 있다.

나세르의 호소로 아랍 국가들은 석유를 무기화했고 이스라엘에 우호적인 국가들에 대한 석유 수출 금지를 공식화했다. 아랍권인 사우디아라비아, 쿠웨이트, 이라크, 리비아, 알제리가 미국, 영국에 대한 석유 수출을 금지했고 서독도 일부 제한했다.

그러나 다른 유통경로가 충분히 준비되어 있었다. 세계 석유시장의 안전판 역할을 하던 미국이 일일 100만 배럴을 증산하였고, OPEC 회원국이던 베네수엘라와 이란도 각각 40만 배럴, 20만 배럴을 증산하였다. 6일 전쟁으로 일시적인 공급 충격이 있었지만 전쟁이 끝나고 한 달 뒤인 1967년 7월, 석유공급이 원활해졌다. 공급과잉의 위력은 그렇게 대단했다.

3) 제4차 중동전쟁과 석유무기
(1) 공급과잉의 종식

1970년대들어 공급과잉은 종식되고 있었다. 1949년부터 1972년 사이, 세계 에너지 소비는 3배 정도 증가했는데 같은 기간 동안 석유 수요는 5.5배나 증가했다. 가전제품, 난방 기기, 에어컨, 자동차 수요의 급증과 공장에서의 석유 사용 증가, 석유화학 산업의 탄생으로 전 세계의 석유소비는 놀라운 증가세를 보였다.

1950년대 유럽의 가정용 난방은 주로 석탄 에너지에 의존했다. 그러나 심각해지는 환경문제는 석탄을 배제하고 석유 사용을 권장하는 정책을 펴게 했다. 1952년 12월의 런던에서 가정용 석탄 난방에서 뿜어내는 살인적 스모그로 120여 명의 사망자가 발생하자 청정 대기법(Clean Air Act)을 입법화해 석유사용을 권장했다. 석유로 전환하는데 가장 큰 힘이 된 것은 가격이었다. 석유는 저렴하고 청정했으며 언제나 얻을 수 있을 만큼 풍부했다. 석탄 노조의 눈치를 볼 필요도 없었다.

신업 경쟁력을 위해서도 석유가 필요했다. 1960년대 중반 들어 영국은 국제 경쟁력을 유지하기 위해서는 석유가 최선이라는 결론에 도달했다. 석유의 에너지 단가가 가장 쌌고 제조업 경영자들은 외국 기업과의 경쟁을 위해 값싼 전기를 원했다. 다른 나라들도 마찬가지였다. 1955년 석탄은 서유럽 에너지의 75%를, 석유는 23%를 차지했지만, 1972년에는 석탄의 비중이 22%, 석유는 60%로 완전히 역전되었다. 일본도 비약적인 경제성장으로 1970년대에는 석유 소비량이 크게 증가했다.

1970년대 들어 과거 20년 동안 계속되었던 공급 초과 상태가 끝난 것이다. 자유세계의 석유 수요는 1960년 초 일일 1,900만 배럴에서 1972년에는 일일 4,400만 배럴로 증가했다. 반면 잉여 시설은 사라졌다. 1973년 미국이 자랑하던 안전 여유분은 다 합쳐봐야 일일 50만 배럴에 불과했다. 석유 소비량 1%에 불과한 대단히 위험스러운 수급 상황 속에 서방 산업국가들의 에너지원으로서 석유 의존도가 노출되었다. 미국과 그 우방국들은 정치적으로나 지식적으로나 '석유 수급의 변화'에 대처할 준비가 되어 있지 못했다.

(2) 사다트의 모험과 제1차 오일쇼크

1970년 나세르가 죽고 허약하다는 평가를 받던 안와르 사다트가 권좌에 올랐다. 하지만 그는 행동파였다. 그는 '6일 전쟁'에서 이스라엘에 뺏긴 시나이반도의 회복을 원했다. 전력은 열세이므로 승리를 위해 외교가 필수다.

먼저 이스라엘에 대한 미국의 지원을 약화시켜야 했다. 미국을 움직일 수 있는 것은 사우디이고 사우디는 이집트가 소련에 기우는 것을 원치 않는다. 사다트는 소련과 절연을 약속하고 사우디에 은밀히 석유 금수조치를 의뢰했고 사우디는 승낙했다. 1972년 7월 사다트는 소련 군사고문단과 2만 명에 이르는 소련 주둔군을 이집트에서 몰아냈다. 그리고 자신의 운명을 건 전쟁으로 나아갔다.

1973년 10월 제4차 중동전쟁이 발발하였다. 닉슨은 이스라엘에 22억 불의 군사원조를 단행하겠다고 발표했다. OPEC은 약속된 석유 금수조치에 들어갔다. 아랍 석유장관들은 매월 5%씩 생산량을 삭감하기로 했다. 배럴당 3불에 불과하던 유가는 불과 두 달 만에 12불로 급등하였다. 이번에는 1967년과 달리 생산 감소에도 유가상승으로 석유 총수입은 크게 증가하였다. 소비 측의 대안이 없어졌기 때문이다.

미국은 1973년 이미 페르시아만의 석유에 의존하고 있었다. 텍사코, 쉐브론(캘리포니아 스탠더드의 후신), 모빌(뉴욕 스탠더드의 후신) 세 회사는 공개적으로 미국의 중동 정책 수정을 요구했다. 시오니즘에 대한 지원은 미국의 석유 공급을 제한한다는 것이었다.

미국의 동맹국들도 동요했다. 프랑스와 영국은 미국과 단절하고 이스라엘을 비난하며 석유 생산국들의 비위를 맞추었다. 조르주 퐁피두 프랑스 대통령은 키신저 국무장관에게 솔직하게 말했다. "당신들은 소비량의 10분의 1을 아랍 국가에 의존하고 있지만 우리는 전적으로 의존하고 있소." 일본도 아랍의 입장을 지지하는 성명서를 발표했다. 서방세계는 분열하고 있었다. 사다트와 OPEC의 승리였다.

석유 무기는 처음으로 그 위력을 발휘하였다. 중동과 전 세계의 동맹과 지정학적 관계가 모두 바뀌었을 뿐 아니라 생산자와 소비자의 관계가 변화되었고, 세계 경제 구도가 재편되었다. 석유 수출국들이 벌어들인 수입은 1972년 230억 달러이던 것이 77년에는 1,400억 달러로 늘어났다. 산유국들은 세계 금융시장을 주름잡게 되었다. 서방 선진 공업국들의 경제는 깊은 침체의 늪에 빠졌다.

3. 제2차 오일쇼크
1) 고유가가 낳은 이란 혁명

사우디 정부의 노련한 석유장관 자크 야마니는 자국 생산분에 대해 1973년 12월에 인상된 가격을 적용하지 않았다. 그는 유가 인상 반대론자였다. 야마니는 유가의 급격한 인상이 세계 경제를 해치고 서방 산업국들의 석유 소비를 줄이며 장기적으로 대체 에너지를 찾게 한다고 주장했다. 또한 경제 침체로 남유럽이 공산화되면 지중해를 접한 사우디에도 공산화 바람이 덮칠 것을 우려했다. 인구가 적고 매장량이 방대한 사우디는 이미 20년간 축적한 자본이 상당했고 오히려 고유가가 국내외 정치 경제에 미칠 악영향을 우려하고 있었다.

석유산업은 자본집약형으로 일자리를 많이 창출하지 않는다. 또한 석유산업은 그 규모가 너무 압도적이어서 새로운 산업의 발전을 진작하지도 않는다. 고유가로 인한 과도한 외화유입은 로컬 화폐를 평가절상시키고 이는 보잘것없는 국내 생산품의 수출 경쟁력마저 침식한다. 피폐해진 내수경제로 실업이 양산되고 사회불안이 가중된다. 석유 수출로 축적한 돈의 분배를 둘러싸고 정치투쟁이 벌어지고, 심지어 공산 세력이 준동하는 공간을 열어준다. 이른바 '자원의 저주'다.

그러나 인구가 많고 나름의 제조기반을 가지고 있었던 이란은 달랐다. 이란 국왕 모하메드 팔레비는 이란을 세계 5위의 강대국이자 중동의 패권국으로 만들겠다고 공언했다. 그러기 위해서는 돈이 필요했다. 그는 끊임없이 유가 인상의 필요성을 역설했다. 1973년 12월 OPEC의 유가 인상은 그런 의미에서 이란 국왕 개인의 승리였다.

제1차 오일쇼크 이후, 이란은 국내로 흘러 들어오는 석유 수입을 주체할 수 없었다. 정부 주도로 산업화와 도시화를 급하게 추진하자 많은 사회문제가 양산되었다. 또 자금의 일부는 터무니없는 현대화 계획에 남용되면서 낭비와 타락을 조장했다. 일례로 정부가 운영하는 방송과 영화에 급격한 서구화를 도입하며 경건한 이슬람 사회에 신성모독 논란을 일으켰다. 이에 항의하는 종교 지도자들에게 모욕적인 체형을 가하고 감금하거나 추방했다. 아야툴라 호메이니도 그렇게 쫓겨났다.

1920년대 선왕 레자 팔레비 때부터 시작된 성직자들과의 권력투쟁이 다시 노골화되었다. 국왕은 학문의 자유, 출판의 자유, 집회의 자유 등을 공표하여 자유민주적 조치들을 밀고 나갔지만 이는 오히려 파업과 시위, 폭동이 난무하는 파국적 상황으로 치달았다. 1978년 12월 말 팔레비 왕조가 종말을 맞았고 호메이니가 돌아오며 신정국가를 선포하였다.

고유가는 팔레비를 구한 것이 아니라 그를 멸망으로 이끌었다. 호메이니는 팔레비를 후원하던 미국을 적대시하고 '반미'를 국시로 삼았다. 이란 석유 송출이 멈추었다. 석유 가격이 배럴당 13달러에서 34달러로 상승하였다. 제2차 오일쇼크가 세계를 덮쳤다. 미국은 중동의 양대 지주 중 하나이던 이란을 잃었다.

2) 시장의 역습

프랑스의 에너지장관 장 블랑카는 1974년 퐁피두 대통령에게 "앞으로의 시대는 과거와는 판이하게 다를 것입니다. 지금이 비록 위기가 아닐지라도 변화해야 할 때입니다. 아랍 국가들의 결정에

우리의 목을 걸어놓고 있는 것은 바람직하지 않습니다. 우리는 에너지 다변화와 석유 수요 억제책을 실시해야 합니다"라고 보고하며 신속한 원자력 개발, 석탄으로의 복귀, 에너지 절약을 강조했다. 여기에 모든 해답이 있었다.

자동차 연비 규제가 도입되었고 에너지 효율이 크게 증가하였다. 1975년과 1985년을 비교하면 미국의 에너지 효율은 25% 이상 높아졌다. 70년대 서구 각국에는 원전 건설 붐이 일었고 카터 대통령은 백악관 지붕에 태양광 집열판을 설치하며 재생에너지 사업 지원에도 나섰다. 1979년 쓰리마일 원전 사고로 미국의 원전 건설은 중단되었지만, 중앙집권적 관료제의 프랑스는 중단 없이 밀고 나가 원전 대국으로 성장하였다.

70년간 이어온 석유 이권을 순식간에 빼앗기고 무일푼으로 쫓겨난 서구의 석유회사들은 중동에서 아예 눈을 돌렸다. 그들은 가능한 한 미국, 캐나다, 북해 등 서방 선진국들의 영토에 투자하는 쪽으로 선회했다.

1973년 이후 석유회사들은 알래스카, 멕시코만, 북해 등 극한지와 해상석유 개발에 본격적으로 나섰다. 이른바 비OPEC 산유국이 등장한 것이다. 해상석유의 개발은 제2차 오일쇼크 와중에 이루어졌다. 기술적 한계가 높고 투자비용이 많이 들고 환경단체의 반대 등 극복해야 될 문제가 많았지만, 대안이 없이 절박한 석유회사들은 난관을 돌파해야 했다. 이집트, 말레이시아, 앙골라, 중국 등도 신흥 석유 수출국 대열에 올라섰다. 가격이 34달러가 되자 13달러일 때는 불가능했던 탐광과 생산이 가능해졌다.

4. 상품이 된 '석유'
1) 이란-이라크 전쟁과 유가

이란-이라크 전쟁이 1980년 9월 발발하였다. 석유 현물가격은 배럴당 42달러로 신기록을 갱신하였다. 시장에 다시 공포가 확산되었고 전쟁 장기화로 유가가 60달러를 돌파할 것이란 시장의 예측이 난무했다. 실제로 이 전쟁은 장장 8년을 끌어 1988년에야 종료되었다.

그러나 기껏해야 몇 달 후인 동년 12월에 이르러 수요가 급락했고 시장가격도 계속 하락했다. 멕시코, 북해, 알래스카 등 비OPEC 산유국들도 석유 생산량을 늘렸다. 시장 점유율을 높이기 위해 비OPEC 산유국들은 가격을 대폭 낮추었다. OPEC의 시장 지배력은 약화되고 있었다.

OPEC은 1977년 말까지 자유세계 석유의 3분의 2 이상을 생산해 왔다. 1982년 처음으로 비OPEC 국가가 OPEC 산유량을 따라잡았다. 북해산 석유가 현물시장에서 거래되고, 값이 훨씬 쌌다. 1983년 OPEC은 가격을 34달러에서 29달러로 15% 인하하였다. 모두 이란-이라크 전쟁 와중의 일이고, OPEC 역사상 처음 있는 일이었다.

2) 현물·선물 시장의 시작

더 중요한 것은 산업 구조 변화였다. 산유국과 특정 회사의 장기 계약에 의거, 정유소와 판매시장을 잇는 '종합석유회사'의 사업 개념이 약화되었다. 석유회사들의 관심은 장기계약에서 현물시장으로 이동했다. 제2차 오일쇼크 이후 1982년 말에 이르면 석유의 절반 이상이 현물시장에서 거래되었다. 종합석유회사들은 통합형 관리 체제에서 발 빠르게 분산형 독립채산제 모델로 변신해갔다.

상품시장이 활성화되었고 미국 원유가 세계 석유산업의 새로운 지표로 등장하였다. 미국 동부에서 생산되는 버터, 치즈, 감자 등을 거래하던 조그만 민간기업 뉴욕버터치즈거래소가 뉴욕상품거래소(NYMEX)로 상호를 바꿔 달며 1983년 3월 서부 텍사스산 중질유(Western Texas Intermediate) 선물거래를 도입하였다. 감히 산유국과 석유 메이저들의 신성한 장기계약을 상품화한 월가의 불경죄에 대해 기존의 석유업계는 적개심을 보였다.

그러나 선물시장은 곧바로 그 효능이 입증되었다. 선물거래에 석유회사뿐 아니라 산유국, 대형 금융회사를 포함한 많은 거래자들이 참여하자 원유재고에 대해 풍부한 유동성과 예측 가능성을 제공해 주었다.

석유산업 초창기, 석유 가격은 스탠더드오일이 결정했다. 대공황기 이후 공급과잉에 맞서 텍사스 철도위원회가, 1970년대에는 OPEC이 주인공이었다. 그러나 이제는 전 세계의 구매자와 판매자, 뉴욕상품거래소의 브로커, 월가와 런던에 앉은 펀드매니저들이 컴퓨터 스크린을 보며 실시간으로 가격이 결정된다.

원유의 금융상품화는 석유 가격의 변동폭을 키웠다. WTI 가격은 1985년 11월 말의 배럴당 31.75달러를 정점으로 이후 수개월 만에 무려 70%나 하락해 배럴당 10달러 수준으로 떨어졌다. OPEC은 무참하게 분열되었고 석유 수출국들은 판매처를 찾아 아우성을 쳤다. 국제 카르텔에 대한 시장의 위대한 승리였다.

1987년 마거릿 대처는 윈스턴 처칠이 1914년 내린 역사적 결정을 뒤집고, BP(앵글로-페르시안의 후신)의 정부 지분 51%를 매각했다. 대처를 따라 다른 나라도 국영 석유기업의 일부나 전부를 민영화 시켜나갔다. 석유는 더 이상 전략상품이 아니었다.

석유의 미래 3
(1980~현재)

| 김명수 |

1. 세계화 시대의 석유시장

1) 80년대 저유가

록펠러는 19세기 말 '우리들의 계획' 하에 전국적 정유 트러스트를 건설해 나갔다. '계획' 참여를 거부하는 사업자들에게는 막대한 공급능력을 바탕으로 소비자가격을 낮추는 '진땀 정책'을 구사하여 경쟁자들을 견딜 수 없게 만들었다. 1980년대 중반 세계 석유시장에도 산유국 간 경쟁으로 '진땀' 나는 상황이 재현되었다.

이란-이라크전 장기화(1980~1988)에도 세계 석유 공급은 원활했고, 심지어 1990년~1991년간 벌어진 이라크의 쿠웨이트 침공과 '사막의 폭풍' 작전 때도 미국이 전략 비축유를 풀며 시장을 안정화시

컸다. 북해, 멕시코, 알래스카 등 비OPEC 국가와 대형 유조선단의 활약도 대단했다. 더 괄목할 만한 일은 기술혁신이었다. 80년대부디 건설과 제조업 전반에 불어닥친 마이크로프로세서 혁명은 석유산업에서도 일대 혁신을 일으켰다.

우선, 마이크로프로세서가 빠르게 진보하면서 엄청나게 많은 데이터를 빠른 시간에 분석하는 것이 가능해졌다. 지하구조의 지진도(seismic map)를 2차원이 아닌 3차원으로 작성할 수 있게 되자 심층 지질에 대한 이해가 크게 향상되었다. 둘째, 수평드릴링(horizontal drilling)의 출현이었다. 처음 몇 천 피트는 수직으로 파 내려가다 비스듬히 옆으로 파는 수평 드릴링은 탐사 성공 확률을 비약적으로 상승시켰다. 세 번째는 소프트웨어 개발과 컴퓨터의 시각화였다. CAD/CAM 기법이 석유산업에 응용되면서 수십억 달러짜리 해양 플랜트를 미세한 부분까지 컴퓨터로 설계할 수 있었다. 석유산업의 기술혁신으로 생산효율이 극적으로 개선되었다.

1986년 유가는 배럴당 10달러 수준으로 떨어졌다. 1970년대 제1, 2차 오일쇼크가 덮친 닉슨과 카터 시대에 에너지 위기와 고유가로 재생에너지에 대한 관심이 높았고, 태양열, 풍력 등에 대한 정부 지원과 벤처 투자가 최초로 시작되었다. 그러나 1980년대 레이건 시대에 들어 에너지 가격을 시장 자율에 맡기고 재생에너지에 대한 지원을 삭감하였다. 유가가 하락하고 재생에너지의 기술 개발 속도가 느리고 보급률도 실망스럽자 재생에너지에 대한 관심은 바래졌다.

2) 소련의 몰락

석유 수입국들에게 에너지 안보란 저유가와 안정적 물량 공급을 의미하지만, 석유 수출국들에게 에너지 안보란 고유가와 안정적 판매처를 의미한다. 제1, 2차 오일쇼크가 세계를 덮쳤다면, 저유가는 석유 수출국들을 덮쳤다. 저유가로 산유국들은 심각한 재정적 자와 외환보유고 감소를 보이기 시작했다. 그중 소련 경제는 최악의 상황으로 몰렸다.

소련 경제는 1973년 유가가 4배로 급등하며 뜻밖의 횡재로 경제가 살아났고, 1979년에는 거기에 또 3배가 오르며 최대 활황을 맞았다. 넘치는 외화와 구상무역의 활성화로 생필품의 수입이 쉬워지고 모스크바는 중화학공업과 미국과의 군비 경쟁에 집중하였다. 코메콘 국가들에도 값비싼 원유를 원조하며 공산권의 단결을 유지할 수 있었다. 고유가는 소련 경제의 생명을 10년 이상 연장시켜 주었다. 안일한 크레믈린의 관료들은 고유가의 단맛에 취해 국내 경제 개혁의 필요성을 못 느꼈고, 유가가 내릴 수도 있다는 생각은 꿈에도 하지 못했다. 1980년대 중반, 저유가가 급습했다.

고르바초프가 정권을 인수한 1986년이 최악이었고 체르노빌 원전 사고(1986년 4월)는 그 하이라이트였다. 국가 시스템이 작동하지 않고 있었다. 고르바초프는 핵무기와 인공위성을 만드는 나라가 여성들의 스타킹 부족으로 시달린다는 현실에 좌절했다. 오일쇼크 이후 10여 년간 지속된 고유가는 침체된 소련 경제에 인공호흡기가 되었지만, 저유가로 회귀하자 소련 경제는 붕괴했다. 1991년 12월 말 고르바초프는 소련의 해체를 선언했다. 소련은 15개의 독립 공화국으로 분열되었다.

3) 아시아 경제위기와 슈퍼메이저 탄생

1991년 '사막의 폭풍' 작전에서 가공할 미국의 힘을 본 중국도 개혁·개방을 외치며 미국이 안내하는 자유무역의 길로 조용히 들어섰다. 세계화의 시대가 된 것이다. 동아시아 시장 활성화로 세계 석유 소비도 회복되어 갔다.

OPEC의 석유장관들은 1997년 11월 인도네시아의 자카르타에 모였다. 미래는 동쪽에 있었다. 서구와 동아시아의 경제발전에 힘입어 1998년에는 추가로 200만 배럴이 더 필요할 것이라고 국제에너지기구 IEA(International Energy Association, OPEC의 대척점에 있는 석유 소비국 기구)는 예측하였다. 석유 메이저들도 동남아시아가 경제위기 와중에 있었지만 세계 석유시장에서 동남아 경제는 작다고 무시했다. OPEC은 자카르타에서 증산을 결의했다.

그러나 아시아 통화위기는 모처럼 희망에 부푼 석유시장을 회복할 수 없는 불황으로 몰아넣었다. 해상석유와 극한지 개발에는 여전히 많은 투자금이 들었고 10년 넘게 계속되는 저유가는 회수 가능성을 줄였다. 장부가치를 크게 하회하는 회사의 주가에 불만을 품은 주주들은 아우성을 쳤고, 행동주의 펀드들은 주식 매입과 경영진 퇴진을 요구하며 석유회사들을 위협했다. 제트기를 타고 세계를 주유하고 국가 지도자들과 와인을 마시며 사업을 논의하던 석유 메이저들이 이제 주가 하락으로 월가 금융자본의 먹잇감으로 전락했다. 인수합병 폭풍이 몰아쳤다.

　영국 정부의 후견을 잃은 BP가 시발이었다. BP는 '미들급 섬나라 영국 회사'라는 이미지를 벗지 못하고 있었다. 체급을 올리든가 퇴장하든가 둘 중 하나였다. 1998년 12월 말, BP는 인디애나 스탠더드의 후신인 아모코와, 다음 해 4월에는 미국 메이저 석유회사인 아르코(알래스카 노스슬로프 소유)와 합병해 영국 회사로서의 이미지를 탈색했다. 뉴저지 스탠더드와 뉴욕 스탠더드였던 엑슨과 모빌은 엑슨모빌이 되었다. 멜론가의 걸프오일을 인수한 쉐브론(구 캘리포니아 스탠더드, 소칼)은 텍사코와 합쳐져 쉐브론(소칼, 걸프, 텍사코 연합)이 되었다. 리비아를 개발한 코노코(구 컨티넨탈)와 북해 유전의 필립스(아르코의 노스슬로프 인수)는 합병해 코노코필립스가 되었다. 코노코필립스는 미국 하류부문의 1위 회사다. 프랑스의 토탈과 엘프아키텐, 벨기에의 하류 회사 페트로피나는 합병해 토탈로 재탄생했다. 로열더치쉘은 그 자체가 슈퍼 대기업 상태였으므로 그대로 남았다. 슈퍼 메이저가 탄생하였다.

2. 수요 쇼크와 러시아의 귀환
1) 경제성장과 수요쇼크

대중과 경제전문가들의 시야에서 석유나 에너지 안보 같은 주제는 잊힌 지 오래였다. 그러나 세계화는 석유의 중요성을 다시 일깨웠다. 세계 원유 소비는 1980년부터 2000년까지 25퍼센트 정도 증가했지만, 여전히 전 세계 석유소비의 3분의 2는 서구 산업국의 몫이었다. 2004년부터 일어난 소비의 대폭 증가는 다른 곳에서 일어났다. 신흥 시장, 중국과 인도다.

수요 쇼크는 한 번의 경험이 있었다. 1960년대 말부터 1970년대 초까지 유럽과 일본 경기 활황에 힘입은 소비 증가였다. 냉전 종료 후 세계화 시대에 들어서며 세계경제는 전대미문의 고도성장을 경험하고 있었다. 특히 인구 대국 중국과 인도의 성장은 눈부셨다. 2004년부터 2008년까지 중국의 경제성장률은 평균 11.6%, 인도도 같은 기간 연평균 8% 이상의 성장률을 보였다. 1999년과 2002년 사이에 국제 석유 수요는 하루 140만 배럴이 더 많아지는 데 불과했다면, 2003년과 2006년 사이에는 490만 배럴이 증가했다. 거의 네 배 증가했다. 수요 쇼크였다.

1998년 유가가 폭락하자 몇 년간 새로운 탐광 사업이 꺼려지고, 베네수엘라(차베스의 집권), 나이지리아(내란), 이라크(이라크전) 등의 정세 불안으로 시장에서 재고가 자취를 감추었다. 여기에 유가 상승에 편승하는 NYMEX(뉴욕상품거래소)의 다양한 금융상품을 통해 석유시장으로 유입되는 돈이 점점 불어나며 페이퍼배럴(원유에 대한 실물 거래가 아니라 금융상품 거래를 말함)이 위력을 발휘하기 시작했다. 금융시장에서는 향후 몇 년 동안은 중국과 인도의 수요 증가로 석유 부족이 만성화될 것이라는 기대가 커져갔다. 2003년 이라크전 초기에 배럴당 30달러였던 석유 가격이 2008년 147.27달러까지 치솟았다. 버블이었다. 러시아가 최대 수혜자로 떠올랐다.

2) 러시아의 귀환

소련은 원래 석유 대국이었다. 19세기 후반기 카스피해 연안의 바쿠 유전은 유럽 시장을 놓고 스탠더드오일과 경쟁했고, 1958년 개발된 볼가-우랄 유전은 세계 석유시장에 공급과잉을 몰고 와 60년대의 저유가에 크게 기여했다. 냉전 시기 소련과의 석유 거래에는 많은 제약이 있어 무기 거래나 구상무역의 형태로 이루어졌지만 소련이 붕괴하자 경화 거래가 재개되었다. 1917년 볼세비키 혁명 이후 처음으로 석유는 진정한 글로벌 사업이 되었다.

소련 계획경제체제에서 마지막 유전개발 계획은 서시베리아에서 이루어졌다. 서시베리아의 생산 가능량은 하루 800만 배럴로 사우디아라비아 일일 생산량과 맞먹는 수치였다. 그러나 소련이 무너진 후 중앙집권적이던 석유 부문도 무정부 상태로 지리멸렬하였고 유정은 문을 닫았다. 생산량은 하루 300만 배럴로 줄었다.

공산 체제에서 에너지부 단일 부서에서 사업의 모든 영역을 통합 관리하던 방식은 이미 생명을 다했고, 해결책은 서구식 민영화였다. 옐친 정부의 석유 차관이던 바기트 알렉페로프(Vagit Alekperov)는 서구 석유기업 방문을 통해 탐사와 생산, 정제와 마케팅을 모두 하나의 기업에서 일괄 처리하는 '종합석유회사' 방식을 보고 깊은 인상을 받았다.

1992년 옐친 대통령은 석유사업의 민영화 법을 채택하였다. 지역 석유업자가 인수합병을 통해 성장하는 것을 장려하였고, 심지어 금융회사가 인수하는 것도 용인하였다. 금융회사가 국영 석유기업의 지분을 담보로 잡고 정부에 돈을 빌려준다. 재정적자에 시달리는 정부가 디폴트를 내면 금융자본이 석유회사를 접수하는 방식으로 이른바 올리가르히(oligarch : 소련 해체 이후 국영사업 민영화 과정에서 과두 지배 세력으로 등장한 산업·금융재벌)가 형성되었다.

이런 방식으로 루코일(Lukoil), 유코스(Yukos, 올리가르히로 후일 로스네프트로 피인수), 수르구트(Surgut), TNK 등 종적으로 통합된 석유회사들이 탄생하였고 국영기업 로스네프트(Rosneft)도 건재했다. 대형 가스업체인 가스프롬(Gazprom)은 시브네프트(올리가르히 로만 아브라이모비치가 공동 소유, 그는 주식 매각 후 영국 첼시 구단주가 됨)를 인수하며 석유사업에 뛰어들었다. 이들 러시아 기업이 보유한 매장량은 서구 메이저 기업과 견주어 조금도

뒤지지 않았다.

　서방의 메이저 기업들은 러시아 본토에는 발을 들여놓을 수 없었다. 불안한 정세, 관료제, 법적 불확실성은 석유기업들이 이미 중동에서 진저리 나게 경험한 바다. 서구 기업들은 자신들만의 경험과 기술을 살릴 수 있는 극한지 사업에 뛰어들었다. 코노코는 알래스카에서의 경험을 살려 루코일과 함께 북극으로 갔고, 엑슨과 쉘은 사할린으로 갔다. 몇 십 년이 걸릴지 모를 이들 극한지 프로젝트들은 인류의 미래 석유 공급원이 될 것이다.

3) 푸틴의 국가 재설계

　냉전이 끝나면서 동독의 드레스덴에 있던 KGB 간부 블라디미르 푸틴은 고향인 상트페테르부르크의 부시장 자리를 얻었다. 시장이 선거에서 패배하자 일자리를 잃은 그는 상트페테르부르크 국립광업대학에서 『시장경제제도 형성기의 천연자원 기지 재개발을 위한 전략』이라는 논문으로 박사학위를 받았다. 이 논문에서 그는 "석유, 가스 등의 에너지 자원이 국가 경제발전에서 결정적 역할을 해야 한다". "국가가 에너지 자원 개발을 주도해야 하며, 자원 분야에 대한 외국 자본의 과도한 진출을 경계해야 한다"라고 주장했다.

　그는 옐친에게 스카우트되어 KGB의 뒤를 잇는 FSB(연방보안국) 국장을 역임한 후 총리직에 올랐다. 외환위기와 경제 혼란을 이기지 못하고 1999년 12월 31일 보리스 옐친이 갑자기 사임했을 때, 3년 전만 해도 실직자였던 블라디미르 푸틴은 러시아의 대통령 권한대행이 되어 있었다.

그는 옐친이 무엇을 잘못했는지 알고 있었다. 옐친의 노선, 즉 기업경제 활성화를 위한 급속한 시장 자유화 모델은 1998년 경제위기를 맞아 사실상 파산하였다. 금융·외환시장 혼란으로 기업이 도산하고 실업이 만연하자 러시아인들은 궂은 일을 찾아 해외를 전전했다. 자부심 강한 소련 제국의 후예들은 자본주의가 자신에게 가져다준 것이 무엇이냐며 분노했다. 난마처럼 얽힌 현실에 대해 야당과 지식인, 언론이 목청을 높이고 사회 혼란에 지친 대중들은 막연히 옛것, 공산주의로의 회귀를 원한다.

푸틴은 시장 자유화에 일정한 제약을 가하고 러시아 경제를 기업경제가 아니라 석유산업을 중심으로 재설계했다. 외국 자본의 석유산업 진입을 제한하고 올리가르히의 정치 참여를 금지하며 약속을 위반한 올리가르히들의 석유 이권을 회수하였다. 어차피 경제 혼란기에 금융 과두 재벌들이 말이 안 되는 방법으로 인수한 석유 이권이니 국내 여론도 푸틴 편이었다. 석유산업에서 로스네프트, 가스프롬 등 국영기업이 차지하는 비중이 커져갔고 두둑한 배당금으로 정부 재정도 튼튼해졌다. 석유 수출로 들어온 외화 수입은 별도의 국부펀드를 조성해 국내 금융시장으로부터 차단하여 환율과 금리에 미치는 영향을 최소화했다. 튼튼한 재정을 바탕으로 사회 인프라를 재건하고 기업 경제를 지원해 나갔다.

아제르바이젠, 카자흐스탄, 투르크메니스탄도 푸틴의 모델을 따랐다. 아제르바이잔의 카스피해 해양 플랜트와 바쿠-트빌리시-제이한 파이프라인, 카자흐스탄의 텐기츠유전은 세계시장에 미치는 공급 면에서 대단한 의미를 가졌다. 현재 아제르바이잔과 카자흐스탄의 전체 석유 산출량 280만 배럴은 존립이 의문시되던 이들 국가를 어엿한 독립국가로 자리매김하게 했다.

2010년대 들어서면서 러시아와 중앙아시아 독립국들은 다시 석유 생산국으로 복귀했다. 산출량은 20년 전 소련이 사라지던 시절보다 올라갔다. 다국적 기업들의 기술을 배워나갔고 러시아는 다시 한번 세계 2위 수출국의 자리를 차지할 수 있었다. 1998년 빈사상태이던 러시아는 그로부터 10년 후 거의 8,000억 달러 수준으로 증가한 외화 보유고와 국부펀드를 바탕으로 강대국이 되었다. 푸틴이 옳았던 것이다.

3. 가스 산업의 세계화

석유의 대체재인 천연가스는 경유와 성질이 비슷해 가정용 난방이나 발전에 적합하다. 가스 사업에는 몇 가지 특징이 있다. 가스는 보존과 운반이 어렵고 천연가스의 액화와 재기화에 큰 비용이 들어간다. 가스전 개발과 장거리 파이프라인, LNG 선단과 액화·재기화 시설에 대규모 투자가 필요하고 사업 당사자들이 장기(보통 20년) 계약을 맺는 것이 관례화되어 있다. 유럽은 러시아로부터

오는 장거리 파이프라인에 의존하고 있고, 북아메리카도 파이프라인, 아시아 시장은 LNG선으로 실어 나른다. 이들 시장은 지역적으로 분리되어 자신만의 고유한 가격체계를 갖고 있었다.

1) 가스사업의 시작

1952년 12월, 런던의 가정용 석탄 난방에서 배출한 살인적인 스모그로 120명 이상이 사망하자 영국의 국영 British Gas Council은 미국의 한 회사와 손잡고 천연가스를 LNG 형태로 수입하기 시작하였다. 로열더치쉘도 알제리의 사하라 사막에서 대형 천연 가스전을 개발하기 시작했다. 1964년 LNG 첫 수송분이 알제리에서 가스운반선에 실려 템즈강 하류로 왔다. 국제 LNG 무역이 본격적으로 시작된 것이다.

1960년대 중반까지 유럽은 해상운송 방식의 LNG 사업이 자리를 잡는 것 같았다. 그러나 1959년 네덜란드 북부 흐로닝언의 평탄한 농지 아래 거대한 가스전이 발견되었고, 1965년에는 북해에서도 천연가스가 매장되어 있음이 밝혀졌다. 이 발견으로 영국은 가정용 난방을 석탄에서 천연가스로 전환해 나갔고, 연이어 소련에서도 파이프라인을 통해 천연가스를 서유럽으로 나르기 시작했다. 네덜란드 가스전은 소위 '네덜란드 병'의 원인이 되었다. '석유 국가'에서 발생하는 문제와 마찬가지로 대규모 외화 유입으로 로컬 화폐가 평가절상되어 제조업 수출 경제가 파괴되었고, 무상복지 등으로 노동윤리가 무너졌기 때문이다.

　1980년대 초 서유럽 국가들은 중동 정세 불안과 오일쇼크 대응책으로 소련에서의 천연가스 구입량을 대폭 확대하려 나섰다. 고유가에 대비하고 에너지원 다변화를 위한 선택이었으나 레이건 행정부는 그러한 계획에 반대했다. 80년대 소련에 대한 최대 압박을 가하고 있는 시점에 NATO 동맹국으로서 경제재제에 동참하라는 요구였다. 레이건은 이 계획에 사용될 미국 제품의 수출을 금지했고, 미국 기술을 이용한 유럽 제품의 수출도 금지하라고 요구했다. 실제로 미국 설비를 수입한 영국 파이프라인 건설업체가 제재 대상이었다.

　유럽은 미국의 치외법권적 요구에 분노했다. 마거릿 대처는 레이건에게 직접 전화를 걸어 "우리는 친구에게 상처받았다"라며 항의했고, 항구에 직접 나가 자국 회사에게 "설비를 배에 선적하라"고 명령했다. 결국 소련에서의 가스 수입량을 총 소비량의 30%로 제한하기로 하고 파이프라인 논쟁은 끝났다.

　미국 시장은 단순하다. 자국 공급량을 파이프라인으로 이송해 가정에서 사용하는 방식이었고 가정용 연료 고갈을 우려해 발전소의 가스 사용을 오랫동안 금지했었다. 그러나 1990년대 들어 만성화된 저유가로 연료 부족의 두려움은 사라졌고, 발전소에서 천연가스 사용을 금지하는 법규도 폐기되었다.

　환경 요인으로 석탄과 중유를 대신하여 천연가스는 발전용 연료로 큰 환영을 받았다. 신기술 개발로 천연가스터빈의 효율성이 높아지면서 비용이 낮아졌다. 가스를 연료로 사용하는 발전소는 다른 발전소보다 건설 기간이 짧았고 건설 비용도 훨씬 저렴했다. 가스는 석탄이나 중유보다 더 청정하고 환경적으로 더 매력적인 연료였다. 문제는 북미지역의 가스전이 고갈되고 있다는 것이었다.

2) 게임 체인저의 등장 - 카타르

그때 카타르가 등장했다. 로열더치쉘은 1971년 카타르 북동 해안가에서 거대한 가스전을 발견하였다. 노스필드(North Field)라 명명된 가스전의 매장량은 6,700조 갤런으로 러시아, 이란에 이어 세계 3위다. 그러나 카타르는 시장이 없었다. 70~80년대에는 수요도 없었고 운반 수단도 마땅치 않았다.

일본이 에너지 다양화 전략의 일환으로 LNG를 선택하였다. 도쿄 인근의 전력을 책임지고 도요타라는 최대 고객을 갖고 있는 추부(中部)전력은 노스필드와 10년 장기계약을 체결하였다. 한국가스공사도 그 뒤를 따랐다. 이들 계약으로 아시아로 가는 길을 뚫었지만 만족할 수 없었다. "서쪽으로 간다." 그것은 유럽을 의미했다.

일감이 절실했던 한국의 조선소는 훨씬 더 큰 LNG 운반선 건조 입찰에 매우 매력적인 가격을 써냈다. 카타르는 유럽 시장에서 파이프라인 가스와 경쟁할 수 있다는 사실을 알게 되었다. 수에즈 위기 후 일본 조선업이 30만 톤급 초대형 유조선(VLCC)을 개발하여 수에즈 운하를 무력화시켰듯이, 한국 조선소의 초대형 LNG선은 국제 가스 시장을 뒤집어 놓았다.

한국의 저렴한 대형 LNG선에 힘입어 카타르는 LNG 현물시장을 창조해 냈다. 카타르는 자기 비용으로 유럽에 집유시설을 세우고 자체 LNG선단으로 1개월짜리 LNG 현물계약을 소화해 냈다. 최근 2021년 말 유럽 가스 가격 인상으로 호주에서 인도로 향하던 LNG선이 유럽으로 항로를 변경하였다는 뉴스는 활발한 LNG 현물시장을 보여주는 사례일 뿐이다. 2007년 카타르는 드디어 세계 최대의 LNG 공급자로 떠올랐다. 인구 150만 명의 이 조그만 왕국이 세계 LNG 공급의 거의 3분의 1을 제공하는 쾌거를 이룩한 것이다.

3) 미래의 에너지원 - 가스

천연가스는 미래의 에너지원이다. 유럽은 2019년 기준 전력 에너지원을 원자력 27%, 천연가스 20%, 석탄에 17%를 의존한다. 수력은 11%이다. 석탄을 중단한다면 천연가스로 이동할 수 밖에 없다. 풍력은 13%, 태양열은 4%에 불과하다. 네덜란드와 북해의 가스전은 고갈되어 가므로 이제 러시아 파이프라인과 LNG 수입에 기댈 수밖에 없다. 이미 러시아와 유럽 간에는 브라더후드와 소유즈(러시아-우크라이나-독일), 블루스트림(러시아-흑해-터키), 사우스스트림(러시아-흑해-불가리아-이탈리아), 노드스트림(상트페테르부르크-발틱해-북독일)가 있고 아제르바이잔의 바쿠-트빌리시-제이한 라인도 있다.

　최근 노드스트림 2 개통을 둘러싸고 벌어졌던 미국과 독일의 충돌은 1980년대 미국-유럽 간 가스 파이프라인 충돌의 판박이다. 2021년 겨울 러시아가 야말 가스전의 파이프라인을 잠궈 가스 가격이 앙등하였다. 에너지 안보 문제가 현실화되었다며 흥분하지만 혹한지의 러시아 가스전은 장기 계약의 보장 없이 차세대 가스전 개발이 어렵다. 반면 유럽은 에너지 안보와 공급자 간 경쟁 유도를 위해 허브 집유항을 중심으로 스폿 거래(현물거래)를 활성화시키겠다는 입장이다. 서로가 서로를 필요로 하는 러시아와 유럽의 대립은 극한으로 치닫기보다는 상호 일정한 장기 물량을 보장해 주고 추가 소요량에 대해 현물거래 방식을 도입하는 선에서 봉합될 것이다.

　미국에서는 한때 전력 생산의 55%를 맡았던 석탄의 몫은 2019년에 25%까지 떨어진 데 반해 천연가스의 비중은 38%로 올라갔다. 원자력 20% 수준이고 수력 7%, 풍력은 7%, 그리고 태양열은 2%에 불과하다.

　후술하겠지만 미국은 미래 에너지 대응에 있어 가장 편안한 지위에 있다. 셰일가스는 혹한지나 심해 가스전보다 투자비가 훨씬 저렴하고 1~2년 내 개발이 가능해 장기 계약의 필요성이 없다. 환경단체가 폐수방출과 파이프라인에 격렬히 반대하지만 결국 석탄

발전을 줄이기 위해 저렴하고 청정한 천연가스 발전을 채택할 수밖에 없을 것이다.

일본의 발전 동력원은 석탄 32%, 원자력 8%에 이어 천연가스 34%이다. 석유 3%, 수력은 8%, 태양열은 6%이고 풍력은 제로 수준이다. 2007년 7월 일본 중부를 강타한 대지진이 가시와자키-가리와 원전을 파손시켰고, 결정적으로 2011년 3월 쓰나미로 일본 전역의 원전 발전이 중단되었다. 석탄과 원자력의 비중 감소는 천연가스 의존도의 상승으로 이어질 수밖에 없다. 2030년경 완공 예정인 엑슨모빌의 사할린 가스전은 일본 시장을 목표로 한다.

인구가 가장 많은 중국과 인도는 석탄 소비에서 각각 1위와 3위를 기록하고 있다. 2위는 미국이다. 중국에서는 전력의 65%를 석탄으로 만든다. 인도는 69%이다. 수력은 중국에서 16%, 인도에서 13%를 담당하고 있다. 석탄을 대신할 에너지원은 당연히 시베리아와 카자흐스탄으로부터의 파이프라인과 LNG가 될 것이다.

에너지원 중 국제화가 가장 늦게 진전된 가스산업인 만큼 공급자 간의 경쟁도 치열하다. 아시아에서 말레이시아, 인도네시아, 브루나이, 호주, 러시아 사할린, 중동의 카타르, 오만, 아부다비, 예멘, 북아프리카의 알제리, 리비아, 이집트, 서아프리카의 나이지리아, 적도기니, 서반구의 알래스카, 트리니다드, 페루에 이르기까지 LNG를 공급 국가는 계속 늘고 있다. 여기에 러시아 야말반도 북부 지역에서 LNG 쇄빙선을 이용한 북극항로가 개척되고 있으며, 에너지 불모지 이스라엘도 동지중해 앞바다에서 리바이어선 가스전 개발로 들떠있다.

과거 지역별로 분산되었던 가스 시장은 글로벌 시장으로 통합되어 가고 있다. 치열한 공급 경쟁 속에 최근 가스 가격의 앙등은 일시적일 수밖에 없다. 최근 러시아와 유럽 간 파이프라인을 둘러싼 갈등은 우리로서는 즐거운 구경거리다. 유럽이 에너지 안보에 유의해 해상운송 LNG를 더 많이 쓸수록 한국 LNG 조선 사업은 희망적이기 때문이다.

한편, 2000년대 들어 세계화되어가던 가스 시장에 거대한 폭풍이 몰아쳤으니, 바로 미국에서 시작된 셰일 혁명이다. 셰일 혁명은 고전적 방식과 비전통적 방식의 석유 및 가스 시장을 가리지 않고 엄청난 영향력을 행사하고 있다. 에너지의 미래를 알기 위해서는 셰일 혁명을 알아야 한다

4. 셰일 혁명
1) 에너지 벤처의 승리

셰일 바위에서 가스를 추출할 수 있다는 것은 1910년대부터 알려졌고 1940년대에는 이를 상업화하려는 석유 메이저들의 시도가 있었다. 쉽게 그 방법을 찾을 수 있을 줄 알았던 셰일가스의 상용화는 그 후로도 60년을 기다려야 했다. 고집불통의 조지 P. 미첼이라는 독립 가스업자가 자신의 전 재산과 인생을 바쳐 이룬 수압파

쇄법에 의한 셰일 혁명은 세계 에너지 시장과 미국의 전략적 지위를 완전히 바꾸어 놓았다.

프래킹(fracking)이라고도 하는 수압파쇄(hydraulic fracturing) 기술은 1940년대 말에 처음 실용화된 기술이다. 조지 P. 미첼는 1980년대부터 약 20년간의 연구 개발 끝에 프래킹 기술로 셰일가스를 추출하는 데 성공했다. 이를 눈치 챈 데본에너지가 2002년 미첼에너지를 35억 달러에 인수하였다. 수평시추법에 일가견이 있던 데본에너지는 두 회사의 기술을 결합해 2003년 55개의 셰일 가스정 시추를 성공시켰다.

EOG사는 셰일가스 성공의 소문을 듣고 뒤늦게 사업에 뛰어들었다. 이미 땅값은 올랐고 천연가스 가격은 폭락하여 채산성이 없다고 판단한 경영진은 석유로 관심을 옮겼다. 만일 셰일에서 가스를 포집할 수 있다면 석유는 왜 안 되는가? 석유는 분자 크기가 가스보다 6배나 크므로 불가능할 거라 예상한 것이다. 몇 달 동안의 실험 끝에 EOG는 마침내 석유 추출에 성공하였다. 이른바 타이트 오일(tight oil)이 등장한 것이다. EOG사는 텍사스 남부지역의 지하에 펼쳐져 있는 이글포드 셰일 암석층을 확보하고 미국 내에서 가장 규모가 큰 석유 생산업체로 등극했다. 전 세계 석유 산업을 뒤흔들 결정적 혁신이었다.

셰일 암석층은 미국 전역에 걸쳐 발견되었다. 과거 유전지대이기만 하면 그 주변 지하층에는 반드시 셰일 암석층이 있었다. 텍사스와 뉴멕시코 지역에 걸친 퍼미언 분지는 사우디아라비아의 가와르 유전에 이은 세계 2위의 유전지대로 밝혀졌다. 이글포드는 다섯번째, 인구가 조밀한 뉴욕과 펜실베이니아 지역에도 거대한 마셀러스 유전이 있다. 캐나다와 미국을 세로로 지르는 로키산맥의 바켄 지역은 그 크기를 가늠할 수조차 없다. 과거 160년간 인류가 퍼낸 석유가 1조 배럴이라면 셰일 자원은 8조 배럴로 추산될 정도로 그 규모가 엄청나다. 그중 6조 배럴은 미국에 있고 그것도 대부분 로키산맥에 집중되어 있다.

부존량보다 더 중요한 것은 사업 방식의 혁명적 변화였다. 석유사업은 모험사업이다. 격오지에서 엔지니어들의 장기간 헌신과 위험을 감수하는 거대 자본을 필요로 한다. 정치적 위험을 피해 극한지와 심해유전 개발에 나섬으로써 투자자본의 규모는 몇 십 억 불로 급증했고 투자 회임기간은 20년~30년에 이른다. 심해유전의 경우 채산성을 맞추기 위한 생산 단가는 배럴당 100불에 이른다. 엑슨의 CEO는 현재 경쟁력을 유지하기 위해서는 최소 6개의 탐광 프로젝트를 유지해야 한다고 얘기했다. 최신 기술로도 성공 확률이 6분의 1에 불과하단 얘기다. 슈퍼 메이저가 아니면 감당하기 어렵다.

셰일가스 개발은 완전히 다르다. 몇백만 불의 투자로 충분했고 밭 한가운데나 집 뒷마당에도 유정이 있다. 작은 셰일 바위 유정들은 1~2년이면 고갈되지만 곧 다른 곳을 굴착하면 된다. 설비 효율에 따라 생산단가는 40~70불에 이르고 유가 움직임에 따라 채산성이 요동치지만 대규모 유정과 달리 단위 규모가 작아 생산량 조절이 가능하다. 잭팟은 없지만 과거처럼 하염없는 기다림과 처참한 실패도 없다. 저유가로 불황이 오면 유정을 닫고 기다리면 된다. 모험 사업이 아니라 제조업과 같이 기대 수익률을 맞출 수 있는 일반적인 사업이 된 것이다.

이것은 산업적으로 셰일 유정이 세계 석유산업의 안전 여유분과 비슷한 역할을 할 수 있다는 것을 의미한다. 유가가 고공행진을 하면 리스크 없이 신속히 증산이 가능하고 저유가로 들어가면 사업을 축소하면 된다. 2019년 세계 1위를 탈환하였던 미국의 석유 생산량은 2020년 들어 저유가가 되자 다시 크게 축소되었다. 이는 미국 석유산업이 엄청난 시장 적응력과 유연성을 확보하였다는 것을 의미한다. 석유산업 시작 후 처음 있는 일이다. 셰일 혁명이라 불릴 만하다.

젊고 야심만만한 지질학도들이 대기업 취직을 마다하고 독립사업자로 셰일가스 개발에 뛰어들었다. 그것도 미국 영토 내에서……

2) 돌아온 록키(Rocky)

2008년 이후 미국의 서브프라임 경제위기 극복은 온전히 셰일 혁명의 덕이었다. 석유와 천연가스 채굴이 활성화되었고, 인력이 부족한 블루칼라들에게도 고임금이 지불되었다. 중장비와 차량,

파이프라인을 만드는 미국 중서부 제조업체들이 호황을 맞았다. 캘리포니아에도 지질 데이터를 전송받아 소프트웨어로 처리해 주는 고급 일자리가 늘어났다. 한가하던 농부들은 농지를 유전으로 임대해 주고 목돈을 쥐었다. 시골에 사람이 모여들자 집과 차가 필요해지고 자동차 판매와 부동산 판매업도 호황이다.

유럽의 제조 업체들은 유럽에서의 높은 에너지 비용을 견디다 못해 미국으로 이전한다. 독일의 화학회사, 오스트리아 철강회사, 호주의 비료회사, 타이완의 플라스틱 회사가 미국에 투자했다. 한국의 롯데케미칼도 3억 불을 투자하여 화학 공장을 세운다. 세계화 시대에 미국 기업들이 생산원가 문제로 중국으로 공장을 이전하였다면, 셰일 혁명 시대에 외국 기업들이 미국으로 들어온다. 셰일 혁명은 미국의 제조업을 부흥시키고 있다. 록키가 귀환했다.

3) 非전통적 석유 시대의 도래

1973년 제1차 오일쇼크 이후 안전하고 새로운 석유 자원을 개발하려는 석유기업들은 해양플랜트 산업을 발전시켰다. 필립스는 1969년 북해 유전을 개발하였고 70년대 아르코는 알래스카 노스슬로프 유전을 성공시켰다. 80년대 중반 영국과 노르웨이 섹터에서 모두 합해 매일 350만 배럴이 생산되던 북해산 브렌트유는 '비OPEC'을 떠받치는 기둥이었다. 앞으로는 '비OPEC' 석유를 넘어 '비전통적' 석유의 시대로 진입할 것이다.

캐나다 앨버타 주에 지천으로 널린 오일샌드에서 석유 추출이 가능하단 것은 알고 있었지만 이를 상업적으로 개발하기 시작한 것은 1990년대 말이 되어서였다. 오일샌드 개발에는 혹한의 기후를 이겨내고 뜨거운 증기로 모래를 녹여야 했으며, 침출수 처리 와 내륙 운송 시스템 문제를 해결해야 했다.

캐나다 오일샌드는 거대한 자원이다. 추정 부존량 1조 8천억 배럴 중 현 단계 기술로 회수할 수 있는 분량은 1,750억 배럴로 10퍼센트에 불과하다. 기술적인 진보가 이루어지면 나머지 90퍼센트의 개발도 가능할 것이다. 캐나다의 오일샌드와 어깨를 겨룰 수 있는 베네수엘라 오리노코 벨트는 불안한 내정으로 개발의 엄두도 못 내고 있다.

대략 500조 배럴이 넘을 것으로 추정되는 북아메리카의 셰일가스 기반은 지금 정도의 소비 수준으로도 100년 이상 꺼내 쓸 수 있는 막대한 양이다. 이는 미국의 발등에 떨어진 불을 꺼주었을 뿐 아니라 국제 천연가스 시장에도 큰 영향을 끼치고 있다. 나아가 셰일가스는 태양열과 풍력 등 재생에너지 시장도 바꾸고 있다.

19세기에 석유산업이 시작된 이래로 지금까지 전 세계에서 소비된 석유의 양은 약 1조 배럴이다. 2019년 일일 1억 배럴이던 세계의 석유 생산량은 2030년에 1억 1천만 배럴로 올라갈 것으로 예상된다. 과학기술의 발전에 따라 세계에 매장된 석유의 추정 부존량은 점점 증가한다. 이러한 비전통적 석유는 2030년쯤이면 전체 석유 생산량의 3분의 1 정도를 책임지게 될 것이다.

5. 결론 – 지하자원이 아닌 근본자원

19세기 중반 석유산업이 시작된 이래로 160년 동안 석유산업의 개척자들은 미국 펜실베이니아 산악에서 텍사스 사막으로, 코커서스 산맥의 바쿠와 열사의 땅 중동으로 나아갔다. 인류는 그들의 노력으로 값싸고 풍부한 에너지원을 얻어 현대의 풍요와 번영을 이룰 수 있었다.

땅속의 권리를 두고 정치적 분쟁과 무력충돌이 발생하자, 개척자들은 그것들을 피해 혹한의 알래스카와 북해로, 북극과 심해로 나아갔다. 석유는 땅에서 샘솟는 것인 줄 알았던 고래의 관념에서 벗어나 석유는 얼음 속, 바닷속에도 있고 심지어 모래와 바위에서도 꺼낼 수 있다는 것을 알게 되었다. 유전이 고갈될 것이란 공포가 만트라처럼 산업계를 맴돌 때, 몇몇 고집불통들이 인생을 바쳐 완성한 셰일 혁명으로 인류는 이제 거의 무한정의 석유자원을 보유하게 되었다.

석유와 가스는 고갈되지 않는다. 석유는 지하자원이 아니라 인간이라는 '근본자원'의 두뇌에서 채굴되는 것이다. 고갈되는 것은 인간의 상상력이지 지하자원이 아니다.

그러나 이제 석유의 공급이 문제가 아니라 석유가 내뿜는 이산화탄소를 둘러싸고 과학자와 정치인, 환경운동가들과 언론이 석유

소비에 제동을 걸고 있다. 유럽과 미국이 엇갈리고 선진국과 개도국이 부딪치며 화려한 국제회의장 앞마당에는 시위대들의 천막과 구호가 난무한다. 사상 초유의 환경 쇼크를 맞아 석유의 미래는 어떻게 될 것인가? 기후변화 편에서 이 부분을 다루도록 한다.

석유의 미래 4
(기후변화-전편)

김명수

1. 기후 문제의 대두
1) 환경운동의 진화

1960년대 말에 시작된 1세대 환경운동은 '깨끗한 공기와 물'을 요구한 것이었다. 1950년대 런던의 겨울 난방을 책임지던 갈탄(Brown coal, 황이 다량 함유된 갈색의 저급탄)에서 뿜어낸 스모그로 노약자 수 천명이 사망하였고, 건조한 미국 서부 로스앤젤레스에서도 자동차 배기가스 오염 문제가 심각하였다. 서구 각국은 발전용 연료를 석탄보다 '청정하고 저렴한' 중유로 전환해 나갔고 이는 석유 수요 증가를 불러와 1973년 오일쇼크를 일으킨 요인 중 하나로 작용하였다.

2세대 환경운동은 핵실험을 금지하자는 것이었다. 1946년부터

1958년까지 태평양의 아름다운 환초 섬 비키니에서 행한 핵실험으로 섬 2개가 사라지자 핵실험의 위험성이 언론을 통해 알려졌고, 1971년 창설된 그린피스는 반핵을 모토로 행동에 나섰다. 더 나아가 1979년 미국 스리마일섬 원전 사고와 1986년 소련 체르노빌 원전 참사를 겪으며 반핵을 넘어 반원전 여론이 힘을 얻었다.

스리마일 원전 사고는 미국의 신규 원전 프로젝트를 전면 중단시켰고, 체르노빌(현재 우크라이나 북부 국경지역) 참사는 유럽을 경악케했다. 소련은 국가 시스템 붕괴로 사고 수습이 지연되었고, 서방세계에는 말할 것도 없고 자국 국민에게도 정보를 공개하지 않았다. 체르노빌과 가까운 독일(당시 서독)에는 기류를 타고 방사능 낙진이 뿌려진다는 공포가 엄습했고 녹색당이 현실 정치세력이 되는 계기가 되었다. 녹색당은 '반핵, 반원전'을 당 강령으로 삼았다.

1980년대부터 시작된 3세대 환경운동은 과거와는 차원을 달리하였다. 직관적으로 설득력이 있는 '깨끗한 공기'나 '반핵'과는 달리 복잡하고 난해한 '기후변화'를 주제로 내세운 것이다. 19세기 중반 빙하기를 연구하던 과학실험에서 시작된 이 주제는 단순한 환경운동을 넘어 과학계와 국제기구, 국내정치와 국제정치, 그리고 선진국간 에너지 주도권을 둘러싼 전략 경쟁이 고르디우스의 매듭[1] 처럼 헝클어져 있다. 이제 그 매듭을 하나씩 풀어보자.

---

[1] 이 매듭을 푸는 자가 아시아를 제패한다는 전설을 듣고 마케도니아의 왕 알렉산드로스가 단칼에 베어 풀어버렸다.

2) 온실가스의 발견

시작은 빙하기(Ice Age)의 재림을 우려한 북구의 과학자들이 지구기 냉각되는 원인을 알고자 한 피나는 노력이었다. 추운 기후에 사는 북구의 과학자들에게 만년설과 거대한 빙하는 경외감을 주었고, 빙하기가 분명 존재하였고 언제 다시 올지 모른다는 가설은 두려움 그 자체였다.

영국의 물리학자 존 틴달(John Tyndall, 1820~1893)은 태양이 지고 난 밤에도 온기가 유지되는 이유에 대해 의문을 품었다. 그는 1859년 5월 온실에서 행한 실험에서 석탄가스가 빛을 투과하지 않고 열을 가둔다는 사실을 증명하였다. 비슷한 논리로 지구의 대기는 태양열이 들어오도록 허락하지만 쉽게 나가지는 못하게 막는다. 마치 대기는 지구 표면에 열을 축적시키는 온실가스와 같은 역할을 수행하고 있다는 것이다.

1894년 스웨덴의 화학자 스반테 아레니우스(Svante Arrhenius, 1859~1927, 1903년 전기분해 이론에 대한 공로로 노벨화학상 수상)는 틴달의 이론을 발전시켜 대기 중의 이산화탄소의 역할에 주목하였다. 그는 이산화탄소의 양이 절반으로 줄어들면 기온이 섭씨 4~5도 떨어지고 이산화탄소의 양이 두배가 되면 기온이 5~6도 정도 오르는 것으로 추정하였다. 슈퍼컴퓨터도 기상위성도 없던 시절, 그는 이산화탄소를 단일 변수로 하여 기온을 추정한 것이다.

스칸디나비아 반도 출신인 아레니우스는 이산화탄소 증가에 따른 지구온난화를 반가워했다. 기후가 따뜻해지면 재앙 같을 빙하시대의 재림을 막을 수 있을 뿐 아니라, 스칸디나비아 반도가 안정적인 기후 속에 농사도 가능해질 것이라고 생각했다. 게다가 이산화탄소는 공기 중 비료와 같은 역할을 하므로 농작물은 더 잘 자랄 것이다.

1938년 아마추어 기상학자이던 가이 스튜어트 캘린더(Guy Stewart Callendar)가 런던의 왕립기상학회(Royal Meteorological Society)에 발표한 논문이 작은 파문을 일으켰다. 대기 중의 이산화탄소는 증가하고 있고 이것이 기후변화를 유도한다는 소위 "캘린더 효과(Callendar Effect)"를 주장한 것이다. 그 역시 지구온난화는 세상을 더 쾌적하게 만들어줄 반가운 손님이라고 생각했다. 그의 주장은 무시되었다. 그의 직업이 과학자가 아니라 증기 기사였기 때문이다.

이러한 일련의 연구는 과학계에서 한동안 잊혀졌다. 원인이 온실가스든 무엇이든 지구가 따듯해지고 있다면 이는 유럽인들이 두려워할 바가 아니다. 무시무시한 빙하기의 재림도 걱정할 필요가 없어졌기 때문이었다.

3) 킬링곡선

지구온난화 연구에 다시 불을 지핀 곳은 미국이었다. 해양학자인 로저 르벨(Roger Revelle)은 자신의 박사 논문에서 인간이 연료를 태울 때 발생하는 이산화탄소가 대부분 바다로 흡수된다고 주장했다. 캘린더효과에 의문을 가진 것이다. 그런데 핵실험이 해양에 끼치는 영향을 분석하는 정부 프로젝트를 수행하는 과정에서 바다의 깊이에 따라 온도는 비례적으로 낮아지는 것이 아니라 어떤 층에서 갑자기 크게 하강하는 것을 보았다. 찬물 층 위에 더운 물 층이 담요처럼 덮고 있다는 것이다. 바다의 이산화탄소를 흡수하는 능력은 생각보다 훨씬 적었다. 그러면 이산화탄소는 어디로 갈까? 대기로 배출된다면 재앙적인 기후변화를 일으킬 수도 있지 않을까?

지구 대기의 성분 분석에 관심을 가진 청년 찰스 데이비드 킬링(Charles David Keeling)은 이산화탄소 농도 측정에 인생을 걸었다. 산과 들로 전전하며 불안정한 측정 환경에 만족하지 못하던 킬링에게 로저 르벨(Roger Revelle)은 최적의 일자리를 마련해 주었다. 바로 하와이의 마우나로아 화산 꼭대기(해발 3,340미터)에 새로 세운 기상관측소였다. 킬링은 1958년부터 관측소에서 평생을 바치며 지구 대기의 이산화탄소 농도를 측정하여 캘린더가 맞았다는 사실을 입증했다.

대기 중 이산화탄소 농도의 증가는 움직일 수 없는 사실이었다. 1959년 316ppm, 1970년 325ppm, 1990년 354ppm, 이런 상승곡선은 킬링 곡선(Keeling Curve)으로 알려졌다. 이 추세가 계속된다면 21세기 중반에 대기 중 이산화탄소는 두 배가 될 것이다.

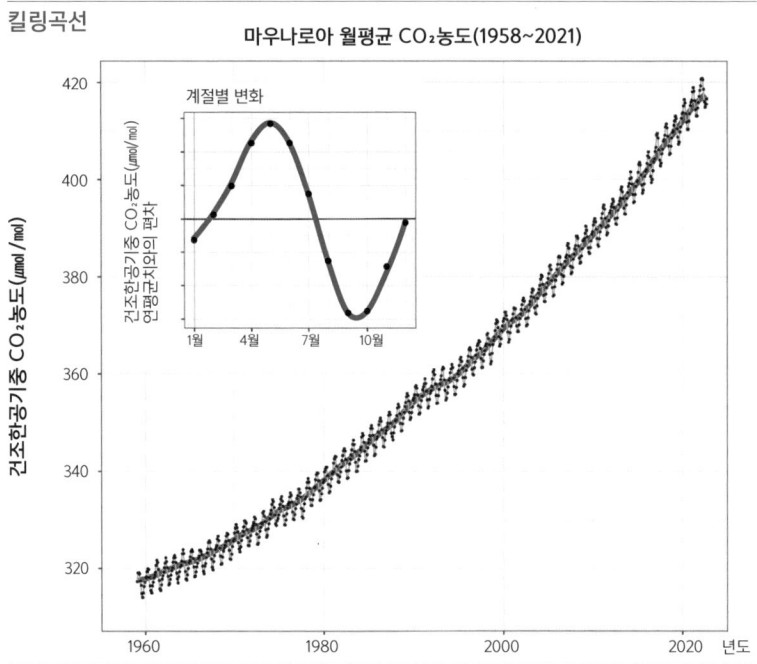

자료: 위키피디아(Data from Dr. Pieter Tans, NOAA/ESRL and Dr. Ralph Keeling, Scripps Institution of Oceanography.)

    킬링의 작업은 전혀 새롭게 해석되었다. 온실가스 연구는 한가하게 과거 빙하시대의 수수께끼를 푸는 것이 아니라 미래 기후를 예견하는 학문이 되었다. 르벨과 킬링은 같이 행동에 나섰다. 1965년 린든 존슨 대통령의 과학자문위원회에서 발간한 '환경오염'에 관한 자료에 자신들이 쓴 22쪽의 부록을 붙인 것이다. 그들은 "화석연료를 태움으로써 인간은 **거대한 지구물리학적 실험**을 수행하고 있으며" 이는 거의 틀림없이 기온을 변화시킬 것이라고 주장하였다.

4) 미국 정부의 후견

1970년대 들어 기후 연구에 미국 CIA와 국방부도 뛰어들었다. 그들의 관심사는 핵 전쟁으로 인한 핵겨울 가능성이었다. CIA 와 국방부의 기후분석에 참여했던 많은 과학자들은 닉슨 대통령에게 정부가 새로운 빙하기 도래의 위험성을 연구해야 한다고 건의했다. 어떤 과학자들은 핵 전쟁이 아니더라도 대기 중 에어로졸(수증기와 질소산화물, 황산화물 등 분진을 말함) 농도의 증가가 빙하시대를 야기할 수도 있다고 경고했다.

기후 연구 분야에 정부 예산이 뒷받침되기 시작했다. 원래는 기후 온난화가 아니라 기후 냉각화 연구가 목적이었다. 13세기 초~17세기 후반까지의 '소빙기(Little Ice Age)'가 재현되지 않을지, 아니면 아예 '빙하기'가 다시 오지 않을지 연구하기 위한 것이었다.

1980년대에 접어들며 기후변화 연구는 지구 온난화 쪽으로 선회하였다. 사실 지구 온도는 조금씩 오르고 있었다. 킬링 곡선이 보여준 20년여간의 관찰 결과를 토대로 미래 기후를 예견하기 위한 시도가 정부 후원으로 이루어졌다. 기후과학이란 학문은 원래 없었다. 기후 연구에는 대기물리학, 해양학, 지질학, 고생물학, 진화생물학, 천체물리학 등 기상학과 생물학, 물리학 등 여러 학문을 아우르는 학제적 연구(Interdisciplinary studies)가 필요했다. 여기에 기상관측을 위한 인공위성과 복잡한 기후 모델을 다루기 위해 슈퍼컴퓨터가 도입되며 프로젝트 참여 과학자수와 예산규모는 거대해졌다. 기후연구에 수 십억 달러가 지출되었다.

조지 H. W. 부시 대통령은 기후변화 문제에 경종을 울린 르벨에게 1990년에 미국 최고 과학상인 국가과학훈장을 수여하였다. 르벨은 수상 기념 연설에서 "산업 연료 연소가 계속해서 기하급수로 증가할 경우 앞으로 몇 십 년 후에 의미심장한 결과가 나올 수 있다……. 인간은 지금 과거에도 불가능했고 앞으로도 있을 수 없는 그런 종류의 **거대한 지구물리학적 실험**을 수행하고 있다"라고 되풀이 주장하였다. 이 마지막 문장은 큰 반향을 불러일으키며 언론 지상에 반복적으로 언급되었고, 선지자의 예언적인 지위로까지 승격되었다.

2. 기후 문제의 정치화

1) 기후 운동가 그룹의 부상

지구온난화 연구의 확대는 기후 운동가 그룹을 탄생시켰다. 이들의 관심은 과학 실험이 아니라 정치 행동이었다. 1978년 환경단체 지구의 벗(Friends of the Earth) 의장인 레이프 포머런스(Rafe Pomerance)는 닉슨 대통령의 환경위원회 위원이던 고든 맥도널드(Gordon MacDonald)를 찾아가 지구 온난화의 위험성을 알리는 순회 캠페인을 같이 열자고 제안했다. 특히 1980년 4월 상원 청문회는 비상한 관심을 모았다.

상원 청문회의 자료 작성자들은 찰스 킬링, 로저 르벨, 고든 맥도널드 등 지구 온난화 연구의 첨병들이었다. 그들은 "당장 완화 조치를 취하지 않으면 앞으로 몇 십 년 내에 세계 기후는 눈에 띄게 따뜻해질 것"이라고 경고하며 네 가지를 주문하였다. 문제를 인정하고, 에너지 절약에 힘쓰고, 숲을 회복하고, 저탄소 연료를 사용할 것. 저탄소 연료란 석탄 대신 천연가스를 사용하는 것을 의미했다.

상원위원회 보고서는 카터 행정부로 전달되었다. 카터 정부의 반응은 냉담했다. 제2차 오일쇼크 속에 지구 온난화 운운은 한가한 주장일 뿐이었다. 레이건 시대에 들어와 기후변화 연구 예산은 대폭 삭감되었다.

그러나 다른 한편에서 과학적 증거가 쌓이고 있었다. 1980년대에 빙하 코어(ice core: 빙하 깊은 곳에서 캐낸 원통형 얼음덩어리) 채취로 기후 변화 연구의 돌파구가 열렸다. 방사성탄소 분석법을 통해 킬링이 하와이 화산에서 측정하기 이전 시대의 이산화탄소 농도를 알게 되었다. 산업화 이전의 탄소 농도는 275~280ppm으로 1970년의 325ppm, 1990년의 354ppm 보다 낮다는 사실이 밝혀졌다.

로저 르벨은 1968년 하버드대 정교수로 부임하여 기후 온난화 담론을 꾸준히 퍼트려 나갔다. 『인구와 천연자원』이란 강좌를 개설하여 "장구한 지질학적 시대를 거치며 형성되고 농축되어온 물질(석유를 말함)을 몇 세대 만에 써버리고 있다"라며 기온 상승과 지구 기후에 미칠 중대한 영향을 역설하였다. 물론 과학자답게 유보적 표현도 잊지 않았다. 기온이 높아지면 바다의 수증기가 증가하고 따라서 구름이 많아진다. 구름은 태양에너지를 반사하고 기온을 낮추는 효과를 가져올 수도 있다.

'팝스앤록스(Pops and Rocks)'란 애칭으로 불린 이 강좌를 들은 학생 중에는 앨버트 고어 2세(Albert Gore Jr.)도 있었다. 그는 후일 자서전에서 "하버드에서 나의 위대한 스승, 로저 르벨 박사는 지구 온난화 문제에 대한 나의 눈을 뜨게 해 주었다"라고 썼다.

20년 뒤인 1980년대 후반 고어를 비롯한 7명의 상원 의원은 기후변화를 정치적 이슈로 삼기로 결정했다. 1988년 6월의 어느 더운 날, 팀 워스(Tim Wirth) 상원 의원이 개최한 청문회에 첫 번째 증인으로 제임스 핸슨(James Hansen) 박사가 나섰다.

나사 고다드 우주연구소(NASA's Goddard Institute for Space Studies) 소장이자 대기 물리학자인 제임스 핸슨에게 기후변화는 더 이상 학문적 주제가 아니었다. 기후 모델링의 권위자인 핸슨은 이미 종말론적 예언으로 유명해진 인물이었다. 특히 핸슨은 금성(Venus)의 대기에 관심이 많았다. 금성의 대기층은 이산화탄소가 엄청나게 많아 낮 동안 지표면 온도가 섭씨 480도에 이를 정도로 뜨거웠다. 그는 이것을 온실효과의 증거로 제시했다. "온실효과와 지구 온난화 사이의 인과관계를 자신 있게 말할 수 있습니다." 그의 증언은 『뉴욕타임즈』 1면에 실렸다. 환경문제는 과학에서 정치로 순간이동하였다.

단 한 번의 청문회로 제임스 핸슨은 유명인사가 되었고 이후 기후문제에 관한 거물로 부상했다. 그러나 그의 단정적 표현은 많은 기후학자들을 불편하게 만들었다. 팀 워스 상원 의원은 로저 르벨에게 청문회에 대한 논평을 레터로 요청하자 르벨은 기후온난화의 증거가 분명히 나타나기 전까지 지나치게 위기를 조장하지 말도록 주의해야 한다고 경고했다. 핸슨은 기후 모델링을 통해 자신의 주장을 수학적으로 증명하지 못했다.

2) 정치 의제가 된 기후변화

레이건의 인기를 업고 1988년 대통령선거에 출마한 조지 H. W. 부시는 환경정책을 의제로 삼은 민주당의 마이클 듀카키스에 맞서야 했다. 부시는 공화당 출신이지만 강력한 환경정책을 폈던 시어도어 루스벨트 같은 대통령이 되겠다고 공언했다. 상원 청문회에서 제기된 '온실효과'에 대해 '백악관 효과'로 대응하겠다고 응수하였다. 처음으로 대통령 후보가 온실가스와 기후변화를 선거운동 주제로 쟁점화시킨 것이다. 그는 이 문제를 다룰 국제적 협력 체제를 유도하겠다고 공약했다.

1988년 11월 기후변화에 관한 정부 간 협의체(Intergovernmental Panel on Climate Change, IPCC)가 발족되었다. IPCC는 두 개의 국제기구, 즉 세계기상기구(World Meteorological Organization, WMO)와 유엔개발계획(UN Development Program, UNDP)의 후

원을 받는 과학자들의 국제적 네트워크였다. 스웨덴의 기상학자 베르트 볼린(Bert Bolin, 1925~2007)이 '코디네이터' 역할을 맡았다.

1990년 10월에 IPCC는 UN에 제1차 평가 보고서를 제출했다. 지구는 더워지고 있었다. 그러나 그것이 인간의 탓인가? 볼린은 과학적 증거 채택에 주의를 기울였으며 정책의지가 증거를 앞서는 것을 금기시했다. 지구 온난화는 "대체로 인간에 의한 지구온난화"와 관련하여 "기후모델의 예측과 상당히 일치하고 있다"라고 보고서는 밝혔다. 그러나 문제는 온난화가 "자연적 기후 변수"와도 상당히 일치하고 있다는 사실이었다. 현재로서는 온난화의 원인을 인간이라고 단정하기에 이르고 10년 이상의 관찰이 필요하다는 것이 볼린의 첫 IPCC 보고서가 내린 결론이었다. IPCC는 5년 주기로 평가 보고서를 제출하기로 하였다.

UN은 이산화탄소를 비롯한 온실가스를 제한하는 국제회의 개최를 요구했다. 냉전은 끝났고 국제평화라는 설립 목적을 상실한 UN은 기후 변화라는 새로운 의제를 얻었다. 이렇게 해서 지구정상회담(Earth Summit)이 결성되었다. 이 회담은 유엔환경개발회의라는 공식 명칭으로 2년 후 리우데자네이루에서 열기로 했다.

3) 충돌하는 리우 회의

1992년 리우 회의에 대해 유럽과 미국의 입장은 첨예하게 달랐다. 영국 수상 마거릿 대처는 1986년 정치 생명을 걸고 탄광노조와 마지막 일전을 치르고 있었다. 영국병을 고치기 위해 탄광노조의 힘을 빼야 했던 대처는 전력원을 석탄에서 저렴하고 풍부한 북해산 천연가스로 바꾸기로 하였다. 탄광노조는 더 이상 힘을 쓰지 못하게 되었고 에너지 전환에 따라 이산화탄소 배출은 해마다 감소하였다. 온실가스 문제라면 영국은 완벽한 준비가 되어 있었다.

1990년 12월 통일된 독일도 호재를 만났다. 구 동독의 노후화된 석탄발전소와 공장 설비를 폐쇄하기로 결정한 것이다. 동독은 석탄을 주 에너지원으로 사용하고 있었다. 1990년을 이산화탄소 배출의 기준점으로 삼는다면 독일은 아무런 부담 없이 경쟁력 없는 동독 공장을 폐쇄하는 것 만으로도 단번에 20% 이상의 배출량을 절감할 수 있었다.

프랑스도 문제없었다. 프랑스는 1, 2차 오일쇼크를 거치며 원전대국으로 변신하였다. 체르노빌에서부터도 상대적으로 멀리 떨어져 있어 국민들의 거부감도 덜했고, 중앙집권적 관료제의 프랑스는 꿋꿋이 원자력발전소를 건설해 나갔다. 에너지의 70%를 원전에 의존하는 프랑스는 그야말로 저탄소 에너지의 모범국가였다.

이탈리아는 입지여건이 좋았다. 체르노빌 직후 1987년 국민투표를 통해 세계 최초로 탈원전을 선언했지만, 이탈리아의 석유 영웅 엔리코 마테이가 이끌던 국영 석유회사 ENI의 활약으로 리비아에서 지중해를 통과하는 가스 파이프라인을 확보하고 있었다. 저렴한 가스발전으로 전환해 나가면 될 일이었다.

미국은 달랐다. 1차 오일쇼크 이후 석유의 대안으로 떠오른 원전이 100기를 넘어 1,000기를 건설하겠다는 계획을 내놓았지만 1979년 스리마일섬 사고로 급제동이 걸렸다. 북미지역은 가스 부존량이 적어 가정의 난방·취사용으로도 부족해 가스 발전은 법으로 금지되어 있었다. 국제 유가 인상으로 중유 발전도 채산성을 맞추기 어렵다. 오직 믿을 것은 석탄발전뿐이다. 이를 포기한다는 것은 심각한 전력위기를 야기해 제조업의 경쟁력을 약화시킬 것이 불을 보듯 뻔했다.

리우 회의에 부시 대통령의 참석 문제를 두고 환경보호국(Energy Protection Agency, 우리나라의 환경부에 해당)의 윌리엄 라일리(William Reilly)국장과 백악관의 존 수누누(John Sununu, 현 뉴햄프셔 주지사) 수석보좌관은 격돌을 벌였다. 수누누는 경제를 놓고 도박을 벌이려 한다, 기후변화 운동가들은 '반성장, 반개발주의 무리들'이라고 비난했다. 수누누에게 그들은 1972년 로마클럽 보고서(Club of Rome Report, 석유 등 천연자원의 고갈을 경고한 최초의 선언문)와 같은 틀에서 찍혀 나온 무리들이었다. 수누누는 기후변화 컴퓨터 모델을 비웃었다. 수누누는 "모델은 마음 먹은 대로 만들 수 있소. 나는 백악관에 오기 전 월가에서 모델링으로 먹고살았소"라며 부시의 리우 행을 극력 반대하였다.

하지만 부시는 영국·독일 등 동맹국들의 참석 요구를 무시할 수 없었다. 1990년 이후 소련 붕괴, 동구권 몰락, 걸프전 등 굵직한 사건을 동맹국과 함께 처리해야 되었다. 수누누 수석보좌관이 선거 출마를 위해 갑자기 사임하였다. 부시는 리우 회의에 참석하였다.

1992년 4월 부시 대통령을 포함한 153개국 정상들이 서명함으로써 유엔기후변화협약(UN Climate Change Convention)이 체결되었다. 이 협약은 일종의 국제 선언으로 아무런 의무 이행 사항이 없었다. 그러나 리우 선언으로 기후변화가 정식으로 국제정치 의제가 되었다는 것은 큰 역사적 의미를 가진다. 미 상원은 이 협약을 비준하였다.

4) 교토 의정서

1995년 두 번째 IPCC 보고서가 발표되었다. 일부 과학자들은 기후에 대한 "뚜렷한 인간의 영향"이 움직일 수 없는 사실이라고 선언하려 했다. 그러나 신중한 IPCC 의장 베르트 볼린의 제안으로 '상당한(appreciable)' 이란 단어는 '식별할 수 있는(discernible)'으로 바뀌었다. 이 보고서는 볼린의 엄격한 감수를 거쳐 "증거를 종합해 볼 때 지구 기후에 대한 인간의 영향이 식별할 수 있는 수준이다"라고 선언했다.

다가올 교토회의의 의제를 정하기 위해 1995년 4월 베를린에서 각국 관료들이 모였다. 베를린 회의의 의장은 앙겔라 메르켈이었다. 1990년 독일 통일 후 동독의 평범한 물리학자였던 메르켈은 정계에 투신하였고, 급속한 통일 후유증으로 자본주의에 적응하지 못해 좌절한 동독인의 표를 얻기 위해 기민당은 메르켈을 밀어 올렸다. 메르켈은 기민당의 핵심 인사가 되었고 1995년 당시 통일 독일의 환경부 장관이었다.

1997년 12월, 일본의 고도(古都) 교토에 각국 정상, 환경 관료, 과학자 그룹, 환경운동가 그룹 등 수 만 명이 모였다. 기후변화 방지를 위한 구체적 목표를 제시하기 위한 최초의 국제회의였다. 영국은 에너지를 북해산 가스로 대체해 가고 있고 독일은 노후 석탄발전소를 폐쇄하고 있어 상대적으로 합의하기 쉬었다. 미국은 국내 반대를 무릅쓰고 마지막 날 부통령이며 환경주의자인 앨 고어가 합류했다. 미국, 유럽, 일본은 2008~2012년까지 이산화탄소 배출을 1990년 수준에서 평균 6~8퍼센트 낮추기로 했다.

문제는 개도국이었다. 탄소 배출에 거의 책임이 없는 개도국에도 감축 의무를 부과할 것인가? 에너지 사용을 줄이면 경제성장에 제동이 걸린다. 산업혁명 이후 이산화탄소의 75%는 세계 인구의 20%도 안 되는 선진국이 책임져야 할 몫이다. 개발도상국들이 왜 성장을 포기해야 하는가?

교토의정서는 중국, 인도, 브라질 등 개도국에 의무부담을 주지 않기로 결정했다. 미국 상원은 교토 회의 개최 전인 7월, 버드헤이글결의안(Byrd-Hagel Resolution)을 95 대 0의 압도적 찬성으로 통과시켰다. 그 내용은 만일 교토 회의에서 개도국에게 탄소 감축

면책권을 준다면 이것은 미국 산업을 불리한 위치에 빠뜨리는 것이므로 결코 받아들일 수 없다는 것이었다. 앨 고어 부통령이 가져온 교도 합의안을 클린턴 대통령은 상원에 상정해 보지도 않았다.

교토에서의 성과라면 시장주의의 도입이었다. 유럽은 시장을 믿지 않았다. 오직 강제적이고 직접적인 명령 관리 방식을 주장했다. 로널드 코스와 존 데일의 이론에 기초한 '오염 배출권 거래제'는 교수들의 학문적 실험에 불과하다고 생각했다. 미국에서 성공적이었던 이 제도는 교토 회의의 마지막 날 채택되었다.

이 날의 결정은 2003년 브뤼셀은 EU의 탄소배출권거래시장(Emissions Trading Scheme), 간단히 ETC 로 통하는 총량제한배출권거래제로 공식화되었다. 거래소, 중개인, 기업의 재무팀, 금융 인프라 등 ETC를 지탱하는 체제가 런던을 중심으로 잡혀갔다.

3. 주류가 된 기후변화

1) 대중화하는 기후변화

2001년 집권한 미국 공화당의 조지 W. 부시는 기후 문제에 신경 쓸 여력이 없었다. 집권하자마자 터진 9·11 테러로 기후문제의 정치적 중요성은 순식간에 사라졌다. 경기 침체에 대응해야 했고 연이은 대 테러 전쟁과 이라크 전쟁(2003년 발발)은 기후변화를 한가한 이슈로 보이게 했다.

그러나 기후변화 이슈는 자체 동력을 가지고 있었다. 교토의정서 이후 후속 조치로 각종 국제기구와 조직이 만들어졌고 연구 예산으로 수 십 억불이 투입되었다. 수 천명의 과학자가 참여하였으며, 기후변화 담론은 과학계의 주류로 성장하였다. 로저 르벨의 말마따나 찰스 킬링을 비롯한 변방 과학자들의 외로운 투쟁은 이제 선진국과 국제기구의 후원을 받는 거대한 흐름이 된 것이다.

난해한 과학 이론은 일반 대중에게도 위력을 떨치기 시작했다. 대선에 낙선한 앨 고어 전 부통령의 순회 강연용 슬라이드 쇼를 각색한 영화『불편한 진실(An Inconvenient Truth)』은 빙하의 해동과 북극곰의 고단한 삶, 해수면 상승과 도시의 침몰을 극적인 영상으로 보여주며 관객들을 충격에 빠뜨렸다. 이 영화는 2007년 2월 아카데미상을 획득하였다.

IPCC도 변화했다. 초대 의장인 베르트 볼린이 조정자 역할을 하던 시절(그는 1988~1997 기간 동안 IPCC 의장으로 재직했다), IPCC는 원칙을 하나 정할 때도 신중을 기했고 증거가 없는 주장은 채택하지 않았다. 그러나 그는 이미 고인이 되었고, 후임으로 인도의 라젠드라 파차우리(Rajendra Pachauri, 2002~2015 기간 동안 IPCC 의장 재직, 제4차 및 제5차 보고서에 관여)가 취임하였다. 파차우리는 디젤기관차 설계자에서 경제학자로 변신한 특이한 이력을 가지고 있었다.

파차우리가 주도해 2007년 발표한 IPCC 4차 보고서는 과거 보고서보다 훨씬 단호한 입장을 취하고 있었다. 이산화탄소가 두 배로 되면 기온은 2.0~4.5℃도 정도 상승할 가능성이 있다. 그러나 "4.5℃를 크게 웃돌 가능성도 배제할 수 없다"고 경고했다. 심지어 히말라야 빙하가 빨리 녹아 '늦어도' 2035년까지는 모두 사라질 수 있다고 주장했다. 많은 불확실성이 있다는 점도 인정했다. 예를 들어 "구름이 지구의 기후변화에 어떻게 반응할지도 아직 확실히 밝혀진 것이 없다"는 점을 지적한 것 등이다.

IPCC 4차 보고서에 대한 반발은 컸다. 인도 환경부 장관 자이람 라메시(Jairam Ramesh)는 "2035년에 히말라야 빙하들이 사라질 것이라는 IPCC의 경고성 우려는 과학적인 증거에 기초한 것이 전혀 아니다"며 IPCC를 비난했다.

인도는 석탄을 때서 전력을 생산하지만 전기를 사용하지 않고 나무를 때는 가정도 많다. 그들이 만들어내는 이산화탄소는 전 세계 배출량의 7%밖에 안 된다. 인도는 빈곤층이 많은 개도국이기 때문에 지난 200년 동안 선진국들이 배출한 이산화탄소 문제로 인도가 불이익을 받아서는 안 된다는 것이다. 환경부 장관 자이람 라메시의 말대로 기후 변화 정책에서 인도 정치인들이 미국과 유럽연합에 동조하는 것은 선거 패배를 자초할 '죽음의 키스'였다.

2007년 12월 노벨위원회는 앨 고어와 IPCC를 노벨평화상 공동수상자로 결정하였다. 시상식에는 앨 고어와 라젠드라 파차우리가 참석하였다.

2) 의회를 우회하기

클린턴 행정부는 1995년 교토의정서를 상원에 비준하지도 않았고, 부시 행정부도 경기 침체와 이라크전에 대응하느라 기후변화에 큰 관심이 없었다. 의회 분위기도 마찬가지였다. 미국 상원은 국제조약의 비준에 100석 중 60석의 동의가 필요했다. 산업 중심지 혹은 석유와 가스를 생산하는 주의 상원 의원들은 기후변화 이슈에 관심이 없었다.

그러나 환경을 중시하는 캘리포니아와 동부 해안 지역은 달랐다. 이 지역은 민주당이 장악하고 있었고, 영화『불편한 진실』에서 보스턴 등 뉴잉글랜드 지역이 침수되는 장면이 시민들에게 충격을 주었기 때문이다. 이들은 연방정부와 의회를 우회하는 방법을 고안했다. 진보파가 다수인 사법부를 동원하는 것이다.

2006년 매사추세츠 주 법무부는 온실가스를 규제하지 않았다는 이유로 미 연방 환경보호국(Environment Protection Agency)을 제소했고 연방대법원에서 심리를 받아들였다. 매사추세츠 주 법무부는 환경보호국이 신차의 이산화탄소 배출을 규제하지 못하면 지구온난화가 야기되고, 이는 해수면 상승과 해안 지역 침수로 이어질 것이라고 주장하였다. 피고인 부시 정부의 환경보호국은 대기오염방지법(Clean Air Act)의 테두리 내에서 규제권을 행사하고 있으며, 전(全) 지구적 이슈인 기후변화를 매사추세츠 주가 제기하는 것은 월권이라고 반박했다.

2007년 4월 대법원은 매사추세츠 주의 손을 들어주었다. 환경 판결 역사상 가장 중요한 판결로 불리는 이 결정으로 환경보호국이 입법 절차 없이 행정 규제로 독자적인 권한을 행사할 수 있게 되었다. 의회를 우회하여 행정부가 직접 명령권을 발동할 수 있게 된 것이다.

4. 파리 체제의 성립

1) 교토와 파리의 차이 : 미국과 중국의 참여

2014년 파차우리의 다섯 번째 IPCC 보고서가 나왔다. "인간이 기후 체계에 영향을 끼친다는 사실은 분명하며, 현재 배출되는 온실가스의 규모는 **역사상 가장 높은 수준**이다. 최근 발생하는 기후 변화는 인간과 생태계에 **광범위한 영향**을 미치고 있다. 기후 온난화 현상은 분명히 일어나고 있으며 1950년대 이후 관찰되어온 여러 변화들은 지금까지 **한 번도 본 적 없는 현상들**이다." 표현은 더 강경해졌고 예측은 더 단정적으로 바뀌었으며 우려는 더 깊어졌다.[2]

2015년 11월 말 파리 기후회의가 열렸다. 실패한 교토의정서를 반면교사 삼아 무언가 성과를 내기 위해서는 미국의 참여가 필수적이고, 그러기 위해선 개도국의 참여가 뒷받침되어야 했다. 특히 세계 최대의 이산화탄소 배출국인 중국의 참여가 필요했다. 1995년

---

2. 파차우리는 성추문에 책임을 지고 2015년 사퇴하였다. 그 후임으로 현재 한국의 이회성 교수(이회창 전 한나라당 총재 동생)가 2015년 10월부터 IPCC 의장직을 맡고 있다.

미국 상원에서는 버드헤이글 결의안으로 개도국의 참여 없이 미국의 일방적 양보는 없다고 선언한 바 있다.

이번에 미국은 완전히 달랐다. 2010년대 초부터 본격적으로 터져 나온 셰일가스 덕분이다. 오바마 대통령은 석탄발전을 줄이고 천연가스 발전 비중을 더 늘려 2025년까지 이산화탄소 배출량을 25% 이상 줄이겠다고 약속했다. 마치 1980년대 후반 석탄을 버리고 북해산 가스로 옮아간 영국과 비슷한 위치가 된 것이다.

중국은 독일이 끌고 들어온 것이나 마찬가지였다. 독일에서는 1990년대 '발전차액지원제도'가 실시되었다. 발전소가 가정이나 민간기업에서 태양열이나 풍력으로 생산한 전력을 고가로 구입하고 이때 발생한 보조금 비용을 모든 전기 사용자에게 부담시킨 것이다.

그러던 중 2011년 중요한 변곡점을 겪었다. 2011년 3월 후쿠시마 원전 사고로 원전의 위험성이 강조되자 녹색당이 득세하며 메르켈의 기민당은 지방선거에서 대패하였다. 정권을 잃을 위기에 봉착한 메르켈은 녹색당의 의제인 탈원전을 받아들임으로써 정치적 위기를 극복하였다. 메르켈은 스웨덴 원전회사와의 계약 위반을 무릅쓰며 탈원전을 강행했고 발전차액지원제도를 확대한 '에네르기벤데(Energiewende, 에너지전환 정책)'를 추진했다.

에네르기벤데 정책의 수혜는 온전히 중국이 입었다. 2000년대 후반 중국 태양광 산업은 경기 침체와 설비 과잉으로 빈사상태였다. 도산 위기로 실업이 양산되자 중국정부는 태양광 산업에 대대적인 금융 지원을 했다. 때마침 독일로부터의 태양광 패널 수요 급증하자 중국 기업들이 온전히 그 수혜를 입었다. 수출 수요 증가와 정부 보조금에 힘입어 태양광 패널가격은 속락해 85%가 인하되었고 중국 태양광 업체들은 해외 경쟁업체를 쓰러트리고 세계시장 점유율 80%를 차지하게 되었다. 풍력산업 상황도 비슷하다.

독일은 에네르기벤데에 이미 수백조 원의 비용을 지출하였고, 가정용 전기료는 EU 최고 수준이다. 과거로 돌아가기에는 너무 늦었다. EU의 틀을 활용하여 다른 국가들에게 독일 수준의 에너지 전환을 요구하는 것이 더 쉬운 길이다. 최근 EU에서 국경간 탄소세를 신설하자는 움직임의 배경이다. 이 논의는 EU와 교역하는 국가로부터 보호무역 논란을 불러일으킬 것이다.

에네르기벤데는 오늘날 독일 에너지 문제의 원인이기도 하다. 독일은 35%의 전기를 재생에너지로부터 얻는다. 하지만 태양광과 풍력발전의 가동률은 20% 수준에 불과해 기저발전인 가스 발전을 대폭 확충해야 한다. 이는 러시아로부터의 에너지 의존도를 높였고 러시아-독일 가스 파이프라인인 NordStream 1, 2가 그 결과다.

독일의 에너지 정책은 중국의 재생에너지 산업을 살렸다. 중국이 기후변화 정책의 최대 수혜자가 되었고 나아가 지금 현재 세계 재생에너지 산업을 주도하고 있다. 이제 이산화탄소 배출에 자신들은 책임이 없다는 식으로 발뺌할 수는 없었다. 중국은 미국과

EU와 교역도 계속해야 한다. 미국에 이어 개도국의 중심이라 할 중국이 참여함으로써 파리회의의 모양이 갖춰졌다.

2) 파리 전후(前後)로 나뉘는 이유

파리 협약은 분명한 수치 목표와 실행 원칙을 확립했다는 점에서 과거의 리우 협약이나 교토 의정서와는 달랐다. 산업혁명 이전과 비교해 2100년까지 지구의 기온이 1.5~2℃ 이상 올라가지 않도록 제한하는 조치를 취하겠다고 약속했다. 실행 방식은 국가별 감축 기여분(nationally determined contribution, NDC)을 각국이 자발적으로 선언하기로 했다. NDC는 비록 의무는 아닐지라도 각국 정부가 일단 선포하면 세계적 합의라는 형식을 가지게 돼 철회가 힘든 압력으로 작용할 것이다.

개도국에는 국가별로 일정 기간 감축을 유예하되 그 후에는 의무적으로 참여하도록 하였다. 중국은 2030년까지 유예하고 그 이후 감축에 협조할 것을 약속했다. 개도국의 반발을 우려해 선진국들이 1,000억 불을 지원하기로 한 것도 새로운 점이었다. 기후변화 협약에 참여를 꺼린 개도국들도 혹시 있을지 모를 선진국의 원조를 기대해 발을 걸치게 되었다. 실제로 돈을 받을 수 있을지는 아무도 모르지만…….

형식도 간소해졌다. 국제 조약의 형태를 띠어 최소 55개국 이상 국가의 국회 비준을 필요로 했던 교토의정서와는 달리 파리협약은 비준 과정이 필요 없이 행정부가 선언하는 방식이었다. 파리협약 이후 유엔환경개발회의에서 세계 명승지를 돌아가며 매년 개최하는 유엔 당사국 회의(COP; Conference of the Parties)에서 선언하면 된다. 의회의 비준이 필요 없는 것이다. 물론 외국에 지원을 하거나 국가별로 선언한 NDC 달성 과정에서 예산이 들거나 납세자들에게 세금이 부과될 경우 의회 동의를 받아야 하는 것은 당연하지만…….

3) 새로운 싸움의 시작

2015년 겨울 파리에서 팡파르를 터트린 지 1년 남짓 지난 2017년 1월, 미국 공화당의 트럼프 대통령은 행정명령 1호로 파리협약 탈퇴를 지시했다. 기후변화 정책의 변화를 천명한 것이다.

거꾸로 2021년 새로 취임한 민주당의 바이든 대통령은 취임 첫날 캐나다-미국 간 키스톤XL 송유관 허가를 취소할 것을 발표하고, 파리협약 재가입을 지시했다. 최소한 유럽과 미국 등 선진국 간에는 대세로 자리잡은 것 같던 기후변화 의제를 둘러싸고 무슨 일이 벌어지고 있는 것인가? 이제 그 스토리를 알아보아야 할 시간이다.

석유의 미래 5
(기후변화-최종편)

| 김명수 |

1. 과학적 반론의 등장

기후변화는 가설을 넘어 움직일 수 없는 과학적 사실로 널리 받아들여졌고, 환경정책에 반영되어 화석연료로부터 탈피하기 위한 노력이 가시화되고 있다. 그러나 이를 둘러싼 산업계, 보수정치권, 개발도상국의 반발도 만만치 않고 과학자들도 반론에 합류하고 있다. 97%의 과학자들이 합의한다는 기후변화에 반대하는 3%의 이단아들은 누구이고 근거는 무엇인가?

1) 기후 모델링의 한계

기후과학은 통합과학으로서 개별 분과학문인 물리학, 화학, 생물학, 지리학, 해양학, 기상학, 컴퓨터학 등을 통섭하는 방대한 지식을 필요로 한다. 한 분야의 학문을 섭렵하기도 어려운데 이 모든 과학을 한 몸에 구현한 사람이 있을 수 없다. 따라서 분과학문의 연구결과를 통합할 하나의 기구가 필요하고, 상충하는 의견을 조율할 대리인이 필요하다. UNDP 산하의 IPCC(Intergovernmental Panel for Climate Change)가 그 역할을 하고 있고, IPCC 의장이 대표 과학자 격이다. IPCC는 과학자들의 국제 네트워크에 불과하고 그 의장은 대리인일 뿐이다.

이산화탄소와 기후와의 연관성은 대기 중 이산화탄소 함량이 1850년대 280ppm에서 오늘날 415ppm까지 증가하였으며, 동 기간 중 기온이 평균 1.1℃ 상승하였다는 사실에 근거한다. 이 기조가 유지될 경우 21세기 말에 이르러 지구의 기온은 2.0~4.5℃ 오를 것이며 그 이상으로 오를 가능성도 배제할 수 없다고 IPCC는 주장하고 있다.

이산화탄소가 증가할수록 기온이 오른다는 것은 과학실험으로도 증명되었고 거의 논란의 대상이 아니다. 그러나 대기에는 이산화탄소만 있는 것이 아니다. 열을 굴절시키거나 붙잡아둘 수 있는 여러 종류의 기체가 있다.

대표적으로 수증기, 황산염, 이산화질소(NO_2), 염화불화탄소(CFCs), 오존 등이 여기에 포함된다. 이들을 에어로졸(aerosols, 분진)이라고 부르는데, 이들 에어로졸이 기후 냉각화에 미치는 영향은 아직 규명되지 않았다. 특히 대기 중 함량이 많은 수증기는 태양 복사열을 흡수하기도 하고 반사하기도 하는데 그 영향을 일률적으로 예측하기 어렵다.

또한 '구름'이 지구 냉각화에 주는 영향은 지대하다. 기온이 상승할 경우 지구 표면에서 수증기 증발이 늘어나고 이것이 더 많은 구름을 만들게 되는 것은 명백하다. 그러나 구름이 지형에 따라 얼마나 발생하고 대기를 순환하며 강수를 자아내고 기온에 어떤 영향을 줄지 슈퍼컴퓨터에 반영하는 것은 불가능에 가깝다. 이것은 오직 과학자 개인이 세운 모델링에 달려있고 개인적 주관에 좌우된다.

IPCC가 발표한 예측은 컴퓨터 모델링을 이용한 시뮬레이션 기법으로 얻은 결과이다. 이 결과는 전적으로 컴퓨터에 입력된 매개 변수와 연산식에 의존하고 있다. 그러나 연산을 좌우할 에어로졸, 수증기, 구름의 역할에 대한 과학적 이해 수준은 여전히 미흡하다. 일례로 구름의 냉각 효과를 모델에 반영하면 기온 상승이 $0.64\sim1.6℃$에 그친다. 불충분한 증거로 만들어진 모델의 결과를 믿을 근거는 없다.

그렇다고 해서 이러한 반론에 안심할 수는 없다. 비록 기후 모델링에 조금의 잘못이 있더라도 기후변화가 사실이고 그 피해가 막대하다면, 그런 불확실성에 인류의 존망을 맡길 수는 없지 않은가? 기후변화의 구루, 로저 르벨의 말마따나 인류가 "거대한 지구 물리학적 실험"을 하고 있는 것은 아닌가? 이런 비판을 피하기 위해서는 이산화탄소 증가가 기후온난화를 유발한다는 사실이 부정되어야 한다.

2) 이산화탄소는 아직도 부족하다

사실 이산화탄소는 모든 생명체의 근원이다. 생명체는 탄소를 기반으로 하고 이산화탄소는 탄소의 원천이다. 녹색식물은 광합성을 통해 이산화탄소에 물을 더해 포도당을 생산한다. 이렇게 만들어진 포도당은 광합성 작용을 하지 못하는 동물들에게 에너지를 제공한다.

이산화탄소는 지구 생성 초기 대규모 화산 폭발로부터 나왔다. 선사시대의 이산화탄소 농도는 지금보다 훨씬 높았다. 증거는 빙하 코어에서 나왔다. 지구에서 생명체가 활동하기 시작한 시점에는 6,000ppm이었다가 1억5천만 년 전 2,000~2,500ppm을 유지하였고 서서히 내려가 마지막 빙하기가 절정이던 2만 년 전에는 180ppm까지 내려갔다.

이산화탄소는 해양생물이 이산화탄소와 칼슘을 결합하여 자신들의 부드러운 몸을 보호하는 석회 껍질을 만드는데 사용되었다. 다양한 해양생물종이 수백만 톤의 이산화탄소를 바다로부터 소비하여 껍질을 형성하여 이산화탄소 함량이 급격히 감소하였다. 이러한 진화는 석회화 생물들에게 엄청난 생존 장점을 부여했다. 이로 인해 이산화탄소가 180ppm까지 감소하였다는 사실은 재앙적 결과를 낳을 뻔했다. 이산화탄소 농도가 150ppm 이하가 되면 식물이 질식해서 살지 못하기 때문이다.

마지막 빙하기 이후 1만 년 동안 기후가 따뜻해졌고, 수온 상승으로 바다가 이산화탄소를 배출하게 되어 마침내 대기 중 이산화탄소는 280ppm에 이르렀다. 이 수치를 기후변화론자들은 1850년 무렵의 '산업화 이전' 수준이라고 부른다. 다행히 인류가 이 시점부터 화석연료를 사용하면서 배출한 이산화탄소로 오늘날 415ppm까지 상승하였다. 화석연료를 사용할 때 우리는 이산화탄소를 원래 그것이 있었던 대기로 돌려보내는 것이다.

415ppm은 지구에 필요한 이산화탄소 수준보다 여전히 낮은 수준이다. 온실 농법에서 작물의 최적 이산화탄소 수치는 800~1,200ppm이다. 2013년 호주 연방과학산업연구기구(CSIRO)는 1982~2010년 사이 이산화탄소 증가로 지구 전반에 걸쳐 '녹색화'가 진행되고 있다고 밝혔고, NASA도 비슷한 결론을 내렸다. 인간이 배출한 이산화탄소 증가로 이전 추정치의 거의 두 배인 31%가량 식물 바이오매스를 증가시켰다. 보다 안정적인 식물 생장환경을 위해서 지구의 이산화탄소 농도는 800~1,000ppm 수준까지 증가시키는 것이 필요하다.

이산화탄소가 지구 기온을 조절한다는 주장은 타당하지 않다. 그럼 무엇이 지구 온도를 결정한다는 것인가?

3) 지구는 요동친다

1920년대 세르비아의 천문학자 밀루틴 밀란코비치(Milutin Milankovitch)는 목성과 토성의 중력효과로 지구 운동 패턴에 세 가지 규칙적인 사이클이 유발된다는 사실을 발견했다.

첫째, 태양 주위를 도는 지구 공전 궤도는 10만 년 주기로 타원형에서 원형에 가까운 모양으로 변한다. 따라서 태양으로부터 지구의 거리가 달라진다.

둘째, 태양에 대한 지구 축의 기울기는 22.1~24.5도로 변하며 41,000년의 주기를 갖는다. 이로 인해 극지방을 향하는 태양 복사량에 차이가 난다.

셋째, 지구가 자전하면서 축을 중심으로 흔들리는 세차운동이 26,000년 주기로 일어난다. 이것은 북극성도 항상 그 자리에 있지 못하게 하고 다른 별들이 차례로 그 자리를 차지하게 된다.

밀란코비치의 발견은 1970~1990년대 중반 남극대륙 지하 3,000m의 빙하 코어 채취를 통해 입증되었다. 과거 80만 년 동안의 남극 기후와 이산화탄소의 상관관계가 밝혀진 것이다. 밀란코비치의 10만 년 주기, 41,000년 주기에 따라 빙하기와 간빙기가 일치하였고, 빙하 주기에 따라 기온이 상승하자 이산화탄소가 증가하였다.

지구궤도의 변화가 태양 복사량을 증감시켜 지구의 기온 체계가 바뀌었다. 그리고 지구의 기온 변화는 바다의 온도 변화를 유발하게 된다. 바다의 온도가 떨어지면 더 많은 이산화탄소를 흡수하고 온도가 올라가면 더 많은 이산화탄소를 배출한다. 바다는 대기보다 약 45배나 많은 이산화탄소를 가지고 있기 때문에 바다의 이산화탄소 1%의 작은 변화는 대기 이산화탄소 50% 정도의 변화를 야기한다.

지구궤도 변화에 따른 기온 변화로 이산화탄소 농도가 결정된다. 이산화탄소 변화는 기온 변화 약 800년 후를 따른다. 따라서 기후 변화론자들이 주장하듯 이산화탄소 증가로 기온이 상승하는 것이 아니다. 오히려 기온이 상승하면 이산화탄소 농도가 증가하기 시작하는 것이다. 이는 14~19세기 소빙기(Little Ice age)에 이산화탄소 함량이 역사상 최저치인 180ppm까지 내려갔다가 기온 상승에 따라 1850년대 280ppm까지 상승한 이유를 설명한다. 1850년 후 기온이 1.1℃ 상승하였고 이에 따라 이산화탄소 농도는 조금씩 늘어났다. 인류가 태운 화석연료는 이산화탄소를 소폭 추가시킨 것에 지나지 않는다.

97%의 과학자들이 기후변화에 '합의'한다는 것이 과학적 사실임을 입증하는 것은 아니다. 과학은 '합의'하는 것이 아니다. 탁월한 과학자들은 잘못된 합의에 반대해 왔다. 천문학의 갈릴레오, 진화론의 다윈, 물리학의 아인슈타인이 그랬다. 젊은 시절, 특허국 사무원에 불과했던 아인슈타인이 '상대성 이론'을 발표했을 때, 그는 『아인슈타인에 반대하는 100명의 저자(100 Authors Against

Einstein)』라는 제목으로 반박 당했다. 이에 대해 아인슈타인은 "내가 만약 틀렸다면, 한 명으로 충분했을 것이다"라고 답했다. 진리는 다수의 동의를 필요로 하지 않는다

이상이 간단히 요약한 기후변화 회의론자들의 논변이다. 이 외에도 수많은 반박들이 있으나 이를 모두 검토할 수는 없는 노릇이다. 그것은 과학자들의 영역이다. 다만 분명한 것은 1990년대부터 UNDP 와 선진국 정부가 수백 억불을 들여 방대한 연구 실적을 축적했음에도 불구하고 여전히 기후변화에 대해 회의하는 사람들이 많다는 사실이다.

2. 오일쇼크와 피크오일

일반적으로 정치인들은 과학적으로 명백한 사실이라 하더라도 정치적으로 부담되는 의사결정을 하지 않는다. 기후변화의 과학적 진위에 대해 비전문가로서 알 수 없지만 선진국 정치인들은 1992년 리우데자네이루, 1997년 교토, 2015년 파리에서 기후변화를 움직일 수 없는 과학적 사실로 인정하고 화석연료 사용을 줄이는 정책을 펼쳐왔다.

그러나 돌연 트럼프 연간에는 파리협약을 탈퇴하여 미국과 유럽 간에 긴장이 고조되었고, 바이든 대통령 취임 후 다시 파리협약으로 복귀하여 대서양 연안 공동보조가 회복되었다. 왜 이런 일들이 벌어지는가? 이는 선진국들이 화석연료에 대해 가진 오랜 회의감

에 기인한다.

1) 오일쇼크의 기억

유럽은 1960년대에 에너지원을 석탄에서 저렴하고 청정한 석유로 이동하였다. 석탄은 발전원과 난방연료로 쓰기엔 환경오염 문제가 심각했고, 탄광노조의 눈치도 봐야 했다. 영미계 석유 메이저들이 중동지역에서 거의 무한정으로 공급하는 석유는 가격도 싸고 청정했으며 무엇보다 노조의 압력이 없었다.

그러나 1973년 제1차 오일쇼크가 모든 것을 바꾸어 놓았다. 가격이 4배로 오르자 석유의 가격 이점이 사라졌다. 석유 공급이 줄어들자 분배 비율을 둘러싸고 NATO 동맹국 간 다툼이 벌어졌다. 영국과 프랑스는 미국과 이스라엘을 멀리하고 아랍 국가들에 우호적인 입장을 취했다. 심지어 일본도 그랬다. 위기의 순간에 미국에 신뢰를 보여준 나라는 독일과 네덜란드 정도였다. 네덜란드는 흐로닝언 가스전을 보유하여 에너지 걱정이 없었고, 독일도 빌리 브란트의 동방정책으로 1973년 10월 소련으로부터 첫 가스를 공급받아 한결 여유가 있었다.

특히 프랑스의 반발은 격렬했다. 미국은 2차대전 당시 프랑스의 행적을 문제 삼아 전후 중동산 석유 배분에서 배제하였고, 1956년 수에즈 위기 때 미국의 석유 금수조치는 프랑스를 궁지에 몰아넣었다. 1960년대 초 프랑스는 사하라 사막에서 어렵게 유전을 발견하였지만 미국 때문에 이를 잃었다고 생각했다. 미국이 알제리 독립을 지지했기 때문이다.

중동 국가들의 석유 금수조치는 유럽 국가들이 세계의 가장 불안정한 지역에 자신들의 운명을 의존하고 있다는 현실을 자각하게 했다. 특히 석유 한 방울 나지 않는 유럽은 세계 최대 산유국 미국이 아무런 도움을 주지 않는데 놀랐다. 유럽 국가들 입장에서 위기 시 중동의 횡포와 미국의 행태는 오십 보 백 보였다. 유럽은 자신들이 미국의 맹방인 줄 알았지만 사실 미국의 가신이었음을 깨달았다.

석유 의존도를 낮추고 자립의 길을 모색해야 했다. 석탄과 원자력을 적극 도입해야 했지만 석탄은 환경오염이, 원자력은 사고 위험이 우려되었다. '피크오일(Peak Oil)'이론까지 유행하며 어차피 고갈될 화석연료로부터 탈피해야 한다고 생각했다. 궁극적으로 재생에너지가 대안이었다.

2) 피크오일 이론

피크오일이란 석유의 매장량이 유한하여 어떤 시기를 지나면 석유 생산량이 피크를 치고 급격히 줄어들기 시작한다는 이론이다. 석유 고갈론에 이론적 실마리를 제공한 사람은 매리언 킹 허버트(Marion King Hubbert)라는 지질학자였다.

허버트는 1956년 한 학회에서 미국의 석유 생산은 1965~1970

년 사이에 정점에 도달할 것이라는 주장하였다. 미국의 생산량이 1970년에 정점을 치자 사람들은 그를 예언자로 떠받들었다. 그는 자신의 방법론을 세계 석유 매장량에도 적용했다. 세계 생산량은 늦어도 2000년이 되기 전에 하루 3,400만 배럴로 피크를 칠 것이라 주장했다. 실제로 2000년 석유 생산량은 7,500만 배럴로 그의 예측은 틀렸다.

그러나 2000년대 들어 중국, 인도 등 인구대국에서 석유 소비량이 급증하자 공급 부족에 대한 우려가 부활했다. 2005년부터 세계적인 생산량 정체 현상이 발생했고 유가는 고공행진하여 2014년 147달러까지 치솟았다. '오일피크연구협회'도 창시되었다. 피크오일에 대한 공포는 화석연료에서 탈피해야 한다는 강박관념을 더욱 부추겼다.

3. 화석연료를 탈피하는 유럽

1) 유럽의 적응

유럽은 중동 석유로부터 탈피하기 위한 노력을 시작했다. 1970년대 말부터 본격 생산을 시작한 북해 유전은 영국의 에너지 및 달러 부족 문제를 단번에 해결해 주었다. 저렴한 북해산 가스는 영국이 탄광노조의 몽니에서 벗어나고 영국병을 치유하는데 큰 공을 세웠다.

프랑스는 원전에 집중하였다. 마침 1979년 쓰리마일 원전 사고 이후 국내 사업이 멈춘 미국 기업들의 궁박한 처지를 십분 활용하여 기술을 흡수하였다. 환경단체의 반대는 관료제의 힘으로 뚫고 나갔다. 북유럽은 수력이 풍부하였고 남유럽은 북아프리카로부터 해저 파이프라인이 연결되어 문제가 없었다.

반면 독일은 영국 BP, 프랑스 TOTAL, 네덜란드 로열더치쉘, 이탈리아 ENI 같은 자국 석유 메이저를 키우지 못했다. 산업대국으로 자동차, 기계 및 화학산업에서 국제 경쟁을 하고 있어 저렴한 에너지가 필수적이었던 독일은 석탄과 원전, 가스 수입 등 다양화 전략으로 갔다.

두 번의 오일쇼크 이후 진행된 유럽의 석유 의존도 완화 노력은 1992년 리우 회의, 1997년 교토 회의가 열렸을 때 빛을 발했다. 이산화탄소 절감이라면 영국은 아예 석탄으로 돌아갈 생각이 없었고, 프랑스가 짓고 있는 원전은 이산화탄소를 내뿜지 않았다. 독일도 마침 1990년 동독과의 통일로 호재를 만났다. 동독의 노후한 석탄발전소를 해체하기로 결정하면서 앉은 자리에서 이산화탄소 20% 절감이 가능해진 것이다. 교토의정서가 내세운 1990년 대비 국가별 이산화탄소 감축 약속에서 영국, 프랑스, 독일은 모범국가로 이름을 올렸다.

EU의 대주주인 영국, 프랑스, 독일의 이해 일치로 중동 석유 탈피를 넘어 화석연료 탈피가 대세가 되었다. 사민주의로 산업이 공동화되어가던 북유럽 국가들도 동의하자 기후변화협약에 반발하는 폴란드, 체코, 루마니아, 헝가리 등 저개발국의 목소리는 묻힐 수밖에 없었다. 모두 EU란 틀로 묶여 있기 때문이다. 그러나 독일에 큰 문제가 생겼다.

2) 정치지형 변화가 불러온 독일의 에너지정책

1986년 4월 소련 체르노빌(현재 우크라이나 북부 폴란드 접경 지역)에서 핵발전소가 폭발하였다. 바람은 서쪽으로 불었고 중부 유럽으로 방사능을 실어 날랐다. 독일은 가장 근거리에 있었다. 독일의 엄마들은 아이들을 집 밖으로 내보내지 않았고 유치원에도 보내지 않았다.

반핵운동은 요원의 불길처럼 번져나갔다. 반핵을 당 강령으로 삼은 녹색당의 위상이 높아졌고, 1990년에 처음으로 하원 의석을 확보했다. 탈원전은 정치적 동력을 얻어 '통일 독일의 영웅' 헬무트 콜(1982~1998년 독일 총리 재직)의 기민당 16년 치세를 무너트리고 마침내 사민당과 녹색당의 연정(적록赤綠연정 : 1998~2005년 사민당 게르하르트 슈뢰더 총리, 녹색당 요슈카 피셔 부총리 체제)이 탄생하였다. 이들의 의제는 환경친화적 에너지로의 전환이었다.

적록연정 기간 동안 탈원전과 재생에너지 산업 활성화를 위한 많은 제도들이 도입되었다. 시장 활성화 프로그램(태양광, 바이오매스 보일러, 지력 발전 지원), 재생에너지법(재생에너지 매입 보장)이 시행되었다. 발전차액지원제도도 도입되어 태양광과 풍력

사업에 본격적으로 보조금을 지급하였다.

슈뢰더 총리는 러시아로부터의 직송 가스관(Nord Stream I) 도입도 추진하였다. 당시 폴란드 외무장관은 이 사업이 제2의 독소불가침조약이라고 비난했고 미국도 반대했지만 개의치 않았다. 모두 탈원전을 위한 준비 조치였다. 2000년 탈원전을 결의하였다.

2005년 앙겔라 메르켈의 기민당이 제1당이 되었으나 사민당과의 대연정이 불가피해 적록연정의 에너지 정책을 계승하였다. 그러나 석탄발전이 증가하고 에너지 비용이 상승하는 등 재생에너지 사업의 후유증이 쌓여갔다. 메르켈은 2009년 선거에서 자유민주당과 보수 연정에 성공함으로써 비로소 탈원전을 철회할 수 있었다.

그러나 2011년 후쿠시마 원전 사고는 과거의 악몽을 다시 불러일으켰고, 보수 연정은 지방선거에서 대패하였다. 정권을 잃을 위기에 처한 메르켈은 녹색당의 약진을 저지하기 위해서 극약처방을 하였다. 사민당과 연립정부를 구성하며 두 번째 탈원전을 선언한 것이다.

문제는 2038년까지 석탄화력발전을 중단하기로 이미 선언했다는 점이었다. 거대 산업국가가 원전과 석탄발전을 동시에 탈피하는 사상 초유의 실험에 들어갔다. 메르켈은 에너르기벤데(EnergieWende 에너지전환) 정책을 통해 태양광과 풍력에 엄청난 투자를 하였고, 결과적으로 독일은 EU 주요 국가 중 재생에너지 비중이 가장 높은 나라가 되었다. 런던보다 전기를 빨리 도입하여 20세기 초 '빛의 도시'로 불리던 베를린이 다시 어두워지고 있다. 독일 전기료가 유럽에서 가장 비싸기 때문이다.

3) 에네르기벤데가 노리는 것

독일은 지난 20년간 에너지전환에 수조 유로를 지출했다. 태양광, 풍력에 대한 보조금 지출, 신규 송전선 매설뿐 아니라 원전 폐쇄 위약금, 탄광 폐쇄에 대한 지원, 실직 광부 급여 등 부대비용에도 막대한 예산이 집행되었다. 에네르기벤데 정책으로 2019년 기준 독일의 재생에너지 비중은 35%에 이르지만 일기불순으로 인한 낮은 가동률로 석탄과 가스발전 의존도는 줄어들지 않는다. 전기료 상승으로 기업과 가정의 부담은 말할 것도 없고, 전기를 많이 쓰는 철강·기계·화학기업들의 해외 이전 추진으로 산업 공동화마저 우려되고 있는 상황이다.

그럼에도 독일이 선도적으로 기후변화 정책을 펼치는 이유는 그것이 과학적으로 완전무결하고 경제성이 있어서가 아니다. EU코뮤니케(대화문)는 "저탄소 경제로의 전환이 EU에 새로운 기회가 될 수 있으며 향후 기후친화적 정책들이 유럽의 성장과 일자리 창출에 주요한 동인이 될 수 있다"는 점을 공개적으로 밝히고 있다. EU 코뮤니케를 가장 잘 실천하고 있는 나라는 독일이고, 독일이 EU의 재생에너지 정책을 주도하고 있다는 것은 공지의 사실이다.

정부 주도의 재생에너지 전환 실험이 민간 부문에서 기술 개발과 혁신을 가져와 세계시장에서 에너지 주도권을 행사할 수 있기를 바라는 것이나.

독일을 포함한 EU 국가들은 왜 그렇게 높은 비용을 물고서라도 에너지 독립을 이루려 하는가? EU는 유럽 대륙의 27개 국가 연합으로 거대한 경제규모를 자랑하지만 세계 에너지 시장의 수요와 공급에서 아무런 영향력도 행사하지 못한다. EU는 현상 변경을 원한다.

오일쇼크의 기억은 가물가물하고 화석연료는 돈만 주면 살 수 있는 상품(commodity)이 된 지 오래지만 유럽 주요 국가들은 여전히 자신들이 에너지 변방국임을 국제금융시장에서 느끼고 있다. EU는 이란 석유의 최대 고객이지만 미국의 대對 이란 제재로 석유 수입을 할 수 없었다. 미국 재무부가 이란과의 달러 거래를 금지했기 때문이다. 유럽 은행들은 이를 무시하고 이란 석유대금 결제를 떠맡다가 BNP파리바는 2014년에 약 90억 달러, 코메르츠방크는 2015년에 14.5억 달러의 벌금을 물었다.

사태의 심각성을 인지한 EU는 오랜 준비 끝에 2019년 6월 인스텍스(Instex) 라는 일종의 유로화 교환시장을 설치해 테헤란 정부가 석유와 가스를 수출하는 길을 열어주었다. 인스텍스를 설치한 은행들은 달러 대신 유로로 결제할 수 있었지만 여기에 참여한 은행은 한 군데도 없었다. 마찬가지로 그 은행은 달러 시장 참여가 금지되기 때문이다.

독일과 EU의 재생에너지 정책은 이산화탄소 감축과 기후변화 대응 만을 목표로 하는 것이 아니다. 유럽의 에너지 종속구조를 탈피하고 궁극적으로 차세대 에너지 주도권을 행사하려는 전략적 목표를 가지고 있는 것이다.

4. 화석연료로 복귀하는 미국

1) 석유를 보는 양가감정(兩價感情)

미국은 세계 최대 석유 소비국으로 저유가를 원한다. 1970년대부터 석유 부족에 직면한 미국은 두 번의 오일쇼크로 큰 고통을 받았다. 유가가 폭등하였고 주유소마다 긴 줄을 서야 했다. 이것이 닉슨(1969~1974 재임)의 하야와 카터(1977~1981 재임)의 재선 실패에 영향을 끼쳤음은 짐작 가능하다. 오늘날에도 미국 정부는 가솔린 가격이 갤런당 3불을 넘으면 바짝 긴장하고 중동 국가들에게 석유 생산을 늘리라고 독려한다.

미국 대통령들도 중동 석유에 의존하는 구조를 탈피하기 위해 노력해 왔다. 그러나 소비량은 계속 증가하여 2005년 기준 수입의 존도가 60%에 이르렀고 중동 비중도 20%가 되었다. 석유 수입에 있어서 만큼은 미국과 유럽은 한배를 탄 것처럼 보였다.

그러나 미국은 유럽과 달리 산유국이기도 하다. 산유국은 고유가를 원한다. 예를 들어 1986년의 저유가는 중동과 소련을 덮쳤을 뿐 아니라 텍사스 사람들에게도 엄청난 고통을 안겨 주었다. 유가가 10달러 수준으로 곤두박질치자 휴스턴에서는 불과 수개월 만에 22만5천 명이 일사리를 잃었고 20만 채의 빈집이 생겼다. 채산성 없는 유정은 폐쇄되었고 굴착기는 고철로 팔려나갔다. 1986년 700만 배럴에 달하던 생산량은 2008년 450만 배럴까지 감소하였다. 미국 석유산업의 미래는 암울하였다.

그런데 갑자기 2010년대 초부터 로키산맥과 서부텍사스 일대에서 석유와 가스가 쏟아져 나왔다. 셰일유전이 개발된 것이다. 오바마(2009~2017년간 재임)는 세계 녹색운동의 희망으로 알려진 대통령이지만, 2008년 이래 금융위기 후유증을 극복하기 위해서 석유산업에서 일어나는 혁신의 산업적 가치를 외면할 수 없었다.

2) 오바마 vs 트럼프

오바마 정부는 재생에너지 대신 천연가스를 녹색 대안으로 선전했다. 오바마정부의 에너지부 장관으로 취임한 어니스트 모니즈(2013~2017년간 재직)는 2010년 『천연가스의 미래』란 연구서를 통해 "천연가스가 재생에너지로 가는 징검다리 연료 역할을 할 것"이라고 주장하였다. 화석연료를 경원시하는 환경운동계에서는 놀라운 얘기였다.

오바마는 2013년 천연가스 수출 금지를 해제하고, 2015년에는 석유 수출 금지도 해제하였다. LNG 수입항을 수출항으로 개조해 나갔다. 캐나다 앨버타주 오일샌드 광산으로부터 석유를 운반할 키스톤XL 파이프라인도 허가했다. 오바마는 자신의 지지그룹인 환경 시위대 1만2천명이 백악관을 포위하는 수모를 당하자 파이프라인 허가를 취소했다.

대신 오바마는 파리기후협약에 가입하고 발전원의 40%를 차지하는 석탄에서 탈피할 것을 약속하였다. 오바마는 '석탄과의 전쟁'을 선포하며 탄광과 화력발전소를 폐쇄해 나갔다. 켄터키, 버지니아, 펜실베이니아의 광산이 차례로 폐쇄되었고 광부들이 해고되었다. 해고된 광부들에게는 현대 미국에 필요한 소프트웨어 프로그래머나 남자간호사가 되라는 조언(?)이 쏟아졌다.

2016년 대선에서 트럼프가 내건 핵심 공약은 화석연료로 돌아가는 것이었다. 오바마의 '석탄과의 전쟁'을 끝내고 셰일가스 개발을 위한 파이프라인 건설을 재개하겠다. 탄소 배출 저감 조치인 청정발전계획(Clean Power Plan)을 폐지하고 파리기후협정을 탈퇴하겠다. 재생에너지원에 대한 보조금을 삭감한다 같은 것들이 트럼프의 핵심 공약이다. 에너지산업의 부활을 통해 미국을 다시 위대하게 만들겠다는 것이다.

3) 파이프라인 규제의 한계

2021년 1월 집권한 바이든 대통령은 취임 일성으로 파리협약으로 복귀하고, 키스톤XL 파이프라인 허가를 취소하였다. 오바마의 환경정책을 더 확대한 '그린 뉴딜'은 4년 동안 2조 달러를 투입하여 2050년까지 탄소중립을 추진하겠다는 것이다. 바이든은 환경오염을 이유로 셰일가스 개발을 금지하고, 유럽과 같이 태양열과 풍력 등 재생에너지 비중을 획기적으로 늘리겠다는 구상이다.

그러나 바이든 대통령은 자신의 비전을 실천할 수단이 없다. 셰일가스의 개발을 억제하려 하나 미국에서 셰일유전의 채굴권은 기본적으로 사유재산이다. 이미 계약으로 확보한 유전자원의 개발을 정부가 막을 수는 없다. 다만 정부가 셰일유전의 시장성을 약화시킬 수는 있다. 셰일유전의 약점은 생산비가 높다는 점이다. 댈라스 연준의 설문조사에 따르면 셰일 유전의 BEP는 배럴당 약 47불 내외로 전통적 유전에 비해 높은 수준이다. 따라서 셰일유전 채굴 여부는 국제유가와 투자비용에 큰 영향을 받는다.

바이든 행정부는 파이프라인 건설을 금지해 셰일유전과 캐나다 오일샌드 등 비전통적 석유의 채산성을 악화시키고자 한다. 바켄 유전은 로키산맥 일대에, 퍼미언 유전은 서부 텍사스 사막에, 오일샌드는 캐나다 앨버타주 산악지대에 위치하여 파이프라인이 없다면 석유를 대형 트럭과 화물열차로 운송하는 수밖에 없다. 이는 채산성을 심각히 훼손한다. 가격경쟁력을 갖추기 위해 파이프라인 건설이 필수적이다. 키스톤XL 파이프라인 금지는 오일샌드 광산을 보유한 엑슨모빌과 캐나다에 치명적이다.

그러나 트럼프 연간에 파이프라인은 이미 대거 건설되었다. 다코타액세스, 다이아몬드, 할리우드액션스타, 캑터스2, 그레이오크 등 바켄과 퍼미안 지구에서 뉴멕시코만 수출항까지 이어지는 크고 작은 파이프라인들이다. 파이프라인 건설에 반대하는 환경시위대의 격렬한 저항이 있었지만 공화당이 장악한 이들 내륙 주에서는 모두 핵심인프라보호법(Critical Infrastructure Protection Act)을 통과시켜 파이프라인을 훼손하거나 가동을 방해하는 행위를 불법화했다. 석유산업을 옹호하는 미국 공화당은 연방정부를 잃었지만 내륙지역의 27개 주정부를 여전히 장악하고 있다. 그리고 이미 사용승인을 받은 파이프라인과 기반시설들은 앞으로 수십 년간 사용될 것이다. 트럼프가 가고, 바이든이 가고, 또 다른 누군가가 오더라도.

5. 기후변화 규제의 도입
1) 탄소세

화석연료 퇴장을 위해 탄소세를 도입한다는 것은 사실상 정치적으로 자살행위다. 민주당이 장악한 미국 동부지역 해안가 8개 주는 북동부기후협약(Northeast Climate Pact)를 맺고 탄소세 도입을 약속했으나 2021년 12월 코네티컷 주지사가 재선을 앞두고 협약 탈퇴를 선언하였다. 로드아일랜드, 뉴저지 등 인근 주들도 뒤따를 예정으로 북동부 기후협약은 사실상 와해되었다.

프랑스 마크롱 대통령도 파리협약 이행을 위해 화석연료에 대한 유류세 인상을 단행했다가 노란 조끼를 입은 수만 명의 시위대의 저항에 부딪쳤다. 마크롱은 유류세 인상을 철회하고 신규 원전 건설 계획을 발표하였다. 2022년 2월 발표된 EU 택소노미에 원전이 포함된 것은 프랑스의 요구를 반영한 것이다.

소비자들에게 탄소세를 직접 과세하는 것은 정치적으로 거의 불가능하다. 소비자는 유권자이기 때문이다. 따라서 기업에 대한 과세가 도입된다. 자국 기업들에 탄소배출권 가격을 올리고, 외국 기업들에 탄소국경세를 매기는 게 쉬운 일이다. 기업들은 투표권이 없고, 외국기업들에 매기는 관세는 대부분의 국민이 반가워한다.

그러나 기업에 부과하는 탄소세는 궁극적으로 소비자에게 부담으로 돌아온다. 최근 자주 언급되는 '그린 인플레이션'이 바로 그것이다. 어떤 기업은 가격을 올릴 것이고 한계 상황의 기업은 문을 닫을 것이다. 소비자의 지갑은 얇아질 것이고, 심한 경우 직업을 잃을 것이다. 이 정책에 광범한 여론의 지지가 있을지는 두고 볼 일이다. 탄소국경세는 보호무역 논란을 불러일으킬 것이다. 이는 옳고 그름의 문제가 아니라 힘의 논리가 작용하는 분야다. 2023년부터 도입하기로 한 EU 탄소국경세를 두고 어떤 일들이 벌어질지 귀추가 주목된다.

2) 금융규제의 도입

탄소세는 간접적인 가격규제로 논란이 큰 데 반해 금융 규제는 보다 수월하다. 캐나다 중앙은행에서는 2018년 5월 화석연료 탈피 경향이 석유와 천연가스 부문의 붕괴로 이어질 수 있으며, 이것은 주식의 투매를 유발하고 전반적인 금융시장의 불안정을 부를 수도 있다고 주장했다. 다소 선정적인 이 주장은 향후 중앙은행이 기후변화에 개입할 근거를 만드는 것이다.

미국 진보파 상원 의원들은 파월 FRB의장의 재임 청문회에서 중앙은행의 기후변화 관련 역할을 주문하였다. 특히 바이든 대통령은 「금융규제와 기후변화(Changing the Climate of Financial Regulation)」란 기고문을 통해 진보파의 기후변화 의제를 중앙은행에 적용할 것을 주장한 전직 재무부 차관 Sarah Bloom Raskin을 FRB 부의장으로 지명하였다. 진보파는 중앙은행이 은행들에게 기후변화 관련 스트레스테스트를 받도록 하여 화석연료에 대한 투자를 자발적으로 제한하길 바란다. 이 경우 은행은 신규 투자는 말할 것도 없고 기존 화석연료 자산도 매각해야 한다.

셰일유전은 최근 엑슨모빌, 셰브론, 쉘 등 석유 메이저들의 참여로 점점 대형화되고 있다. 셰일유전은 수익성이 높지는 않지만 안정적이다. 따라서 투자 자금은 채권 형태의 차입 조달 방식이 적절하다. 바이든 행정부는 이를 제약하고자 한다. 반면 신재생에너지 투자와 연구개발은 수익성이 불확실하므로 낮은 자본조달비용이 필수적이다. 자본비용 '0'의 벤처캐피탈 자금을 투입하여 기술혁신 효과를 노릴 수 밖에 없다.

연기금 등 금융 투자자들은 화석연료 기업들에게 2015년 파리협정과 관련한 사업전략을 설명하라고 압박하고 있다. 세계 최대의 사모펀드로 7.5조 달러의 자산을 운용하는 블랙록의 래리 핑크 회장은 화석연료에서 탈피하고 ESG 투자를 모토로 삼겠다고 선언하였다. 사실 블랙록은 화석연료 투자 세계 1위의 펀드다. 중앙은행의 규제 강화와 ESG를 테마로 행동주의화하고 있는 펀드들의 움직임에 미리 대비하고, 블랙록이 보유한 거대한 화석연료 자산을 질서 있게 이동시키고자 하는 것이 래리 핑크 회장의 진의가 아닌가 한다.

화석연료 기업들도 금융당국과 연기금들의 압박에 순응하는 모습도 보인다. BP, 토탈, 셰브런은 태양광, 풍력, 수소 등 재생에너지 사업을 벌이고 있고 쉘도 퍼미언 유전을 70억 불에 매각하여 셰일 사업에서 철수하겠다고 밝혔다.

그러나 화석연료 기업들은 조용히 저항을 준비하고 있다. 네덜란드의 로열더치쉘은 2021년 12월 영국 런던으로 본사 이전과 함께 '로열더치'를 뗀 '쉘'로의 사명 변경을 선언하였다. 공식적으로는 네덜란드 세법상 배당소득에 대한 이중과세 문제 때문이라고 발표하였다. 그러나 쉘사는 그동안 환경단체인 '지구의 벗'이 네덜란드 법원에 제소한 화석연료 사용금지 소송에서 패소하여 2030년까지 이산화탄소 배출을 절반으로 줄여야 한다. 환경 행동주의 펀드 Third Point와 ABP의 주식 매도 위협도 받아왔다. 1907년 헨리 디터딩의 로열더치사와 마커스 새뮤얼의 쉘사 합병 당시 사업 광이던 디터딩은 런던시장이던 새뮤얼의 고집을 꺾고 합병법인의 본사를 헤이그로 정했다. 그로부터 115년 만에 쉘은 새뮤얼의 고향으로 돌아왔다. 간단히 말해 쉘은 영국처럼 EU를 탈출하였다.

석유 메이저는 물론이고 Rio Tinto, Anglo-American 등 석탄광산 기업들도 2021년 사상 최대의 수익을 냈으나 투자 규모를 대폭 줄이고 있다. 이 돈들은 환경 행동주의 펀드들의 공격에 대비하기 위해 고액 배당과 주식 바이백에 쓰인다. 주가를 끌어올려 경영권을 방어하려 하는 것이다. 신규 투자의 감소는 필연적으로 5~10년 내 고유가, 고석탄가로 돌아올 것이다.

금융 규제를 통한 압박과 회유, 화석연료 회사들의 순응과 저항의 결과는 어떻게 될까? 화석연료 탈피와 ESG 투자가 월가와 유럽의 대세가 되었지만 결국 그것의 성공 여부는 투자수익률이라는 성적표를 따를 것이다. 2021년 일본 국민연금이 ESG 투자 중단을 선언하였다는 소식도 희미하게 들려온다. 초고령 사회를 부양해야 하는 일본 국민연금이 수익률 저하를 견딜 수 없었기 때문이다. 이제 시작 단계인 화석연료에 대한 금융 규제가 어떻게 전개될지는 아직 예단하기엔 이르다.

6. 개도국의 목적

2021년 11월 글래스고우 COP26에는 많은 개도국 정상들도 참여하였다. 개도국은 기후변화 협약에 왜 참여하는가? 그것은 원조를 얻기 위해서다. 2015년 파리협약에서 선진국들은 개도국의 참여를 이끌어내기 위해 1,000억 달러의 지원을 약속하였다. 그러나 독일의 재생에너지 사업에서 보듯 이는 턱도 없는 금액이다.

인도는 2030년까지 선진국들이 인도에 1조 달러를 지급할 때 비로소 넷제로를 향해 움직임을 '시작'하겠다고 말했다. 14억 인구의 인도는 2019년 기준 세계 이산화탄소 배출의 7%를 차지하지만 14억 인구의 중국은 29%를 배출한다. 인도가 경제성장을 시작할 때 대기 중 이산화탄소에 어떤 일이 벌어질지는 불문가지다.

남아공은 COP26에서 곧 가동할 두 개의 석탄발전소의 전력시스템을 변형하라는 선진국들의 압력에 대해 266억 달러의 원조 청구서를 보냈다. 탄광 폐쇄에 따른 각종 지원을 포함한 금액이다. 미국, 영국, EU는 향후 3~5년간 85억 불을 지원하겠다고 말했지만 그 자금을 누가 어떻게 어떤 조건으로 지급할지는 아무도 모른다.

ASEAN은 향후 5개년간 매년 3,670억 불의 원조를 바라고 있다. 인구 1억의 필리핀은 2030년까지 탄소 배출을 75% 줄이겠다고 약속했지만 이 중 72%는 해외 원조를 전제로 한 것이다.

개도국들이 요구하는 것을 모두 합치면 원조 요청액은 1년에 1조 3천억 달러에 달한다. 우리가 확실히 알 수 있는 것은 아무도 그 비용을 대지 않을 것이라는 것이다. 개도국 정치인들이 연례 COP에 열심히 참석하는 것은 국가 이익을 위해 열심히 노력하고 있다는 것을 국민들에게 보여주기 위한 것에 다름 아니다.

7. 시리즈를 마치며

 석유는 양차 대전 후 전략상품에서 일반 상품으로 진화하였고 현대문명의 에너지원 중 제왕의 자리에 오른 지 60여 년이 지났다. 인류는 석유가 선사한 문명의 이기와 풍요에 환호하였지만, 불시에 다가온 공급 쇼크와 수요 쇼크에 지금의 번영이 지속가능한지 회의하며 괴로워했다.

 그러한 회의감은 혹한과 심해의 혹독한 환경을 이겨낸 개척자들과, 바보 소리를 들으며 평생을 기술 개발에 바친 선각자들의 노력으로 거의 극복되었다. 그러나 21세기 들어 기후변화라는 사상 초유의 환경 쇼크를 맞아 지구상에 풍부한 화석연료를 거부하고 '석유시대의 종말'이 거론되고 있다. 석유의 미래는 어떻게 될 것인가?

 세계 석유의 공급은 원활하고 수요의 최고 정점(Peak)도 아직 오지 않았다. 인구 대국인 개도국들은 저렴한 화석연료를 포기할 수 없을 것이고, 현재 14억 대의 자동차 수는 2050년 20억 대를 능가할 것이다. 그 자동차들이 모두 전기차가 아닐 것은 분명하고, 전기차의 에너지 공급원이 화석연료일지 재생에너지일지는 아무도 모른다. 또한 소득이 늘수록 석유화학제품에 대한 수요는 기하급수적으로 증가한다. 이는 선진국, 특히 EU 중심의 화석연료 탈피

노력에도 불구하고 개도국들의 석유 수요가 점진적으로 증가할 것을 의미한다. 향후 20년간 석유 수요는 증가할 수밖에 없다.

좋은 환경은 '선'이다. 그러나 기후변화를 막기 위해 수십조 달러를 들여야 한다면 누가 그 비용을 댈 것인가? 기후변화와 관련해 세상에는 세 종류의 사람이 있는데 기후변화 위기론자, 기후변화 회의론자, 기후변화 불가지론자가 그것이다. EU가 위기론자라면 개도국은 회의론자이고 미국은 널뛰듯 두 극단을 오가는 불가지론자에 가깝다. 한 나라 내에서도 당파와 지역(해안가인지 내륙인지), 소득수준에 따라 큰 입장 차를 보인다.

신데렐라에게는 왕자님과의 무도회가 끝나고 12시가 되면 재투성이 다락방으로 돌아가야 하는 냉혹한 현실이 있다. 기후변화를 막기 위한 비용 부담이 현실화될 때, 유권자들이 어떤 선택을 할지 두고 볼 일이다. 영국 총리 보리스 존슨이 말했듯 "정치인들의 당락은 유권자들의 지갑 두께에 달려 있다." 석유의 미래는 유권자들이 정한다.

석유의 미래가 곧 에너지의 미래는 아니다. 1947년의 트랜지스터 발명이 시작한 위대한 반도체 혁명은 이제 미세화 공정의 종착역에 다다랐고, 70여 년간 선진 각국에 쌓인 엄청난 금융자산은 새로운 투자처를 찾는다. 오늘도 샌프란시스코 샌드힐 로드의 에너지 벤처 거리에는 제2의 '록펠러'와 '폴 게티'를 꿈꾸는 천재들이 밤새 불을 밝힌다. 대중의 의심과 관료의 규제에도 아랑곳 않고 그들은 창조와 개척의 길을 떠난다. 어쩌면 지금은 허황해 보이는 우주탐사에서 새로운 에너지의 복음이 내릴지도 모른다. 에너지의 미래는 오직 우리의 상상력과 용기에 달려 있다.

참고문헌

1. 『황금의 샘 1, 2』, 대니얼 예긴 저, 김태유·허은녕 역, 라의눈
   원저명 『The Prize』, 에너지경제학자 대니얼 예긴의 퓰리처상 수상작이다. 에너지경제학 부문의 고전으로 불리는 책이다. 1차대전부터 1990년대까지 석유산업의 역사를 잘 알 수 있다.
2. 『2030 에너지 전쟁』, 대니얼 예긴 저, 이경남 옮김, 올
   원저명 『The Quest』, 세계화 시대의 에너지 산업 흐름과 기후변화 이론의 형성과정을 잘 설명해 놓았다.
3. 『뉴 맵』, 대니얼 예긴 저, 우진하 옮김, 리더스북
   예긴의 최신작으로 에너지를 둘러싼 지정학적 변화와 기후변화 영향을 이해할 수 있다.
4. 『셰일혁명과 미국 없는 세계』, 피터 자이한 저, 홍지수 옮김, 김앤김북스.
   셰일혁명의 진행양상과 지정학을 국가별 전략 관점에서 설명한 책
5. 『석유전쟁』, 하이케 부흐터 저, 박병화 옮김, 율리시즈
   석유를 바라보는 독일인의 시각을 이해할 수 있다.
6. 『회의적 환경주의자』, 비외른 롬보르 저, 홍욱희, 김승욱 옮김, 에코리브르
   덴마크의 통계학자 비외른 롬보르가 1998년에 쓴 환경비관론에 대한 비판서로 이 분야의 고전 반열에 올라있다. 기후모델링에 대한 비판을 참고하였다.
7. 『종말론적 환경주의』, 패트릭 무어 저, 박석순 옮김, 어문학사
   그린피스 창시자였던 패트릭 무어가 쓴 환경근본주의에 대한 비판서. 최근 연구성과가 잘 정리되어 있고 이산화탄소에 대한 옹호론을 참조하였다.

우크라이나 전쟁이
세계경제에 미칠 파문

김명수

1. 우크라이나 전쟁이 가져온 변화

1) 우크라이나의 서원(誓願)

　동아시아의 화약고가 대만과 한반도라면 유럽의 그것은 우크라이나와 발트 3국(리투아니아, 라트비아, 에스토니아)이다. 1989년 소련의 고르바초프는 독일 통일에 찬성하며 그 전제조건으로 NATO가 바르샤바 조약기구 국가들로 동진하지 않을 것을 요구하였다. 폴란드, 체코, 헝가리는 소련의 군화발에 짓밟힌 아픈 역사를 가지고 있었고 번영하는 EU와 함께하길 원했기에 그 약속은 무시되었다(1차 NATO 가입, 1999년).

　문제는 2차 가입 러시가 이루어졌던 2004년에 시작되었다. 구

소련 연방 내 공화국으로 국가 생존 자체가 의문시되었던 발트 3국이 NATO에 가입하였다. 러시아는 칼리닌그라드가 고립되며 국토가 분단되고 2006년에는 인계철선 격의 소규모 부대가 NATO의 깃발 아래 발트 3국에 배치되는 상황에도 지리멸렬한 러시아의 국력으로 어찌할 수 없었다.

석유산업 안정화로 원기를 회복한 푸틴은 2007년 헌법상 임기 제한으로 총리로 내려가기 직전, 뮌헨 안보협의회에 나아가 미국과 NATO 회원국들을 맹비난하며 NATO의 동진은 더 이상 허용될 수 없다고 고함질렀다. 그것은 우크라이나를 의미하는 것이었다. 5년 후인 2012년 푸틴이 다시 대통령으로 돌아왔을 때, 우크라이나-NATO 문제는 협상 불가한 것이라고 선을 그었다.

1991년 신생 독립국으로 출발한 우크라이나는 국가 정체성을 찾아나가는 과정에 있었다. 드네프르강을 경계로 동서로 나뉘고, 우크라이나어와 러시아어가 뒤섞이고, 친러와 친서방으로 찢어진 우크라이나가 국가의 노선을 두고 내부 충돌한 것이 2013년 겨울에 발생한 유로마이단 혁명이다. 이는 친서방 노선을 분명히 한 우크라이나 국민들의 선택이었으며 친러 정부가 무너지고 우크라이나 헌법에 NATO 가입이 명시되었다. 2014년 러시아는 행동을 개시하였다. 크림반도를 점령한 것이다.

우크라이나는 NATO 회원국들에 끊임없이 구애했지만 가입은 허용되지 않았다. 2021년 6월까지도 회원국들은 가입 조건을 맞추어야 된다는 원론적인 얘기를 반복했지만, 작년 11월 10일 미국은 우크라이나에 훨씬 진전된 약속을 해 주었다. 미-우크라이나 간 전략적 동반자(Strategic Partnership) 관계를 체결하고 우크라이나의 NATO 가입을 후원하기로 한 것이다. 푸틴은 이를 돌이킬 수 없는 선을 넘은 것으로 간주하고 12월부터 전쟁 준비에 들어갔다. 올해 2월 24일 전쟁이 터졌다.

2) 트럼프와 바이든의 차이

4년간의 단임에 그친 도널드 트럼프 대통령의 정책노선은 에너지 독립과 제조업 부흥을 통한 "미국 우선주의"였고, 대외정책은 "반중(反中)"으로 요약되었다. 반중을 위해 러시아를 중립화시켜야 했고 트럼프는 전통의 적국 러시아와의 우호관계를 형성하기 위해 노력했다.

그의 정책은 국제적으로 많은 갈등을 낳았다. 수출대국인 독일, 일본, 한국 등 우방국들의 보호무역 성향을 맹비난했고, 자유무역협정을 개정했고, 이들 국가의 미군 주둔비 증액을 노골적으로 요구했다. NATO 회원국, 특히 독일과 프랑스에게 경제력에 걸맞은 국방비 지출을 요구하며 정상 간 회의에서 험상궂은 장면도 연출했다. 더 나아가 EU국가들에게 중국이 세계 질서에 가하는 위협을 강조하며 반중 노선에 동참할 것을 요구하였다.

이러한 요구는 EU 국가들, 특히 독일의 반발을 낳았다. 국방비 지출에 부정적인 사민당과 대연정 중이던 독일의 앙겔라 메르켈 총리는 국방비 증액에 난색을 표명하였고, 자국 기업들의 주력 수출시장인 중국을 제재할 수는 없었다. 사실 유럽 국가들에게 반중은 다소 무리한 요구다. 중국은 멀고 먼 나라고, 중국이 세계질서를 좌우한다는 것은 이들에게 먼 미래의 얘기일 뿐이다. 중국은 이 점을 파고들며 유럽 친화적 대외정책을 펴 왔다.

트럼프가 이미 완공단계인 NordStream 2를 취소할 것을 요구하자 독일은 반발하였다. 2011년부터 탈원전, 탈탄소를 동시에 추진하던 독일의 에너지 대안이던 이 파이프라인은 독일의 대러 유화정책(Engagement policy)을 상징하는 것이기도 했다. 독일은 러시아와 교류를 확대해 경제가 발전하면 러시아가 자유통상에 순응해 자유민주주의가 꽃피고 평화 애호국이 될 것이라 생각했다. 별로 새로운 생각도 아니었다. 그것은 이미 영국의 대러 정책 기조였다.

조 바이든 대통령이 취임 한 달 후인 2021년 2월 뮌헨 안보회의에서 "미국이 돌아왔다"라며 미국은 동맹과 함께 할 것이라고 선언하였다. 이것이 무엇을 의미하는지 그 동안 불분명하였다. 그러나 "유럽의 9·11"이라고까지 불리는 우크라이나 전쟁을 맞아 그것의 의미가 분명해지고 있다.

3) 하나가 되는 미국과 유럽

2022년 2월 24일 우크라이나 전쟁이 발발하자 미국과 유럽은 비록 참전에는 선을 그었지만 일치단결해 대 러시아 경제제재에 들어갔다. 그 첫 번째는 금융제재다. 가즈프롬은행을 제외한 러시아 7대 은행을 달러 Swift 결제망에서 제외시켰고, 심지어 러시아중앙은행이 미국과 서구 중앙은행에 맡긴 6,300억불의 외환보유고의 지급을 정지시켰다. 두번째는 사업철수다. 영국의 BP, 쉘, 미국의 엑슨모빌은 지분 매각과 사업 철수를 발표하였다. 소비재 기업인 애플, 코카콜라, 맥도널드 등도 사업 중단을 발표했다. 세 번째는 미국의 러시아 석유 금수조치다. 유럽도 러시아 석유·가스 수입금지를 고려 중이다.

독일이 대러 재제에 신속히 동참한 것은 그동안의 행보로 보아 놀라운 일이다. 독일 올라프 숄츠 총리는 110억불이 투자된 NordStream2 승인을 중지시켰고, 그 동안 미온적이던 2기의 LNG 기지 건설을 추진하기로 했다. 로버트 하벡 경제부 장관이 카타르로 넘어가 장기 LNG 공급계약도 체결하였다.

2차 대전 후 무력충돌 불개입 원칙을 깨고 최초로 군수물자를 우크라이나에 지원하였다. 현행 1.5% 수준의 국방비를 2% 수준으로 증액할 것이고 1,000억 유로의 국채를 발행해 즉시 국방 현대화를 추진하겠다고 선언하였다. 방위비 증액을 꺼리는 사민당과 화석연료 투자를 꺼리는 녹색당, 국채 발행에 부정적인 자민당 연정이 개전 이틀 만에 내린 결정이다.

　러시아 루블화는 폭락하였고 주식시장은 추락하였고 대외결제는 정지되었다. 러시아의 제2차 모라토리엄이 눈앞에 다가왔다. 푸틴은 미국과 유럽의 반발을 예상하고 오랫동안 중국 시진핑 주석과의 우의를 강화해 놓았다. 우크라이나에 투입한 군대는 블라디보스톡에서 데려온 것이다. 중국이 호시탐탐 노리는 동시베리아와 연해주에서 푸틴이 군대를 빼 오는 위험천만한 전략을 펼친 것은 중-러 정상 간 신뢰관계를 암시한다. 미국 바이든 대통령은 중국 시진핑 주석에게 엄중 경고한다. 러시아를 도와줄 경우 미국과 유럽이 함께하는 세컨더리 보이콧을 맞게 될 것이라고.

　독일은 폴란드 평원을 두고 러시아와 붙어있는 것이나 매한가지이고, 영국은 러시아가 대서양으로 나가는 입구에 위치한다. 러시아의 안보 위협을 가장 직접적으로 느끼는 나라가 독일과 영국이다. 유럽에게 중국은 먼 나라지만 러시아는 실존적 위협이다. 게다가 러시아와 중국은 한편이다. 미국과 유럽이 공동의 목표를 두고 하나가 되었다. 미국은 드디어 동맹과 함께 할 수 있게 되었다.

2. 유럽과 러시아 밀월관계 종식의 의미

1) 영국이 키운 러시아 석유산업

　유럽이 러시아에 가한 제재의 의미를 이해하기 위해서는 1989년 냉전 종식 이후 영국과 러시아의 밀월 관계를 이해해야 한다. 그

중심에는 BP가 있었다.

유서 깊은 석유메이저 BP는 1970년대 이란, 이라크 등 중동국가들에게 식유자신을 몰수 당한 후 사실상 유전 없는 석유회사가 되었다. 북해유전은 국영 영국석유회사 소유였고, 미국의 아르코와 아모코를 합병해서 간신히 모양새를 갖추었지만 자체 유전이 없는 기업의 미래는 암담했다. BP의 희망은 철의 장막을 넘어 세계 무대에 등장한 러시아였다.

BP는 1990년부터 러시아 사업을 시작하였다. 당시 러시아는 세계 석유의 7%와 가스의 1/3의 생산능력을 갖추었지만 저수준의 투자로 생산량이 하락하고 있었다. 시설은 낡고 녹슬었으며 지질학 지식 수준도 초보적이었다. BP는 우선 1996년에 주유소 체인을 설립하였고 1997년 올리가르히 블라디미르 포타닌이 주인이 된 러시아 석유회사 Sidanco에 10% 지분(751백만 불)을 투자하였다. 2년만에 Sidanco는 석연치 않은 이유로 파산하여 올리가르히 미하일 프리드만이 지배하는 TNK로 합병되었지만 BP는 오히려 베팅액을 올렸다. 2002년에 TNK 지분 15%를 취득하였고 2003년에는 50:50 조인트벤처를 맺기로 하였다. 러시아는 TNK와 Sidanco의 자산을, BP는 주유소 체인과 현금 80억 불을 투자하기로 한 러시아 개방 후 최대의 투자건이었다. 이 계약은 런던에서 영국 수상 토니 블래어와 러시아 대통령 푸틴이 보는 앞에서 서명되었다.

BP의 진출을 보고 이 길을 따라 많은 서구의 석유회사, 투자은행, 석유거래상들이 속속 러시아로 들어왔다. 엑슨모빌도 2003년에 사할린에서 시추를 시작하여 2006년에 석유 수출을 시작하였고, 쉘도 200억 달러 JV를 설립해 2008년부터 수출하였다.

TNK-BP 사업은 대 성공을 거두었지만 푸틴은 이 사업을 못마땅해 했다. 석유산업을 국가 핵심산업으로 규정한 그에게 50:50에 지배권이 없는 JV는 받아들일 수 없었다. 2011년 TNK-BP는 푸틴의 친구였던 이고르 세친의 Rosneft가 주도하는 북극 탐사계획에 참여하며 주식스왑을 의결하였다. 이 결정에 따를 경우 TNK-BP는 Rosneft의 군소지분으로 전락하게 된다. BP는 TNK가 JV 협정을 위반하였다며 국제중재재판으로 끌고 갔지만, BP의 모스크바 사무소는 강제 폐쇄되었고 북극 탐사계획 파트너도 엑슨모빌로 변경되었다. 모든 석유 사업은 국영 Rosneft로, 천연가스 사업은 Gazprom으로 일원화하는 것이 푸틴의 계획이었던 것이다.

2013년에 TNK-BP의 50% 지분 대가로 BP는 120억 불의 현금과 18.5%의 Rosneft 주식을 받았다. 당시 BP의 CEO 밥 더들리(Bob Dudley)는 이 딜을 축하했지만 다른 사람들은 BP가 주식을 모두 매각하지 않고 국영기업의 힘없는 군소주주로 남는 것을 보고 놀랐다. 확실히 이 투자건은 수익을 가져다주었다. BP는 JV에서 2003~2012년간 총 190억 불을 배당으로 거둬들였다. 2013~2021년간에도 Rosneft 주식에서 추가 배당금 50억 불을 받았고 석유를 공급받아 판매사업을 할 수 있었다.

2014년 크림반도 합병 이후 서방세계의 제재로 러시아 석유사업에 대한 추가 투자는 어려워졌지만 우크라이나 전쟁이 발발하기 전까지 BP는 Rosneft 주식 처분을 고려한 적이 한번도 없었다. BP의 알짜 자산에서 나오는 두둑한 배당은 영국 연금기금의 재원이 되었고, 런던의 금융중심지는 러시아 올리가르히들의 안전한 투자처이자 주거지로 부상해 세칭 '런던그라드(Londongrad)'라 불리기도 했다.

32년이 걸렸던 BP의 러시아 사업은 우크라이나 침공 후 단 3일 만에 무너져 내렸다. BP는 영국정부와 협의 끝에 Rosneft 지분 19.75%의 처분을 결정하고 최악의 경우 2022년 1분기 중 250억 불의 자산감액이 있을 수도 있음을 예고했다. 아마 자산감액은 없을 것이다. 영국 중앙은행이 러시아 중앙은행의 달러 자산을 동결했기 때문이다. 최악의 경우 BP는 영국 중앙은행으로부터 손실분을 보상받을 것이다.

작년 12월 영국기업이 된 쉘도 가즈프롬과의 사할린-2 LNG 개발 프로젝트(27.5% 지분보유, 30억 불 규모) 중단을 발표했다. 사할린-2는 2020년에 11.6백만 톤의 LNG를 생산하였고, 그 중 3.2백만 톤이 쉘의 몫으로 쉘 생산의 10%를 차지하였다. 여기에는 미쓰이, 미쓰비시 등 일본법인도 참여하고 있다. 쉘은 10% 지분을 가진 노드스트림2 가스관 사업에서도 빠져나오기로 했다.

엑슨모빌은 2014년 금융제재 이후 2018년 Rosneft에서 철수하였다. 그러나 사할린-1 석유 가스 프로젝트에는 30%의 지분을 가지고 인도, 일본 기업과 함께 사업을 하고 있다. 엑슨도 사할린-1 지분매각 의사를 밝혔다. 미국의 석유 엠바고 조치로 더 이상 미국 본토로의 수입이 불가능해질 것이기 때문이다. 러시아에서의 영국·미국 석유메이저의 시대가 끝났다.

한편, 후발주자로 참여하였던 프랑스는 사태를 예의 주시하고 있다. Total Energie는 Rosneft 지분 19.75%를 여전히 가지고 있고, 독립 가스 생산업자인 Novatek에 19.4%를 투자하여 두 건의 야말반도 가스 프로젝트에도 참여하고 있다. 러시아는 2021년 토탈의 석유, 가스 생산의 16%를 공급하였고 15억 달러의 배당금을 지불하였다. 르노와 다농도 각각 매출의 9%, 6%를 러시아에서 올린다. 전통적인 친러 국가 프랑스는 사태의 추이를 숨죽이고 관망하고 있다.

2) 러시아 석유산업의 고객, 독일

영국이 러시아의 석유와 가스산업을 부흥시켰다면 그것을 가져다 쓴 것은 독일이었다. 독일은 석유메이저가 없기 때문이다. 산업대국 독일은 오늘날 에너지의 60%를 수입하고 있고, 그중 천연가스의 55%, 석탄의 45%, 석유의 1/3을 러시아로부터 들여오고 있다.

하루 1,000만 배럴을 생산하는 러시아 석유산업은 700~800만 배럴을 수출하고 그중 430만 배럴은 유럽으로 보내진다. 유럽이 러시아 석유를 탈피할 경우 이론적으로 중국이 대안이지만 러시아-중국간 설치된 송유관의 하루 최대 수송량은 50만 배럴에 불과하다. 따라서 중국이 유럽을 대체하려면 수년이 걸린다.

하루 430만 배럴이면 미국과 사우디의 증산, 이란·베네수엘라·나이지리아의 합류가 필요하다. 모두 미국이 불량국가로 낙인찍은 국가들이나 우크라이나 전쟁 직후 화해 움직임이 본격화되고 있다. 그러나 2014년 이후 중동과 서구의 석유회사들은 석유의 미래를 비관적으로 보고 추가 유전 투자를 하지 않아 안전여유분은 4%에 불과하다. 이란, 베네수엘라의 시설도 20여 년간 투자 없이 노후화돼 추가 증산에는 시간이 걸릴 수밖에 없다. 세계 생산의 약 10%를 담당하는 러시아를 단기간 내에 대체하는 것은 거의 불가능하다. 이들 국가를 다 아울러도 앞으로 5~10년이 걸려야 증산이 가능하다. 셰일오일 개발에는 6개월, 이를 수송하는데 다시 6개월이 걸린다. 셰일오일이 근본 대안이지만 바이든 행정부는 이를 반대한다.

그나마 석유는 대안을 모색할 수 있지만 가스는 더 사정이 어렵고 특히 독일은 출구가 없다. 독일의 2021년 기준 천연가스 소비량 102.1bcm(billion cubic meter)은 이탈리아 50.8bcm, 영국 29.7bcm, 프랑스 25.7bcm를 합친 소비량(3국 합계 106.2bcm)에 필적한다. 영국은 북해 가스전을 추가 개발할 수도 있고 영국 서부 해안가의 LNG 기지도 이미 건설되어 있다. 그러나 독일이 러시아와의 관계를 청산하는 것은 거의 불가능하다.

오늘날 독일의 에너지 현실은 게르하르트 슈뢰더 총리와 앙겔라 메르켈 총리의 집권기인 약 24년간 축적된 에네르기벤데(에너지 대전환) 정책의 결과다.[1] 특히 기민당의 메르켈 총리는 대러 정책에 있어 사민당의 빌리 브란트와 슈뢰더를 계승하여 러시아의 "통상을 통한 변화(Change through Trade)"를 믿어 왔다. 자유통상이 국제평화를 이끈다는 국제정치관은 이제 우크라이나 전쟁을 통해 무력화되었다. 언제나 지정학이 우위에 있는 것이다

이제 지정학적 현실 속에 에너지 위기에 대응해야 하나 독일의 현실은 녹록지 않다. 메르켈 총리는 탈원전과 탈탄소 동시 추진의 문제점을 알고 있었다. 그는 "정책의 (잘못된)[2] 선택을 시장이 교정한다"라고 하며 경쟁적인 천연가스 현물시장이 에너지 가격을 내려 줄 것으로 생각하였다. 그래서 공급자들이 희망하는 10~20년 장기계약을 체결하지 않았다. 이는 공급과잉기에 가격인하의 혜택을 누리지만 유사시 공급자의 횡포에 대한 대책이 있어야 한다.

독일은 55%의 가스를 러시아로부터, 나머지는 네덜란드와 북해로부터 공급받는다. 총 가스 수요량을 분해해 보면 30%는 발전소, 30%는 기업에서 사용하지만, 나머지 40%는 가정의 취사·난방 수요다. 러시아 수출액 중 가스는 9%이고 석유는 45%를 차지한

---

[1] 독일의 탈원전과 탈탄소를 위한 에네르기벤데 정책에 대해서는 필자의 칼럼 『석유의 미래 4, 5편』 참조
[2] (잘못된)은 필자가 삽입한 것임

다. 정부 재정에서 석유수출세는 23%를 차지하지만 가스는 8%에 불과하다. 러시아 경제에서는 석유가 절대적이고 가스는 부차적이다. 즉 러시아는 가스 공급을 줄여도 큰 타격이 없지만 독일 경제, 더 나아가 독일 가정은 비명을 지른다.

공급자의 횡포에 대응하기 위해서는 가스 저장고, LNG 재기화시설 등이 필요하다. 독일 북서부 지역에 있는 작은 시골마을인 Rehden에는 서유럽 최대의 천연가스 저장시설이 있다. 축구장 91개 면적으로 독일 가스 저장고의 1/5을 차지하는 이 시설의 소유주는 가즈프롬이다. 가즈프롬은 독일, 오스트리아, 네덜란드 가스 저장시설의 3분의 1을 관장한다.

서유럽의 LNG 재기화시설은 스페인, 이탈리아, 영국 서해안, 네덜란드, 벨기에 등에 설치되어 있다. 심지어 폴란드와 리투아니아도 최근 LNG 설비를 갖추었지만 독일에는 없다. 서유럽 최대의 LNG시설을 보유한 스페인의 LNG 설비 가동률은 20% 수준에 불과하지만 피레네 산맥으로 가로막혀 독일에는 무용지물이다. 네덜란드, 벨기에 시설은 흐로닝언 가스전 고갈에 대비한 자국 용도이다. 독일은 가스저장고나 LNG 시설에 투자하지 않았다. LNG선도 부족하다. 독일은 LNG를 받을 준비가 되어있지 않다.

가스시설에 대한 투자부진의 원인은 EU의 조현병적인 가스 정책 때문이었다. 스페인은 가스에 '그린' 라벨조차 주지 않았다. EU는 2022년초 가스를 다시 '녹색 이행'으로 분류했지만, 많은 제약

조건을 다는 것을 잊지 않았다. 오락가락하는 정부 정책 앞에 유럽 가스업체들은 장기 계약을 체결하지 않는다. 정책 불확실성 앞에 가스저장고나 LNG 시설에 투자할 기업도 없는 것이다.

심지어 2021년 가을 가즈프롬이 유럽에 가스 공급을 줄이는 와중에도 영국 규제 당국은 쉘의 북해 가스전 탐사 개발을 거부했다. 최근 전기가격이 급등하자 가스전 개발 논의를 다시 시작했다. 유럽은 화석연료를 'dirty'하다며 피학증적인 반응을 보여왔다.

숄츠 총리가 LNG 설비 2기를 fast track으로 추진하도록 했지만 설비 완공에는 수년이 걸릴 것이다. 재생에너지를 강화한다지만 풍차 하나를 설치하는데 지역주민들의 동의를 얻는 것을 포함해 평균 6년씩 걸린다. 독일 북부 해안가 풍력발전 단지로부터 남부 공업지대로의 송전선 매설 작업은 예상한 대로 거북이걸음이다.

러시아는 노드스트림2를 10년 동안 잠궈 두어도 된다는 입장이다. 러시아는 노드스트림2 개통에 맞춰 이 파이프라인에 공급할 Bovanenkovo 가스전 개발에 주력해 왔다. 다른 파이프라인은 고갈되어가는 가스전에 연결되어 있다. 결국 3~5년이 지나면 독일은 가동승인을 내릴 수밖에 없을 것이라는 계산이다. 러시아 안보위원회의 부의장인 메드베데프는 "1,000큐빅미터의 가스에 2,000유로를 지급해야 하는 신천지에 오신 용감한 유럽인들을 환영한다"라며 조롱하였다. 승리의 열쇠는 러시아가 쥐고 있다.

유럽은 다른 옵션이 있다. 그것은 프래킹이다. 10년 전 세브론, 엑슨모빌, 쉘, 토탈은 미국의 셰일가스 붐을 재현하기 위해 유럽의 셰일층을 조사한 바 있다. 2013년 보고서에 다르면 유럽은 향후 60년 동안 시용할 수 있는 셰일가스전을 보유하고 있다. 대부분 동유럽 지역인 우크라이나, 폴란드, 루마니아, 불가리아 지역인데, 프랑스, 영국, 네덜란드, 독일도 셰일지층 위에 앉아 있다. 그러나 환경시위와 폭동에 유럽 정부들은 하나 둘씩 굴복했다. 앞으로 재현될 에너지 전쟁을 맞아 어떤 상황이 전개될 지 지켜볼 일이다.

3. 금융제재가 불러올 세계 금융의 블록화

1) 러시아 금융제재의 앞날

러시아 중앙은행의 외환보유고 6,300억 불의 지급이 정지되었다. 외환보유고는 미국, 독일, 프랑스, 영국, 오스트리아, 일본에 있고, 중국에도 14%의 외환보유고가 있다. 중국은 지급정지를 선언하지 않았지만 미국의 세컨더리 보이콧을 우려하여 함부로 금융제재를 어기지 못한다. 러시아 중앙은행은 2,299톤의 골드바도 보유하여 세계 5위의 저장고를 자랑한다. 러시아 국부펀드도 1,750억 불에 이른다.

러시아 VTB 등 7대 주요 은행들도 국제 달러 결제망인 Swift system에서 축출되었다. 에너지 대금 결제를 위해 Gazprombank는 제외되었다. EU는 2021년 석유와 가스대금으로 700억 달러를 결제하였다. 러시아의 2021년 무역 흑자액은 190억 달러에 달한다.

8,000억 달러의 외화자산과 매년 700억 달러의 원유대금이 결제되는 세계 11위 경제의 금융 동맥이 끊겼다.

2014년 크림반도 합병 이후 금융제재를 당한 푸틴 정부는 이런 일의 재발을 예상하고 외환보유고를 달러에서 유로, 위안화, 엔화, 골드바 등으로 전환해 왔다. 그런데 금번 조치는 달러 이외의 다른 외환보유고도 정지시켰고 세계 3대 에너지 강국의 금융기능을 완전 상실하게 만든 것이다. 세계 주요 경제국가들 중 이런 조치를 당한 일은 처음이다.

외환보유고는 위기 때 쓰기 위해 비용을 물고 보유하는 것이다. 달러와 미 재무성 채권은 미국 정부가 보증하는 안전자산으로 알려져 있다. 가장 필요할 때 못쓰게 된다면 그 돈을 가질 이유는 무엇인가? 러시아 중앙은행 지하 금고에 비장된 골드바도 이런 상황에선 무용지물이다. 누가 그것을 담보로 믿고 돈을 빌려줄 것인가? 2000년 이후 미국의 금융제재 대상 개인과 법인은 10배 이상 늘어 지금은 10,000개가 되었다고 한다. 세계의 금융기관들은 제재 대상 여부를 가리는 시스템을 준비하는데 천문학적 비용을 쓰고 있다.

단기적으로 상품시장이 경직되고 러시아 경제가 멈추었다. 우랄산 석유는 생산되고 있지만 금융시장은 움직이지 않는다. 여론의 질책이 두렵고 내일을 알 수 없기에 금융회사들은 LC를 발급하지 않고 러시아산 석유를 사지 않는다. 이란과의 거래에 참여했다는 이유로 지난 10년간 유럽 금융기관들은 엄청난 벌금을 냈다. 로지스틱도 문제다. 흑해 항해는 금지되었다. 머스크와 MSC는 러시아에 더 이상 취역하지 않는다. 은행, 항구, 선박, 거래상, 모든 것이 얼어붙었다. 러시아 석유는 고객의 70%가 끊겼고 배럴당 18달러 할인된 가격에 판매된다. 러시아도 과연 쿠바와 이란과 같이 고립의 길을 갈 것인가?

러시아의 보복 수단은 가스를 잠그는 것이다. 전술한 대로 천연가스는 러시아 수출의 9%에 불과하지만 유럽 에너지원의 40%, 독일의 55%를 차지한다. 그중 40%는 가정용으로 EU의 소비자들은 가스 대란을 오래 참지 못할 것이다. 게다가 푸틴은 비우호국의 석유·가스대금을 루블로 받겠다고 선언했다. 또한 "계약에 따른 공급을 받게 될 것"이라고 잘라 말했다. 이는 장기계약물을 의미하는 것으로 현물시장에서는 러시아 가스는 사라질 것이다. 이제 유럽은 귀한 러시아산 석유와 가스에 대해 수백억 불에 해당하는 금액을 루블로 결제해야 한다.

1971년 브레튼우즈 체제가 무너지고 변동환율시스템으로 이행한 후 약화된 달러의 위상을 유지시킨 것은 사우디아라비아-키신저 밀약이었다(1975년). 미국이 사우디의 안위를 지켜주는 대신 사우디는 석유대금을 달러로만 받겠다고 약속하였다. 금본위제를 대신하는 이른바 '석유본위제', Petrodollar의 등장은 달러 기축통화 유지에 큰 도움이 되었다. 석유를 얻기 위해선 모든 나라가 달러를 가져야 했기 때문이다. 후세인은 2000년 석유대금을 유로로 결제하겠다고 했다가 전쟁을 불러들였고, 차베스도 달러를 더 이상 받지 않겠다고 했다가 경제제재를 받았다.

그러나 유럽 에너지의 목줄을 쥐고 있는 러시아는 다르다. 비우호국으로 분류된 EU는 루블을 얻기 위해 러시아 중앙은행에 돈을 빌리든지 상품을 수출해야 한다. 경제제재의 역사에서 성공사례는 수에즈 위기와 리비아 제재 정도이다. 러시아 경제제재는 성공하기 어렵다.

2) 달러 시스템에 대한 의문

쿠바, 이란, 북한과 같은 약소국과 달리 러시아 같은 나라를 제재할 수 있다면 이것은 무엇을 의미하는가? 경제제재는 더 많이 쓰일수록 더 많은 나라들이 서구의 금융시스템에 의존하는 것을 피하려 할 것이다. 그것은 제재 위협을 덜 위력적으로 만들 것이다.

총 20조 달러에 이르는 세계의 외환보유고와 국부펀드 중 절반은 전제적인 국가들이 보유한다. 우크라이나 전쟁을 통해 중국은 자신들이 보유한 3.3조 달러 외환이 정지될 수 있다는 것을 알았고, Swift system에서 한 순간에 퇴출될 수 있음도 알았다. 인도도 서구의 압력에 노출되어 있다고 느낀다. 경제제재의 대상국들은 서로 연대를 모색한다.

과거 20년간 미국은 많은 나라에 금융제재를 가함으로써 그들

국가들이 달러 중심의 금융시스템에서 떨어져나가는 것을 조장해왔다. 다음 10년간 금융시장의 기술변화는 서구 금융시스템을 우회하는 지급결제 시스템을 창출해내고자 하는 시도일 것이다. 그것은 결국 세계 경제의 재블록화를 이끌 것이다.

그러면 중국 위안화가 대안이 될 수 있을까? 중국은 디지털화폐 사용자가 이미 261백만 명에 이르고 중국 인민폐에 대한 외환보유고는 현행 2%에서 향후 3~4년 안에 7%까지 높아질 것이라는 전망이 나온다. 중국은 CIPS(Cross-border Interbank Payment System in Yuan)라는 위안화의 SWIFT 버전을 만들고 있다. 그러나 중국 정부가 외국 정부에게 인민폐를 보유하도록 설득할 수 있을까? 미국 정부를 못 믿는데 전제적인 중국은 믿을 수 있는가?

4. 마치며

러시아는 세계 11위의 경제규모이지만 원자재 시장의 강자이다. 가스 1위, 석유 2위, 석탄 3위의 생산량을 자랑하고, 알미늄, 구리, 니켈, 팔라듐, 밀과 비료 등 상품시장 전반에 광범한 영향을 미친다. 경제제재 장기화 시 세계 상품시장에 쇼크가 올 것임은 불문가지다.

석유와 가스는 다시 전략상품이 되었다. 러시아의 횡포 앞에 노출된 EU는 에너지정책에서 큰 변화를 보일 것이다. 그동안 에너지시장은 녹색 지향적이고 보다 경쟁적이어야 한다는 입장에서 안보를 중시하고 공급 안정성을 강조하는 방향으로 선회할 것이다.

에너지 정책에서 비용, 녹색, 안보의 세가지 엇갈린 목표(Trilemma)는 상호 충돌적이다. 만일 유럽이 러시아 가스 의존도를 줄이려면 비용과 기후변화를 희생시킬 수 밖에 없다. 지정학이 기후변화를 밀어내고 있다. 기후는 천천히 더워지지만 우크라이나는 펄펄 끓어 넘치기 때문이다.

전후 정립된 국제 금융시장도 우크라이나 전쟁을 계기로 큰 전환점을 맞을 것이다. 세계 금융시장은 굉음을 내며 분리되어 갈 것이다. 그것이 어떤 방향일지는 아직 알 수 없다. 러시아와 중국, 그리고 이에 동조하는 중동과 남미의 국가들이 이에 합류할 것이다. 서구의 압력을 싫어하는 인구 대국인 개도국들도 적당히 발을 걸치려는 의지를 보일 것이다. 세계 경제가 1900년대 초반의 블록 경제로 돌아갈지 모른다.

카터 연간에 국가안보보좌관을 역임한 즈비그뉴 브레진스키는 1997년 펴낸 『거대한 체스판(The Grand Chessboard)』에서 다음과 같이 썼다. 서구에 대해 가장 위험한 지정학적 시나리오는 중국, 러시아 그리고 아마 이란이 동맹으로 맺어지고, 이데올로기가 아니라 공통의 분노로 연대를 맺는 상황이다. 우크라이나 전쟁이 어떤 세상을 만들어낼지 숨죽이고 지켜보자.

원자재 슈퍼사이클 논란

최우석

1. 들어가며

2021년에 곡물, 광물 및 원유 등 주요 원자재 가격이 크게 상승하는 모습을 보였다. 특히, 광물 중 철광석은 사상 최고가에 이르기도 했다. 광물가격은 2021년 하반기 이후 중국의 가격통제 본격화가 영향력을 미치며 상승세가 약화된 모습이다. 그러나 2021년 하반기 이후 유가가 급등세를 보였으며, 우크라이나 전쟁이 발발하며 곡물가격도 크게 급등하여 주요 원자재가격은 높은 수준에서 유지되고 있다. 다양한 원자재 가격이 동반 상승하자 또 한 번의 원자재 사이클이 시작된 것이라는 의견이 있다. 다만 그 의견 및 전망에 대한 견해는 갈리고 있다. 국내 제조업에 있어 원자재 가격은 여전히 중요한 이슈이다. 이에 원자재 슈퍼사이클 논란 및 그

중심에 있는 중국과 관련한 주요 이슈를 산업광물을 중심으로 간단히 살펴보고자 한다.

2. 호황(boom)과 슈퍼사이클(supercycle)

2차대전 이후 시장가격에서 나타난 첫 번째 원자재 시장 호황은 1950년대 초반에 있었는데 이는 한국전쟁과 밀접하게 연관되어 있다. 인류 역사상 가장 많은 국가가 참전한 전쟁인 한국전쟁이 1950년에 발발하자, 2차대전 당시 원자재 부족에 시달렸던 기억을 가지고 있는 많은 나라들이 확전으로 산업에 필요한 원자재를 확보하지 못할 수 있다는 두려움에 광범위하게 전략물자 비축에 나섰으며, 이는 원자재 가격의 급상승을 불렀다. 또한, 전쟁에 소요되는 물품의 생산에 따른 산업 생산 증가도 실질적인 수요의 증가를 촉발하며 원자재 가격 상승에 힘을 실었다. 즉, 2차대전의 후유증에 시달리던 국가들이 추가적인 세계대전이 발발할까 두려워 곡물, 광물, 에너지 할 것 없이 확보에 나서며 가격이 급등하면서 2차대전 이후 최초의 원자재 호황이 시작되었다. 이후 1953년에 한국전쟁이 끝나고, 세계대전 확전으로 이어지지 않는 것이 확실시되자 비축재고를 축소하기 시작했으며 경제성장도 둔화되며 짧았던 원자재 호황기가 막을 내렸다.

두 번째 원자재 호황은 1970년대 초반에 있었는데 이는 일본 및 유럽 등 당시 부상하던 경제블록의 1972년부터의 강한 성장이 그 주요 원인이었다. 다른 요인으로는 호황이 발생하기 전 2년 동안 광범위한 곡물 생산 감소가 있었으며, 결국 1973년에는 식량부족이 현실화되며 중동에서 식량부족 등에 따른 소요가 발생했다. 소요와 전쟁에 따라 중동의 원유 공급이 축소되어 원유 수출국들이 가격을 급격하게 올릴 수 있는 계기가 만들어졌다. 한편, 당시 높은 수준의 인플레이션과 브레튼우즈(Bretton Woods) 체제의 붕괴로 환율이 급변동되며 안전자산에 대한 수요가 크게 발생된 점도 원자재 호황의 이유가 됐다. 그러나, 1974년 이후에는 원유 가격 급등으로 촉발된 불경기가 시작되어 주요 광물 및 곡물의 가격이 하락하기 시작했고, 미국의 전략 재고 방출과 일본 기업의 과잉재고 축소 등이 진행되며 두 번째 원자재 호황도 막을 내렸다.

세 번째 원자재 호황은 2000년대 중반에서 2010년대 중반까지 이어졌는데, 수요의 급증이 가장 주요한 원인이었다. 특이한 점은 첫 번째 및 두번째 원자재 호황기와는 달리 세번째 원자재 호황기에는 인플레이션이 수반되지 않았다는 점이다. 세번째 원자재 호황은 선진국의 수요 증가에 따라 발생된 것이 아니라 중국 등 아시아 신흥국의 수요 성장에 따라 발생되었기 때문이다. 중국 등 아시아의 신흥국이 세계 GDP에서 차지하는 비중은 선진국 대비 낮은 수준이었지만 원자재 수요의 증분에서 차지하는 비중은 압도적이었고, 선진국은 탈 제조업화로 원자재 수요가 감소하는 모습을 보였다. 한편, 2008~2009년 미국과 유럽의 금융위기로 산업 생산은 감소했지만, 아시아 신흥국은 상대적으로 양호한 성장을 이어나갔다. 2010년대 들어 다년간 지속된 호황으로 원자재 생산이 증가하고 중국을 중심으로 신흥국의 성장률이 낮아지기 시작하면서 2015년에는 다시 원자재 가격 전반이 크게 하락하는 모습을 보였다.

이상과 같은 작은 주기의 원자재 호황은 산업수요의 급격한 증가에 공급능력이 못 따라갈 때 나온 것으로, 1949년(광물), 1973년(원유), 2004년(원유 및 광물)부터 시작되어 이후 수년간 나타났다. 작은 주기의 호황은 수요 성장과 공급 확대의 시기 불일치에 따라 발생하는 것으로, 결국 투자가 확대되면서 공급이 수요를 초과하면 가격이 하락하며 경기 사이클이 완성된다.

한편 보다 긴 관점에서 살펴보면, 원자재 가격의 장기적 추이는 2000년대에 들어 나타난 중국, 인도 및 동남아 등 신흥국의 수요 급증에 따라 나타난 상승기를 제외하면, 평균적으로 하락해왔다는 것이 다수 연구결과의 중론이다. 실질가격 기준으로는 추적해 보면 1900년 초반 시점부터 최소한 1990년대까지는 단가가 하락했던 것으로 나타나고 있다.

이는 원자재의 경우 공산품보다 소득에 대한 수요탄력성이 매우 낮아 소득성장 시기의 원자재 수요증가는 공산품 수요 증가보다 상대적으로 낮으며 따라서 가격 상승으로 잘 이어지지 않는 점, 장기간 지속적인 운송수단의 발전으로 수요자 기준 원자재가격의 가장 큰 비중을 차지했던 단위당 운송비가 꾸준히 하락해왔다는 점, 채굴 및 곡물생산 등에 있어서의 기술 발달이 생산과정의 기술 발달 보다 더 빠르게 진행되어 규모 및 효율의 개선이 현격하게 이루어졌다는 점 등에 기인한다.

그러나, 2000년대 이후에는 이전과는 달리 실질가격 기준으로도 원자재 가격이 추세적으로 상승하는 모습을 보였으며 특히, 2000년대 후반 이후 2010년도 초반까지 원자재 가격은 사상 유례없는 수준까지 급등하는 모습을 보였다. 2010년대 중반 이후 원자재 가격은 하락세를 보였으나 여전히 2000년대 이전에 비하면 높은 수준에서 유지되고 있다.

원자재 가격의 급등이 장기간 지속되는 슈퍼사이클(supercycle)의 정의와 과거 나타났던 사이클 중 어떤 것이 슈퍼사이클인지에 대한 견해에 대해서는 아직 의견이 분분하다. 다만, 슈퍼사이클을 곡물, 광물, 원유 등 광범위한 원자재의 가격 변화가 10년 이상의 장기간 동안 유지되는 것이라고 정의할 때 그와 같은 사이클은 1800년대 후반 미국 경제의 성장기에 나타난 사이클과 2차대전 이후 유럽과 일본의 성장에 따라 1970년대까지 나타난 사이클을 꼽고 있다. 2000년대 중반 이후 나타난 중국, 인도 및 동남아의 산업화 및 도시화 등 경제성장에 따라 나타난 사이클도 다수가 슈퍼사이클로 보고 있다. 다만, 최근의 슈퍼사이클은 2015년 이후 약화되었으며 2020년 코로나19 확산 이전까지 원자재시장은 약세를 보였다.

3. 원자재시장의 국제화, 금융화

과거 원자재 시장은 국제적인 시장이 아니었고, 국가 내 또는 지역 내 시장이었다. 원자재 시장의 국제화는 1800년대 후반 증기기관 발전에 따른 철도와 증기선의 보급으로 시작되었으며, 1900년대 중반 이후의 선박 대형화, 선적 및 하역 효율화로 국제화가 본격화되었다. 화물 단위당 운송비의 급격한 하락으로 곡물, 원유뿐 아니라 철광석, 석탄 등 광물까지도 본격적으로 해양을 넘나들기 시작했다. 그 이전에는 많은 원자재는 지역 내에서 소비되거나 가공되어 공산품으로 수출되는 모습이었다. 운송수단의 발전에 따른 단위당 운송비 절감이 국제적인 원자재 시장의 본격화에 필수조건이었다.

운송수단 발전 외에 원자재 시장의 국제화에 필수적이었던 것은 트레이더(trader)들의 정보력에 의한 수요자, 공급자 연결과 금융기관의 신용 제공이었다. 석유 시장에서는 1960년대까지 이른바 7공주(Seven Sisters)로 불리는 석유 메이저가 암묵적 담합을 지속하며 시장에 영향력을 행사했고 그에 따라 시장기능이 약했다. 그러나 1971년 미국정부의 금태환 중지에 따른 달러 위상의 약화와 이후 1973년 OPEC 담합에 의한 유가 급등으로 트레이딩 이익이 크게 증가하자 금융기관들이 시장에 본격 참여하였다. 트레이더들이 세계 각지의 석유를 조달하여 필요로 하는 곳에 공급하는 것이 활성화되었고 시장 기능을 통한 원자재 조달, 거래 및 공급의 국제적 체계가 갖추어졌다. 이후 이러한 추세는 광물과 곡물시장으로 이어진다.

그림에도 원자재 시장은 1980년대, 1990년대 중에는 큰 관심을 받지 않는 시장이었다. 대부분의 원자재는 공급이 수요를 초과했으며 그에 따라 가격은 부진한 상황이 지속되었다. 또한, 기술 발달로 단위 생산에 소요되는 원자재는 감소했으며 그에 따라 수요 성장도 느리게 나타났다. 낮은 가격과 수익성에 변동성이 낮은 기간이 오래 지속되었고, 자본시장의 투기적 수요 그리고 기관투자자에게 외면받는 시장이었다. 또한, 공급이 충분한 시장에서 자원안보 관련 이슈는 대두되지 않았으며 주요 국가의 개입 수준도 낮았다.

이러한 사정은 2000년대 들어 급변했는데 이는 중국, 인도 등 신흥국들의 경제성장이 본격화되면서 자원의 수요가 빠르게 증가한 반면 장기간의 투자 부진으로 설비가 낙후되어 공급이 수요를 못 따라갔기 때문이다. 또한, 공급 증설에는 시간이 소요되었기 때문에 공급 부족이 지속 확대되어 나타났다. 이에 에너지, 광물, 곡물 등 원자재 시장 전반의 가격이 크게 오르는 모습을 나타냈고 변동성도 높아졌다. 또한 선진국들도 국가 차원의 자원 확보가 필수적이라는 것을 새삼 다시 깨닫게 되면서 장기간의 무관심에서 벗어났으며, 1960~70년대 이후 오랜만에 자원안보가 이슈로 다시 대두되기도 했다.

원자재 가격이 추세적으로 상승하며 변동성도 높아지고 원자재 관련 기업의 이익이 급증하자, 2000년대 중반 이후 원자재 시장은 모두가 높은 관심을 보이는 시장이 되었으며 헤지펀드 등 투기적 수요와 함께 연기금 등의 장기투자도 크게 확대되는 모습을 보였다. 월가를 중심으로 국제금융계에서 원자재 가격을 주가 및 금리 등과 같이 전면에 게시하는 관행은 이때부터 본격화되었다.

원자재 관련 선물 및 옵션거래는 2000년대 들어 최근까지 10배 이상 성장했으며, 금융시장에서 전체 선물 및 옵션거래에서 차지하는 비중도 2000년대 초반 10% 수준에서 최근에는 20%에 근접하는 수준까지 확대되었다. 증가된 이익과 함께 투자자로부터 자금을 확보한 기업들은 원자재 시장에 대규모 투자를 감행했으며, 결국에는 수요 증가를 상회하는 대규모 공급능력 확충이 이루어져 2010년대 중반에는 대부분의 원자재 가격이 고점 대비 약 40% 하락하는 모습을 보이게 된다.

단위 생산자의 시장 내 비중이 작고 국제적으로 수급이 형성되는 시장에서, 특히 수요의 변동성이 높고 공급의 탄력성이 낮은 산업에 있어 생산자는 수급 불일치 규모와 기간에 대해 예상이 어렵기 때문이 호황일 때 일단은 너도나도 투자하게 된다. 공급 부족이 해소되더라도 투자 진행 중인 설비의 물량까지 공급되면서 공급과잉은 그 규모가 확대되고 가격은 폭락하게 된다. 이럴 경우 경기 호황기에 증설된 공급능력에 이르기까지의 수요가 증가하는 시간은 보통은 장기간이며 때로는 10년이 넘는 장기간 동안 불황이 지속되는 경우도 있다.

2000년대 중반에서 2010년대 초반까지 나타났던 원자재 시장 호황은 남미, 아프리카를 가리지 않는 국제적인 호황이었으며 또한 관련 금융을 크게 활성화시킨 호황이었다. 그에 따라 금융자본까지 합세하여 세계 각지에서 대규모 투자가 이루어져 신흥국의 빠른 수요증가로도 단기간에 해소되지 않는 큰 폭의 공급과잉에 이르렀으며 그 결과 2016년 이후 2020년 코로나19 확산 전까지 원자재 시장은 부진한 모습을 보였다.

4. 자원민족주의와 자원안보

국외에서 도입하는 원자재가 특정 국가 또는 기업의 소요량에서 높은 비중을 차지할 경우 원자재 공급에 문제가 발생한다면 국가 또는 기업의 운영에 차질을 빚게 된다. 역사적으로도 국가 또는 기업 차원에서 원자재를 안정적으로 확보하기 위한 다양한 노력을 해왔으며, 때로는 전쟁에 이르기까지도 했다. 한편, 국외로부터의 수입 물량 확보 자체도 중요하지만 높은 가격 변동성과 높은 수준의 가격도 문제가 된다. 특히, 원자재 시장에는 안정적인 수급 전망을 어렵게 하는 여러 위험요소가 존재한다.

지정학적 위험은 가장 큰 골치거리이다. 광물자원에 있어 코발트를 가장 많이 생산하던 콩고에서 1976년 정변이 발생하여 생산이 감소하자 가격이 4~5배 폭등했던 바 있으며, 1979년 이란에서 종교혁명이 일어나고 이후 이란-이라크 전쟁이 발발하자 원유 공급이 감소하며 유가가 두 배 이상 급등했던 바 있다. 2010년에는 중국이 일본과의 영토분쟁 등에 따라 희토류 수출을 축소하자 가격 급등뿐 아니라 산업 생산에 차질이 발생하는 문제가 발생하기도 했다.

원자재 시장에서는 카르텔도 문제다. 2차대전 이후 독립된 저개발 자원 보유국에서 자원민족주의가 대두되며 자원의 권리에 대한 국영화가 많은 국가에서 진행되었고 그러한 국가들은 자원 수출의 대가를 높이기 위해 카르텔을 형성하려는 모습을 보였다. 특히 1970년대 초반 석유 수요의 급증과 가격 상승에 따라 다국적 석유기업들이 큰 이익을 향유하자 이에 대응하여 석유수출국연합(OPEC)이 유가를 크게 올리는 데 성공한 모습을 본 다른 자원수출국 들은 보크사이트(Bauxite), 우라늄(Uranium), 구리(Copper), 철광석(Iron Ore) 등의 광물별로 카르텔을 형성하려는 모습을 보였고, 일시적으로 담합에 성공하기도 했다.

그러나, OPEC을 제외하면 카르텔 성공에 필수적인 수요 및 외부 공급의 가격에 대한 낮은 탄력성과, 소수 공급자에 대한 높은 집중도, 그리고 공급자간 긴밀성 등의 조건이 충족되지 않으면서 약화되거나 와해되는 모습을 보였다. 어찌되었든 이러한 가격 담합 시도도 원자재 가격의 예측 가능성을 낮추는 원인으로 작용하고 있다.

원자재 확보를 위한 가장 확실하고 오래된 수단은 군사력이다. 일본과 독일도 원자재 확보를 위해 군사력을 이용했고 전쟁도 불사했으며 결국 2차대전으로 이어졌다. 2차대전 이후 해군력을 동원한 페르시아만의 석유 운송 안정성 확보도 그 대표적 사례다. 군사력 외에 자원 확보를 위해서 국가 간 협정을 체결하기도 하고, 때로는 정치적 및 군사적 지원도 하며, 원조나 우호적인 조건의 상호간 무역협정 등의 수단도 활용한다. 미국과 사우디 아라비아 간의 관계가 대표적이다.

기업 차원에서도 원자재 확보 및 변동성 대응을 위한 수단이 다양하게 시도되어 왔는데, 수입처 다변화가 가장 주요한 대안이다. 그러나, 국가별, 지역별 다변화를 통한 수입은 부존자원이 특정 지역에 집중되어 있을 경우 쉽지 않을 뿐 아니라, 다변화 시 규모의 경제 희생 등 추가 비용이 발생하게 된다.

2차대전 직후인 1950~60년대에는 해외 자원에 대한 직접적 소유를 통해 안정적 수입을 도모하는 것이 승전국인 미국, 영국, 프랑스 등의 다국적기업을 위주로 해서 대세로 자리 잡았었다. 해외 자원에 대한 직접투자와 소유권 확보를 통한 후방 통합은 안정적 물량 확보뿐 아니라 가격변동 대응에 있어서도 효과적이었다. 그러나 다국적기업을 통한 후방 통합은 1960~70년대에 독립한 자원 보유 저개발국가가 자원을 국유화하면서 큰 손실을 안겼으며, 그

기능과 목적을 상당 부분 상실했다. 경제적 소유권을 유지하는 경우에도 해당 자원이 자원 보유 저개발국가의 경제의 중요 부분을 차지하는 경우 정부의 관여 등으로 안정적 확보가 쉽지 않은 경우가 많았다.

승전국이었던 영미계 기업과는 달리 패전국이었던 일본과 독일의 기업은 장기계약을 통한 자원 확보의 방법을 선택했다. 장기계약은 금융, 기술 지원 등을 포함하는 경우도 많았다. 금융 지원이 이루어진 경우에는 그 차입금이 상환될 때까지 계약이 유지되었으며, 계약에는 정해진 물량과 함께 시장가격을 반영하는 등 가격을 설정하는 조항이 함께 포함되었다. 계약을 통한 자원 확보는 계약이 유지되는 한 안정적이었으나, 단점은 국적과 이해가 다른 기업 간의 계약일 경우 이행을 강제할 수단이 부족했다는 점이다.

결국 소유를 통한 자원 확보는 보통은 효과적이나 국유화 등 정치적 위험에 따라 경제적 손실이 클 수 있었고, 계약을 통한 자원 확보는 국유화 등을 통한 직접적 손해는 크지 않을 수 있었으나 강제할 수단이 약해 때론 추가 비용이 드는 단점이 있었다.

그런데, 2000년대 들어 중국, 인도 등 신흥 경제국이 자원 확보에 나서면서 전방위적으로 해외 자원에 대한 소유권 확보에 나섰는데, 대규모 투자가 이루어진 국가들 중 많은 경우가 높은 정치적 불확실성과 위험성을 안고 있는 국가라는 점이다. 특히, 중국은 자국 은행을 통해 아프리카 각국의 에너지 인프라에 300억 불 이상의 대출을 지원하며 자원 확보를 추진하고 있다. 2000년대 이후 정부간의 협약, 금융지원, 소유권 확보 등을 통해 저개발 자원 보유 국가의 자원을 확보를 도모해 온 중국 등 신흥 경제국의 장기적 성과는 향후 지켜봐야 할 사안이다.

이외에도 원자재 시장의 변동성 등에 대응하기 위해 폭넓게 사용하는 수단은 비축재고의 활용이다. 2차대전 직후 발발한 한국전쟁에서부터 본격화된 국가 차원의 주요 원자재 비축재고 활용은 그 품목 및 규모에 있어 1970년대 초반에 정점을 찍었다. 한때 미국의 주석(Tin) 비축재고는 전 세계 사용량의 1년치에 달하기도 했다. 그러나, 미국이 1970년대 중반 이후에는 주로 군사적, 안보적 목적에 따라 보유하던 비축재고의 전략적 소요를 재검토하며 비축재고를 추세적으로 감소시키기 시작했고, 다른 나라들도 그러한 동향에 편승하면서 세계적 차원의 비축재고는 감소하는 모습을 보였다.

당시 비축재고의 광범위한 활용은 여러 문제가 있었는데 먼저, 비축재고는 설비 확보 및 재고보유 등에 대규모 비용이 소요되었다. 또한, 지정학적 위험 등 불안정한 수급 발생에 따라 가격이 상승할 때 비축량을 늘리고, 긴장이 완화되어 가격이 하락할 때 비축량을 축소시키는 모습을 보였는데 이는 오히려 전략적 비축 및 방출이 원자재 시장의 변동성을 키우는 부정적 결과를 초래했다. 그럼에도 불구하고 비축재고는 자원안보 도모 및 가격 안정화 목적으로 여전히 많은 국가에서 활용하고 있다.

5. 중국의 부상과 시장경제

1930년대의 대공황, 2차 세계대전, 식민지 해체, 미국과 소련의 냉전, 미국의 국제 원자재 시장에 대한 의존도 심화, 저개발국의 자원 수출 의존도 심화 등의 시기에 있어 국가들의 원자재 시장 개입이 광범위하게 나타났던 바 있다. 또한, 1960년대 및 1970년대에 식민지에서 벗어난 저개발국에서 자원 민족주의가 확산되며 직접적으로 국가가 개입하며 영미계 다국적 원자재 기업의 해외 자원 투자에 있어 상당한 손실이 나타났던 적도 있다.

그러나, 1980년대 이후 미국의 레이건 대통령, 영국의 대처 수상 등이 자유주의 시장경제를 내세우며 정치적 필요에 따른 개입을 최소화했고, 그 결과 경제적 필요에 따른 활동이 힘을 받으며 국제 원자재 시장에서 시장 기능이 활성화되는 모습을 보였다. 이후 원자재 시장에서 사유화가 본격화되었으며, 기존 주요 참여자였던 영미계 원자재 기업과 트레이딩 기업들이 정보력과 자본력을 앞세워 세계무대에서 활동을 확대하는 결과가 나타났다. 또한, 시장 가격에 따라 활발히 거래되는 투자의 장이 섰으며, 변동성을 헤지하기 위한 선물시장 역시 그 규모가 같이 확대되었다. 그 결과 원자재 시장은 자본시장의 한 축을 담당하는 수준까지 성장하게 되었다.

그러나, 2000년대 이후 중국의 자원 수입국으로서의 부상, 특히 최근 기준 전 세계 광물자원 수입의 과반을 차지하는 수입국으로서의 압도적 지위는 세계 원자재 시장의 판도를 근본적으로 바꿔 놓았다. 중국이 사회간접자본 확충과 공장 및 주택 건설투자 확대 등 자원 집약적인 개발 단계를 지나고 있다고 볼 때 중국이 세계 광물자원 수입에서 차지하는 비중의 증가 속도는 둔화될 수 있으나, 높은 비중은 상당 기간 유지될 전망이다.

주요 산업금속 광물 및 제품 생산국

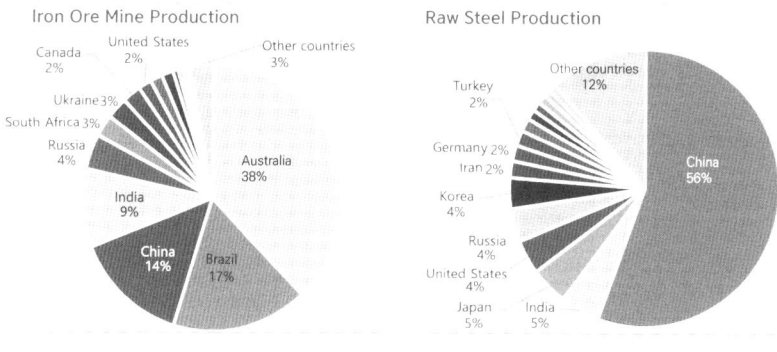

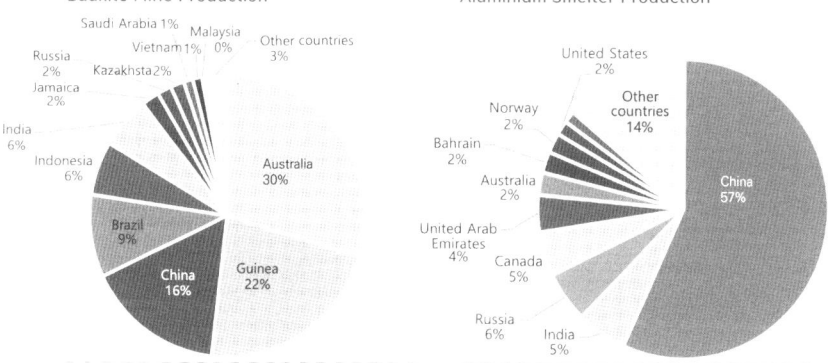

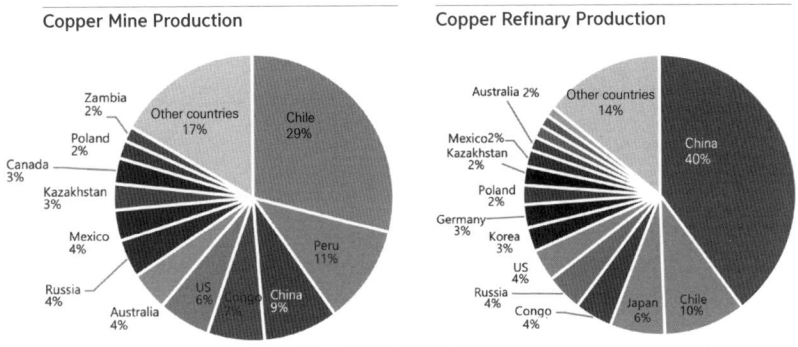

자료: U.S. Geological Survey, Mineral Commodity Summaries 2021 (2020년 추산치 기준)

    2차대전 이후 자원민족주의에 따라 다수 국가에서 국영화되긴 했지만 대부분의 원자재들은 시장경제를 통한 자본 투자 등을 통해 개발되고 거래되어 왔다. 그런 원자재 시장에 중국이 광범위한 종류의 광물을 대량 수입함에 따라 광물자원을 보유한 남반구의 국가들, 예를 들면 호주, 브라질, 칠레, 페루, 콩고, 앙골라 등의 국가가 본격적으로 원자재 시장에 참여하기 시작했다. 그러나, 중국과의 거래에 있어 상당 부분은 국영기업을 내세운 중국과 자원 수출국 간의 국가 간 거래 형태를 띠면서, 그리고 교섭력이 개선된 자원 수출국이 독자적 정책을 채택하면서 수십년간 유지되어 오던 시장경제의 규율을 상당 수준 약화시키거나 대체되는 결과가 나타나고 있다.

    더 나아가 최근에는 중국이 전략 재고의 비축 및 방출, 국영기업의 재고 수준 조절, 투기적 거래 차단 등을 통해 세계 원자재 가격을 통제하려 하고 있다. 이에 따라 다수의 거래 참가자가 시장경제를 통해 효율성 높은 시스템을 운용해왔던 과거와 다른 메커니즘이 부가되고 있으며, 중국은 원자재 가격 통제를 위해 호주 등과 갈등을 빚고 있다. 광물, 곡물 등 다양한 주요 원자재에서 과반에 이르는 수요 비중을 차지하는 중국의 정책이 중요해지면서 최근 원자재 시장에서는 시장경제와 통제경제와의 공존 및 갈등이 나타나고 있다. 최근 주요 광물자원 시장 참여자들은 가격을 전망함에 있어 중국의 정책을 우선적으로 고려하고 있으며, 중국의 압도적 지위에 따른 영향력은 해당 자원 보유국에 대한 금수조치 또는 경제제재 외에는 통제할 방법이 없다는 불만도 나오고 있다.

원자재에 대한 국가의 지원과 통제는 2010년을 전후한 원자재 사이클 당시 자원 확보에 국가 차원에 관심을 보이기 시작하면서 냉전시대 이후 다시 이슈가 되었으며 2020년 전후하여 미중 갈등이 본격화되면서 그 정도가 심해지는 모습을 보이고 있다. 특히, 중국이 다양한 자원의 확보 및 가격에 있어 자국의 이해 관철을 위해 국가 차원의 개입을 보이고 있으며, 이와 같은 중국에 대응해 미국도 희토류 등 주요 전략자원 위주로 개입의 수준을 높이고 있다.

1, 2차 세계대전과 식민지 해체 및 냉전 등을 거치며 원자재에 대한 권리와 개발, 교역에 있어 국가의 개입이 높았던 1930년~1980년 50년의 시대, 그 이후 자유화의 시대인 1980년~2020년 40년이 지

난 지금 중국의 개입 강화와 그에 대응하는 미국의 개입 강화가 나타나고 있으며, 우크라이나 전쟁 발발 이후 러시아도 본격적으로 자원을 무기화하고 있어 미소 냉전시대 이후 다시 정치적 목적에 따라 자원 통제를 강화하는 시대가 도래할지, 그리고 그렇게 된다면 어떻게 될지 지켜봐야 한다.

6. 최근 원자재사이클 배경과 그 향방

주요 원자재 가격추이

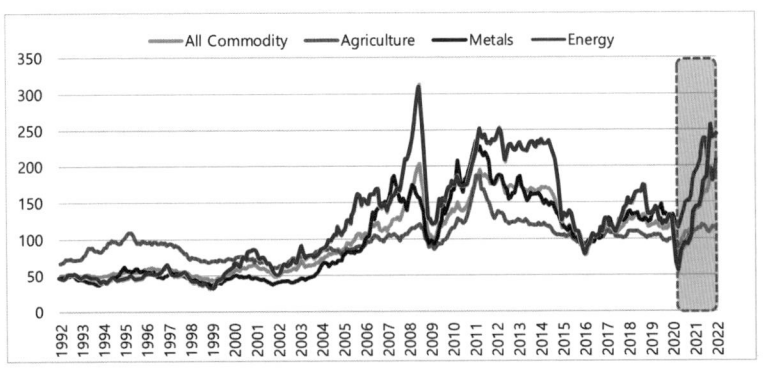

자료: IMF Global Data, Primary Commodity Prices, 2016=100

　2021년 세계 5대 광물생산기업(BHP, Rio Tinto, Vale, Glencore, Anglo American)의 당기순이익은 사상 최고치의 실적을 보였다. 또한 세계 5대 원유생산기업(Royal Dutch Shell, BP, Exxon Mobil, Total, Chevron)의 당기순이익도 이전 호황기 수준에 육박하는 규

모를 보였다. 주요 광물가격과 유가가 2020년 하반기 이후 추세적으로 크게 상승한 데 따른 결과였다. 2021년 상반기에는 광물기업 이익의 가장 큰 비중을 차지하는 철광석의 가격은 역사상 최고치에 이르는 모습을 보였다. 특히, 2020년 하반기 이후 곡물 및 유가까지 급등하며 원자재 가격이 전반적으로 상승하였다. 이와 같은 광범위한 원자재 가격 상승은 세계적인 차원에서의 인플레이션 부담을 발생시키고 있다. 또 한번의 호황 사이클이 왔다는 의견이다. 다만 전망은 다소 엇갈린다.

2020년 하반기 이후 원자재 가격 상승의 원인으로 볼 수 있는 요소는 다양하다. 먼저, 코로나19의 영향을 상쇄시키고자 하는 각국 정부의 대규모 유동성 공급이 있었다. 그리고, 세계 경제의 빠른 회복에 따른 공산품 수요 증가, 코로나19에 따른 공급망 차질 발생으로 공급이 제약되며 수급이 타이트해졌다. 여기에 2010년을 전후한 호황 이후 10여 년간 증가된 수요 대비 투자가 부진했고 그에 따라 공급능력 확충이 부진했던 점도 작용했다. 또한, 2010년을 전후한 대규모 투자 이후 낮은 가격으로 어려움을 겪었던 광물기업과 2020년 급락한 유가로 다수가 부도의 상황까지 이르렀던 미국 셰일오일 기업들이 최근에는 이익 확대에도 불구하고 설비 확충에 소극적인 모습을 보이고 있다. 친환경 산업의 부상으로 구리, 알루미늄, 니켈, 리튬, 코발트 등 관련 원자재의 수요가 크게 증가한 점 또한 전반적인 원자재 가격 상승에 일조하고 있다.

특히, 최근의 우크라이나 전쟁 발발로 본격화된 서구권과 중국, 러시아 간의 체제 경쟁이 세계적 공급망 디커플링에 영향을 본격화하고 있으며 자원을 무기화하고 있어 원유, 광물, 곡물의 수급 및 가격 변동성을 높이고 있다. 인플레이션 발생에 따른 실물 자산 수요의 증가 가능성과 그에 따른 투자 및 투기적 수요 등으로 사이클이 장기화될 수 있다는 의견도 있다. 미국정부가 인프라 확충을 위해 대규모 투자를 집행하기로 한 점도 가격 상승을 뒷받침할 수 있는 요소이다.

다만, 이번 호황이 일시적인 것이라는 전망을 뒷받침하는 요소들도 있다. 2010년을 전후한 호황 시 금융자본까지 합세하여 이루어진 대규모 투자와 그에 따른 공급능력 확충은 최근의 수요 증가에도 불구하고 전체적으로 여유가 있다는 것이다. 코로나19 직전까지 전반적 원자재 업황이 부진했던 점은 이를 뒷받침하고 있다. 최근의 수급 불일치는 코로나19로 공급이 제약된 반면, 수요는 경기 반등 시기의 가수요까지 겹치며 나타난 결과로 볼 수도 있다. 코로나19 확산 이후 회복기에 전자제품, 자동차, 주택 등 내구재 소비가 크게 증가했으며 이는 원자재 수요 증가로 이어졌다. 그러나, 향후 가수요는 축소되어 내구재 수요는 정상화되고, 소비는 서비스 위주로 증가할 가능성이 있다. 또한, 최근 미국의 인플레이션은 상당 부분 중고차, 유가 상승 등 경기 회복기의 일시적 요인에 의한 것임을 감안할 때 인플레이션에 따른 실물 자산 수요 확대 또한 확실치는 않은 요소이다.

  원유 가격은 지난 1년간 크게 상승했지만 이는 2020년 원유 가격의 급락에 따른 미국 셰일 기업의 부도 등으로 미국의 생산이 크게 감소한 가운데 OPEC+가 공급량을 통제하면서 나타난 것이지 공급능력이 부족한 데 따른 것은 아니다. 정치적 이슈 해소를 통해 이란, 베네수엘라 등이 세계시장에 원유 공급을 재개할 수도 있다. 철광석 공급의 제약도 브라질 광산의 댐 붕괴에 따른 공급 축소와 코로나19에 따른 광산 노동자 휴업 등으로 축소된 부분이 크지 공급능력 자체가 부족한 것은 아니다. 구리의 가격상승 또한 페루, 칠레, 브라질 등 남미 주요 생산국에서 자원민족주의 강화와 광산 노동자 파업 등에 따라 공급이 제한된 것이 주요한 원인이다. 기타 광물 중 재생에너지 및 전기차 관련된 원자재의 경우에는 중장기적으로는 공급능력이 부족할 것으로 예상되지만 지엽적인 시장이다.

  과거 원자재 사이클은 50년대 한국전쟁에 따른 세계 전쟁 재발 공포, 70년대 일본 및 유럽의 고성장에 따른 수요 급증, 그리고 2000년대의 중국의 경제개발 본격화에 따른 수요 급증 등 전 세계적인 차원에서의 구조적 수요급증이 원인이었는데 이번 가격 상승기에는 그에 비해 이를 뒷받침할 만한 이렇다 할만한 구조적 대규모 수요 증가 요인이 약하다.

  수급 전망 외에 중국이 이제는 변수로 작용한다. 2020년 하반기 이후 산업 생산 증가로 원자재 가격이 급등세를 보이자 중국은 2021년 들어 원자재가격 안정화를 위해 자국 내 철강 생산 확대 제한 및 생산기업 재고 축소 도모 등의 노력을 해왔으며, 국영기업들에게 무리한 해외 원자재 고가매입을 줄이라는 지시를 내렸다. 특히 2021년 이후에는 구리, 알루미늄, 아연 등 산업용 광물의 비축재고 방출을 시작하며 가격통제를 본격화하고 있다.

중국은 주요 산업광물에 대해서 다량의 비축재고를 보유하고 있고, 이를 이번과 같은 가격 급등 시기에 방출하고 있는데, 얼마나 보유하고 있는지 얼마나 방출하고 있는지는 밝히지 않고 있다. 중국정부의 다각적인 가격 안정화 노력의 결과로 급등하던 산업광물의 가격이 일정 기간 안정세를 보이기도 하지만, 시장 수급 이상의 영향력을 장기적으로 행사하는 것이 가능할까?

2021년 이후 나타난 원자재 호황이 장기적으로 이어질 것인지 아니면 단기적으로 끝날 것인지, 여기에 서구권과 중국 및 러시아 간의 체제 경쟁이 어떠한 영향을 미칠 것이지, 그리고 중국의 정책은 어떠한 영향을 미칠 것인지는 지켜볼 일이다.

7. 마치며

2021년에 한국 조선사들은 비교적 양호한 수주실적에도 불구하고 손실을 보였다. 반면 철강사들은 2000년대 후반 이후 10여 년 만에 가장 큰 이익을 보였다. 후판, 냉연강판, 철근 등 주요 철강재 가격이 크게 상승했기 때문이다. 특히 수급이 철강사에게 유리하게 전개되었기 때문인데 이는 중국의 철강 생산 확대 제한에 따라 수급이 타이트해지며 나타난 현상이다. 만약 중국이 철광석 가격 상승에도 과거와 같이 철강 생산 확대를 지속했다면 국내 철강사들은 불리한 제품 수급 하에서 원재료비 부담이 늘어 부진한 실적을 보였을 것이다.

중국은 생산량 축소의 노력과 함께 철강제품 수출 축소를 위해 증치세 환급을 중단하였다. 이는 철광석 가격의 급등을 통제하고 국가 전체의 탄소 배출량 관리를 위한 것이었다. 중국의 정책이 치솟던 철광석 가격 상승을 멈추게 했으며, 철강시장의 수급 상황을 호전시킨 셈이다. 철광석 시장뿐만이 아닌 알루미늄, 구리 등 주요 산업광물에 있어 중국의 영향력은 수급과 함께 중요 고려 요소이다. 국내 배터리 제조사들은 수주 확대 및 생산량 증가에도 불구하고 영업손실이 확대된 때가 있었는데, 이때 배터리 제조에 소요되는 코발트, 니켈 등 원자재 가격의 급상승이 크게 영향을 미쳤다. 결국 철강, 비철, 조선, 자동차, 기계 및 2차 전지 등 광물을 주요 원자재로 하고 있는 국내 주요 제조업의 수익성은 광물 원자재 시장의 수급과 중국정부의 정책에 따라 크게 영향받고 있는 셈이다.

기술 개발을 통한 품질 경쟁력 확보와 매출 확대를 통한 시장지위 확보가 제조업의 기본이지만 원재료 확보 또는 원가관리의 실패로 손실을 보게 된다면 장기적으로 경쟁력 유지가 어렵다. 원자재 시장의 특성상 변수도 많으며 변동성도 크고 예측도 쉽지 않다. 그러나, 상황에 맞는 적절한 대응이 있을 때 경쟁력 유지가 가능하다.

참고자료

Javier Blas, Jack Farchy "The World for Sale: Money, power and the traders who barter the earth's resources" Oxford University Press 2021

Nicholas Jepson "In China's Wake: How the commodity boom transformed development strategies in the global south" Columbia University Press 2020

Daniel Yergin "The New Map: Energy, climate and the clash of nations" Penguin Press 2020

Marian Radetzki, Linda Warell "A Handbook of Primary Commodities in the Global Economy" Cambridge University Press 2020

Rhiannon Hoyle "Iron-ore prices tank as China's steel output slows" Wall Street Journal, Aug 23 2021

Rhiannon Hoyle, Ryan Dube "Governments want to cash in on miners' ballooning profits" Wall Street Journal July 12, 2021

Javier Blas "Commodity traders harvest billions while prices rise for everyone else" Bloomberg News June 29 2021

Neil Hume "Iron ore sinks from record high on concerns over China crackdown" Financial Times May 14 2021

James Kynge "Africa eats up lion's share of Chinese lending" Financial Times March 11 2018

2부
금융시장

격변기 증권업을 바라보는 신용평가사의 시각

이혁준

1. 글로벌 신용평가사의 국내 증권사에 대한 등급액션

코로나19 팬데믹(Pandemic : 전염병 세계적 대유행)이 발생했던 2020년에는 글로벌 신용평가사가 부여하는 국내 증권사 신용등급에 상당한 변동이 있었다. 복수 증권사에 대해 신용등급을 부여 중인 S&P와 Moody's의 신용등급 조정은 상이한 모습을 보였다. S&P는 유효등급 부여 4개 증권사 중 1개사에 대해서만 등급전망을 Stable에서 Negative로 하향조정했다. Moody's는 유효등급 부여 7개 증권사 모두를 등급감시 하향검토(↓) 대상에 등재한 뒤 3개월 후 검토 대상에서 제외하였다.

S&P와 Moody's의 등급액션은 대조적이었다. 이는 갑작스러운 팬데믹이 증권업에 미치는 영향에 대한 판단 차이 때문으로 보

인다. S&P는 코로나19가 증권업의 사업환경에 부정적 영향을 미칠 것으로 생각하지만, 개별 증권사에 대해서는 신용위험이 부각된 일부 회사에 대해서만 등급전망을 Negative로 변경하고 등급하향은 시간을 두고 지켜본 뒤 결정하겠다는 입장이었다. 반면, Moody's는 코로나19가 증권업에 미치는 파급효과를 단정적으로 판단하고 유효등급을 보유한 모든 증권사에 등급액션을 단행했다.

신용평가사는 예측하지 못했던 Credit Event가 발생하여 등급조정의 가능성이 매우 높아졌다고 판단할 때 등급감시(Credit Watch)를 부여한다. Credit Event의 예로는 최대주주 변경, 합병, 분할, 분식회계, 금융위기적 상태 등을 들 수 있다. 신용평가사는 등급감시 부여 후 통상적으로 90일 이내에 등급조정 여부를 판단하여 공시한다. 등급감시 하향검토(↓)가 부여된 회사의 신용등급은 1노치를 넘어 2~3노치 하향 조정되는 경우도 적지 않다.

Moody's는 2020년 4월 유효등급이 있는 7개 증권사 모두를 등급감시 하향검토(↓) 대상에 등재한 뒤 3개월 후 등급전망(Credit Outlook)을 다시 부여하였다. 5개사는 Stable, 2개사는 Negative였다. 등급조정은 없었다.

2. NICE신용평가의 증권업에 대한 시각

NICE신용평가는 2020년 상반기 중 증권사에 대해서는 등급액션을 하지 않았다. 그러나 내부적으로는 가장 치열한 검토와 분석이 시행되었던 업종이 증권이었다. 증권은 코로나19 팬데믹의 영향으로 2020년 1분기 실적이 크게 악화되었고 향후에도 수익성과 유동성이 상당 기간 높은 수준의 변동성을 나타낼 것으로 예상되었기 때문이다.

내부 검토 및 분석 결과 증권업에 대해서는 신용등급 방향성을 기존 '안정적'에서 '부정적'으로 변경하여 대외적으로 발표하였다. 아울러 3대 리스크 요인인 파생결합증권, 우발채무, 해외대체투자 익스포져가 큰 대형 증권사들이 향후 수익성, 자산건전성 및 유동성에 큰 도전을 받게 될 것이라는 견해를 밝혔다.

NICE신용평가는 증권업 신용등급 방향성에 대한 견해 표명과 별개로 리스크가 높아진 대형 증권사의 신용등급 조정 여부에 대한 정밀검토에 착수하였다. 대형 증권사는 코로나19 팬데믹 직후 수익성과 유동성이 크게 악화되어 신용등급 하방 압력이 커졌다. 그러나 정부 차원의 대규모 유동성 지원이 확대되었고, 증권사 자체적으로도 유동성 확보 및 재무구조 개선 계획이 진행 중이었다. 최근 수년간 추진되어 온 금융당국의 증권사 대형화 정책의 결과 초대형 IB(Investment Bank)의 총자산 및 자기자본 규모는 하위권 시중은행에 버금가는 규모로 성장한 상태였다. 이는 대형 증권사의 유동성이 악화될 경우 경제시스템의 문제로 확산될 가능성이 높음을 의미했다. 따라서 정부의 지원은 과거 금융위기 시 은행권에 제공되었던 구제금융(Bail-out)을 연상시킬 정도로 대규모였고, 의지 또한 강하였다. 각국 중앙은행의 천문학적인 유동성 공급에 힘입어 글로벌 금융시장은 빠르게 회복되는 추세였다. 이에 힘입어 1분기 악화되었던 증권사 실적도 2분기 이후에는 반등이 예상되었다.

NICE신용평가는 이러한 점을 종합적으로 고려하여 개별 증권사에 대해서는 섣불리 신용등급을 조정하지 않고 좀 더 면밀한 모니터링을 지속한 후 최종적인 판단을 하기로 결정하였다. 이것은 증권사의 당시 신용등급이 안정적이라는 의미는 아니었다. 실물경기는 위기에 직면했고 증권업은 이러한 환경으로부터 결코 자유롭지 않았다. 신용등급 조정압력이 존재했으나 등급액션까지 이어지기 위해서는 더 많은 정보가 필요했다.

3. 금융위기에서의 신용평가 – Self-fulfilling을 경계해야

세계보건기구(WHO)의 코로나19 팬데믹 선언 직후 글로벌 금융시장은 무섭게 요동치기 시작하였다. 미국의 Dow Jones 지수는 1929년 대공황 시기에 버금가는 급격한 폭락세를 보였고, 다른 나라의 주가지수 역시 마찬가지였다. 국제 유가와 환율도 상상을 뛰어넘는 변동성을 보였다. 많은 사람들이 2008년 글로벌 금융위기와 그 이후 장기간 지속되었던 경기 침체를 머릿속으로 떠올렸을 것이다.

이러한 상황에서 불과 3개월 만에 각국의 주가지수가 V자 형태로 회복될 것을 예상하기는 어려운 일이다. 특히 증권은 금융업권 중 가장 실적 변동성이 높은 업종이다. 신용평가사는 코로나19 팬데믹이 급격히 확산되는 와중에 증권사의 단기적 실적 변동과 더불어 중장기적 전망을 종합적으로 판단하여 신용등급을 결정해야 했다. 판단을 내린 신용평가사는 등급액션을 했고, 좀 더 결정적인 확신이 필요했던 신용평가사는 등급액션을 유보하였다.

시시각각으로 발생하는 변화를 반영하여 수시로 신용등급이 변동된다면 신용등급은 투자자의 투자의사 결정에 활용되기 어려울 수 있다. 또한 신용등급이 수시로 변동된다면 등급변동의 자기실현(self-fulfilling)에 빠질 위험이 있다. 즉, 신용등급이 조정된 이후 낮아진 신용등급으로 인해 영업활동이 더욱 위축되고 신용등급이 더욱 하락되는 악순환을 발생시킬 수 있다. 이러한 경우에는 신용등급의 효용성이 저하된다.

코로나19와 같은 이례적인 대형 변수는 사업환경에 큰 변화를 가져오므로 신용등급 방향성에도 영향을 미친다. 전례를 찾아보기 힘든 특이한 케이스라는 점에서 개별 회사의 신용등급은 이로 인한 일시적 실적 변동보다는 중장기적 변화에 초점을 두고 조정 여부에 대해 더욱 신중해야 한다.

이러한 관점에서 볼 때 코로나19에 대한 단기적 판단을 근거로 특정 업종의 모든 기업을 일괄적으로 등급감시 하향검토(↓) 대상에 등재한 뒤 3개월 만에 다시 예전 신용등급으로 복원시키는 등급조정은 금융시장과 투자자 모두에게 혼란을 초래할 수 있다. 신용등급은 주식가격과 같이 가볍게 내려가고 올라가는 것이 아니다. 금융위기적 상황에서 신중하지 못한 섣부른 등급조정은 한국의 금융시장에 추가적인 대형 위기를 발생시킬 수도 있었다.

2020년 증권업을 둘러싼 급격한 사업환경 변화는 신용평가사로 하여금 많은 생각과 고민을 하게 만들었다. 이러한 경험을 바탕으로 국내외 신용평가사가 보다 성숙하고 깊이를 더한 모습으로 발전할 수 있기를 기대해 본다.

중금리 대출의
추억

이혁준

1. 비어있는 운동장

GE캐피탈(GE Capital Corporation)은 2000년대 초반 세계 최대 비은행금융회사이자 가장 높은 신용도를 자랑하는 기업이었다. S&P와 무디스로부터 최고 신용등급인 AAA/Stable과 Aaa/Stable을 부여받고 있었다. 외환위기 이후 한국의 여신전문금융회사들은 앞다투어 기존 '△△할부금융'이나 'XX리스'에서 'OO캐피탈'로 사명을 변경하였다. 벤치마크 대상으로 삼고 있던 GE캐피탈과 같은 초우량 금융회사가 되고 싶다는 의지의 표현이었다.

GE캐피탈은 한국에 'GE캐피탈코리아'란 자회사가 있었다. GE캐피탈코리아는 1995년 설립 이후 1999년까지는 외환위기 발생에 따른 불안정한 경제상황을 고려하여 적극적인 영업활동을 펼치지 않았다. 2000년 이후 경기가 회복되고 나서야 영업을 확대하기 시작했다. 그 과정에서 GE캐피탈코리아 경영진과 면담을 할 기회가 있었다. 미국인 임원은 가장 역점을 두고 추진 중인 사업계획을 묻는 질문에 '중금리 대출'이라고 대답했다.

"GE캐피탈은 오랜 기간 한국의 금융시장을 지켜보아 왔다. 그러던 중 이상한 점을 발견했다. 미국의 경우 고신용자, 중신용자, 저신용자 모두에게 각자의 신용도에 맞는 대출금리를 제시하는 금융회사가 있다. 고신용자는 은행, 중신용자는 GE캐피탈 같은 비은행금융회사, 저신용자는 그보다 더 높은 금리로 대출해 주는 금융회사로부터 돈을 빌린다. 한국은 다르다. 고신용자는 미국과 마찬가지로 은행에서 저금리로 대출을 받는다. 중신용자는 신용카드사나 할부리스사에서 대부업체에 가까운 수준의 고금리로 돈을 빌린다. 중신용자나 저신용자나 별 차이가 없는 고금리를 부담한다. 한국의 개인신용대출시장에는 저금리와 고금리 상품만 있다. GE캐피탈이 보기에 한국에서 중신용자에 대한 중금리 대출시장은 '비어있는 운동장'이다. 누군가 먼저 깃발을 꽂으면 그 운동장을 장악하게 될 것이다. GE캐피탈은 미국을 포함한 세계 각국에서 개인신용대출사업을 하며 축적해온 노하우를 갖고 있다. 비어있는 운동장에서 Main Player가 될 자신이 있다."

미국인 임원의 자신감과는 달리 중금리 대출시장 개척은 쉽지 않았다. 2000년대 초반 급성장하던 한국의 개인신용대출시장은

2003년 신용카드 사태가 발생하면서 크게 위축되었다. GE캐피탈코리아 역시 그해에 당기 순손실을 경험하였다.

이후 GE캐피탈은 다른 방식으로 한국 시장을 공략하기 시작했다. 2004년 GE캐피탈은 한국의 최대 자동차할부금융사인 현대캐피탈과 전략적 제휴를 체결하고 구주인수, 유상증자 등 1조원 이상의 자금을 단계적으로 투자하여 2대 주주(지분율 43.0%)의 지위를 확보하였다. 이 과정에서 GE캐피탈코리아는 신용대출을 영위하는 소비자금융 사업부문을 현대캐피탈에 양도하였다. 그리고 GE캐피탈코리아는 8년 뒤인 2012년 현대캐피탈에 흡수합병되었다.

GE캐피탈은 전략적 제휴 및 지분투자와 함께 다수의 임직원을 현대캐피탈에 파견하여 경영과 실무에 참여하기 시작했다. 현대캐피탈은 자동차할부금융, GE캐피탈은 신용대출로 담당 사업이 조정되었다. GE캐피탈은 현대캐피탈의 영업 네트워크를 기반으로 한국의 중금리 대출시장에 다시 한 번 도전하였다.

GE캐피탈-현대캐피탈의 신용대출 사업은 신중하고 조심스럽게 추진되었다. 현대캐피탈은 기존의 신용대출상품 '드림론패스'가 신용카드 사태 전후 연체가 급증하면서 2003~2004년 수천억원의 적자를 경험한 바 있었다. 현대/기아차의 Captive 할부금융사로서 부수 업무인 신용대출 사업의 고성장보다는 GE캐피탈의 리스크 관리 노하우 습득에 관심이 더 많았다.

2004년 시작된 GE캐피탈-현대캐피탈의 전략적 제휴 관계는

2016년 GE캐피탈 측이 현대캐피탈 지분을 현대/기아차 및 유동화 회사에 매각함으로써 12년 만에 종료되었다. GE캐피탈이 담당했던 개인신용대출 사업은 동 기간 중 큰 문제가 없었으나 두드러진 성과를 내지도 못했다. 한국의 중금리 대출시장은 여전히 협소했고 대표 금융회사도 없었다. '비어있는 운동장' 한국의 중금리 대출시장에 먼저 깃발을 꽂고 Main Player가 되겠다는 GE캐피탈의 야심은 그렇게 막을 내렸다.

2. 계속되는 도전

외환위기 이후 개인신용대출이 활성화되고 나서 GE캐피탈을 포함한 많은 금융회사들이 중금리 대출시장에 도전했다. 현재까지는 어느 금융회사도 중금리 대출시장에서 지배적 입지를 확보하거나 가시적 성과를 거두지 못하였다. 오히려 야심차게 도전했다가 큰 손실을 경험하고 물러난 사례가 많다. 외국계 시중은행인 한국스탠다드차타드은행이 그런 사례이다.

한국스탠다드차타드은행(구 제일은행)은 2005년 영국계 스탠다드차타드그룹에 편입되면서 신용등급이 AAA/Stable로 상향조정되었다. 이후 장기간 AAA 신용등급을 유지해오다가 2014년 등급 전망이 Stable에서 Negative로, 2015년 신용등급이 AAA/Negative에서 AA+/Stable로 하향조정되었다.

한국스탠다드차타드은행의 신용등급 하향조정 사유는 시장지위의 지속적 하락, 자산건전성 및 수익성 저하였다. 이 중 자산건전성 및 수익성 저하는 중금리 대출과 관련이 있다.

한국스탠다드차다드은행은 2005년 연 10~15%의 금리로 신용등급 5~7등급 중신용자에게 1금융권 신용대출을 제공한다는 취지로 중금리 개인신용대출상품 '셀렉트론(Select Loan)'을 판매하기 시작했다. 이 상품은 초기에는 양호한 성장세를 이어갔다. 그러나 갈수록 연체율이 상승하며 자산건전성과 수익성 저하의 요인이 되었다.

한국스탠다드차타드은행은 상황의 심각성을 깨닫고 2013년 셀렉트론의 판매를 중단했다. 그러나 셀렉트론의 부실화는 후유증이 컸다. 한국스탠다드차타드은행은 2014~2015년에 2년 연속 적자를 시현하였다. 한국스탠다드차타드은행 가계여신의 고정이하여신비율은 2013년 말 1.5%, 2014년 말 1.3%, 2015년 말 0.8%에 달했다. 이는 시중은행 평균 (2013년 말 0.6%, 2014년 말 0.5%, 2015년 말 0.3%)의 2배를 상회하는 수준이었다.

NICE신용평가는 최고 수준인 AAA 신용등급 보유 기업에게 2년 연속 적자라는 부진한 실적은 어울리지 않는다고 판단하여 2015년 한국스탠다드차타드은행의 신용등급을 AA+로 하향조정하였다. 등급전망과 신용등급 하향조정 과정에서 은행장을 포함한 경영진과 여러 차례 면담이 있었다. 경영진은 한국의 중금리 대출시장이 이렇게 어렵고 위험한 곳인지 미처 몰랐다며 향후에는 좀 더 신중하게 개인신용대출 사업을 영위할 것을 다짐하였다.

중금리 대출시장에서 사실상 철수한 한국스탠다드차타드은행은 이후 절치부심하며 시장 지위와 자산건전성 및 수익성을 회복시켰다. NICE신용평가는 이를 확인한 후 2018년 한국스탠다드차타드은행의 신용등급을 AAA/Stable로 복원하였다.

셀렉트론의 실패 사례는 금융업권에 '중금리 대출시장은 비어있는 운동장이지만 섣불리 들어가면 안 되는 곳'이란 인식을 더욱 확대시켰다. 이전에도 진입을 주저했으나 이후에는 더욱더 몸을 사리는 금융회사가 많아졌다.

3. 지켜지지 못한 약속

금융당국에게 중금리 대출은 고민거리였다. 2000년대 초반 GE캐피탈이 지적했던 것과 같이 한국의 개인신용대출시장에는 '금리단층', 즉 고신용자는 5% 미만 저금리, 중저신용자는 20% 전후 고금리로 대출을 받는 현상이 존재하였다. 중간 수준 신용도와 리스크를 가진 고객층이 20%대 고금리 대출을 받는 등 중금리 대출 공급이 부족했다. 금융당국은 이를 인지하고 있었다.

금융당국은 중금리 대출 활성화를 위해 2016년 이후 서울보증보험 보증부 사잇돌 대출과 민간 중금리 대출의 2원적 지원체계를 마련하였다. 사잇돌 대출이 마중물 역할을 하는 가운데 금융회사가 자체적으로 동참하면서 중금리 대출시장이 자연스럽게 성장하는 모습을 기대한 것이다. 그러나 중금리 대출시장의 성장속도는 이러한 기대에 미치지 못했다.

금융당국은 기존 금융회사 외에 새로운 시각과 기법으로 금융시장에 접근하는 핀테크(Fin-tech) 기업을 추가적으로 활용하기로 했다. 그 대상으로 선정된 것이 인터넷전문은행이다. 금융당국은 인터넷전문은행이 빅데이터 등 혁신적 방식을 활용하여 기존 금융회사의 한계를 극복하고 중저신용자의 상환능력을 정확히 평가하여 중금리 개인신용대출을 확대시킬 수 있을 것으로 기대하였다.

인터넷전문은행은 2017년 영업 개시 후 금융시장에 상당한 돌풍을 일으켰다. 기존 은행 대비 높은 예금금리, 낮은 대출금리와 편리하고 직관적인 모바일 사용방식이 많은 호응을 받았다. 특히 카카오뱅크는 단숨에 중위권 지방은행 수준의 규모를 확보하고 2019년부터 흑자기조에 조기안착하며 성장성과 수익성의 두 마리 토끼를 함께 잡았다.

그러나 인터넷전문은행은 중저신용자에게 중금리 대출 공급기반을 확대할 것이라는 기대에는 부응하지 못했다. 중금리 대출을 확대하기는 했지만 설립 추진 시 금융당국에 제출한 사업계획에 크게 미달하는 규모였다. 그나마 시행한 중금리 대출도 보증부 정책상품인 사잇돌 대출을 고신용자에게 공급하는데 집중하였다. 전체 신용대출에 있어서도 고신용자 대상 영업에 치중한 결과 시중은행보다도 중저신용자 대상 신용대출 비중이 낮았다. 혁신적 방식으로 기존 은행과 차별화되는 신용평가시스템을 구축한다는 계획 역시 지연되고 있다.

인터넷전문은행이 중금리 대출 확대에 소극적이었던 이유는 간단하다. 이 시장이 매우 위험한 곳임을 잘 알고 있기 때문이다. 앞서 중금리 대출시장에 도전했던 많은 금융회사의 실패사례를 인지하고 있는 상황에서 아직 안정적 수익성을 확보하지 못한 인터넷전문은행이 적극적으로 뛰어든다는 것은 무모한 일일 수 있다. 바둑에는 '아생연후살타(我生然後殺他)'란 격언이 있다. 자신의 말이 산 다음에 상대의 돌을 잡으러 가야 한다는 뜻이다.

빅데이터에 기반한 혁신적 금융방식도 막연하고 과장된 기대였다. 사람들이 카카오뱅크에 대해 갖고 있는 큰 오해 중 하나가 전 국민이 애용하는 메신저 앱 '카카오톡(Kakao Talk)'에 오랜 기간 축적된 빅데이터를 다각도로 활용할 수 있을 것이라는 생각이다. 카카오톡을 운영하는 카카오와 카카오뱅크는 계열 관계이지만 법적으로 엄연한 별개의 기업이다. 카카오뱅크가 카카오톡에 축적된 개인정보를 활용하기 위해서는 카카오 고객의 동의를 받아야 한다. 이것은 간단한 일이 아니다. 만약 추진한다고 해도 카카오 고객의 동의를 얼마나 얻어낼 수 있을지도 미지수다. 카카오뱅크는 기존 은행이나 신용카드사와 같이 자체적으로 빅데이터를 축적해나가야 하는 상황이다.

인터넷전문은행 출범 당시 금융당국이 기대했던 것 중 중금리 개인신용대출 활성화는 현재 시점에서 아직 달성되지 않았다. 사업계획과 비교해서도, 기존 은행과 비교해서도 그렇다. 약속은 지켜지지 못했다.

4. 실패의 이유

이쯤에서 이런 의문이 생길 것이다. 한국에서 중금리 대출시장에 도전하는 금융회사는 왜 계속 실패하는가? 그것도 미국 GE캐피탈이나 영국 스탠다드차타드와 같이 선진국 금융시장에서 오랜 기간 축적된 경험을 보유한 글로벌 금융회사마저. 두 가지 이유가 있다.

첫째, 거래 상대방에 대한 정보가 부족하였다. GE캐피탈이 중금리 대출시장을 공략하기 시작했던 2000년대 초반의 한국은 신용대출을 받는 개인에 대한 신용정보의 양과 질이 미흡한 수준이었다. 2003년 신용카드 사태는 금융회사가 서로 공유하지 않던 다중채무자의 채무정보를 공유하기 시작하면서 촉발되었다. 금융회사는 타 금융회사 채무까지 포함된 차주의 채무총량을 알지 못한 상태에서 신용공여 한도를 부여했고, 주로 연체율에 의존하여 여신건전성을 관리하였다. 개인차주는 이른바 '풍차 돌리기'라고 불리는, 여러 장의 신용카드를 만들어 상환금액을 돌려막는 형태의 신용대출 받기가 가능했다. 이후 가계부채 급증에 대한 우려가 커지자 금융당국 주도로 금융회사 간 다중채무자의 채무총량 정보가 공유되기 시작하였다. 이 과정에서 상환능력 대비 채무가 과다한 한계차주의 실체가 확연히 드러났다. 이들에 대해 금융회사가 신용공여 한도를 축소하면서 대규모 연체가 발생했고 결국 신용카드 사태로 이어졌다. 당시 금융회사는 거래 상대방에 대한 정보가 부족한 상태에서 대출을 시행했던 것이다. 손자병법에 '지피지기 백전불태(知彼知己 百戰不殆)'란 말이 있다. 상대를 알고 나를 알면 백 번 싸워도 위태롭지 않다는 뜻이다. 2000년대 초반의 한국 금융회사는 상대를 잘 모르고 전쟁터에 나간 군대였다.

둘째, 개인회생제도와 관련된 도덕적 해이(Moral Hazard)이다. 거래 상대방에 대한 정보 부족 문제는 2000년대 중반 이후 개인신용조회(Credit Bureau) 산업이 활성화되면서 상당 부분 해결되었다. NICE평가정보와 코리아크레딧뷰로(KCB) 양대 개인신용정보회사가 성장하고 이들과 협력하여 금융회사가 관련 데이터를 체계적으로 활용하면서 개인차주의 상환능력 파악 수준이 높아졌다. 이러한 가운데 개인회생제도가 새로운 변수로 등장하였다. 개인회생제도는 파산에 직면한 봉급생활자, 소규모 자영업자, 전문직 종사자 등 꾸준한 수입이 있는 사람들이 5년 동안 빚을 성실히 갚으면 나머지 빚을 탕감받는 제도로 2004년 도입되었다. 이는 금융회사 채무가 많은 개인차주에게는 고마운 제도이나 금융회사에게는 중저신용자에 대한 개인신용대출을 더욱 주저하게 만드는 조치였다. 개인차주의 채무 탕감은 금융회사에게는 대손 발생을 의미하기 때문이다. 개인차주 입장에서는 꾸준히 빚을 갚아나가는 것 외에 개인회생 신청을 통해 채무의 상당부분을 탕감받을 수 있는 제도가 있다면 당연히 마음이 흔들릴 수 밖에 없다. 선한 의도로 만들어진 제도이겠지만 이를 통해 도덕적 해이가 발생할 수 있는 퇴로가 열렸다. 한계차주들은 상환독촉을 받자 너도 나도 그곳으로 달려갔다. 한국스탠다드차타드은행의 중금리 신용대출상품 셀렉트론이 실패한 가장 큰 이유도 채무를 끝까지 갚아나가기보다는 개인회생제도를 이용하여 채무를 탕감받는 차주의 증가였다.

5. 새로운 도전자들

한국의 중금리 대출시장은 여전히 비어있지만 들어가기 위험한 운동장이다. 그렇다면 현재 이곳에 진입을 시도하는 금융회사는 전혀 없는가? 그렇지 않다. 최근 가장 적극적인 행보를 보이고 있는 금융회사는 일본계 SBI저축은행이다.

GE캐피탈, 한국스탠다드차타드은행과 마찬가지로 외국계 금융회사인 SBI저축은행이 중금리 대출시장을 공략하고 있다는 점은 의미심장하다. 외국계 금융회사는 해외에서의 경험을 바탕으로 중금리 대출시장이 높은 리스크에도 불구하고 성공할 경우 성장잠재력이 매우 큰 운동장이라는 점을 잘 알고 있다.

SBI저축은행은 금융당국이 키우고 싶어 하지만 금융회사가 선불리 들어오지 않고 있는 중금리 대출시장의 특성을 성장의 지렛대로 활용하고 있다. 금융당국은 폭증하고 있는 가계대출에 대해서는 규제를 강화 중인 반면 중금리 대출에 대해서는 가계대출 총량규제 적용에 예외를 두어 정책적 지원을 하는 모습이다. SBI저축은행은 이러한 사업환경 하에서 중금리 대출 위주로 고성장을 지속하고 있다. 현재까지는 자산과 순이익이 증가하는 가운데 부실여신비율도 하락 추세여서 성장성, 수익성 및 자산건전성 모두 실적이 우수하다. 그러나 과거 사례를 감안하면 중금리 대출의 성과는 최소 10년을 지켜보아야 한다. 지금은 대출금리가 낮고 시중에 자금이 넘쳐나는 유동성 파티 상황이지만 향후 신용경색기가 찾아올 때 부실이 얼마나 발생할지는 알 수 없기 때문이다. 한국스탠다드차타드은행의 셀렉트론도 2005년 출시 후 2012년이 되어서야 부실 발생이 본격화되었던 바 있다.

금융당국은 향후 중금리 대출시장에서 인터넷전문은행과 저축은행이 양대 축으로서 역할을 수행해 주기를 기대하고 있다. 즉, 중금리 대출시장 중 상대적 저금리 영역은 인터넷전문은행, 상대적 고금리 영역은 저축은행이 담당하는 구도이다. 이와 관련하여 향후 주목해야 할 금융회사는 제3호 인터넷전문은행 토스뱅크이다. 금융당국의 발표에 의하면 토스뱅크의 중저신용자 대상 신용대출 비중 확대 계획은 2021년 말 34.9%, 2022년 말 42.0%, 2023년

말 44.0%로 매우 공격적이다. 이 계획을 달성하지 못하면 금융당국으로부터 신사업 진출에 제한을 받게 된다. 카카오뱅크와 케이뱅크도 2020년말 10.2%와 21.4%였던 중저신용자 신용대출 비중을 2023년 말까지 30.0%와 32.0%로 끌어올려야 한다. 3개 인터넷전문은행이 모두 목표를 달성한다면 한국의 중금리 대출시장은 새로운 국면에 접어들 것으로 보인다. 그러나 이 과정에서 필연적으로 발생하게 될 부실채권 증가를 얼마나 억제하고 감당할 수 있는가는 매우 중요하고도 어려운 과제가 될 것이다.

신용카드사와 캐피탈사의 미래

| 이혁준 |

1. 제4의 금융업

　금융감독원은 우리나라 금융회사를 크게 은행, 보험, 금융투자, 그리고 비은행으로 나누어 관리하고 통계자료를 작성하고 있다. 비은행 권역은 신용카드, 할부금융, 리스, 신기술금융, 저축은행, 각종 협동조합으로 구성된다. 이 가운데 신용카드, 할부금융, 리스, 신기술금융은 수신(受信) 기능이 없어 예금 이외의 방법으로 자금을 조달하며 여신(與信) 기능만 보유하고 있다는 점에서 '여신전문금융'으로 호칭한다. 여신전문금융은 후발주자이지만 지속적 성장과 이익 창출을 통해 금융업에서 차지하는 비중이 계속 확대되어 왔다. 현재는 은행, 보험, 금융투자에 이어 '제4의 금융업'으로서 위상을 확보하고 있다.

2. 높은 비상

여신전문금융은 외환위기 이전에는 존재감이 약한 업종이었다. 그때까지 금융이라고 하면 대개 기업금융을 의미했다. 외환위기가 발생하자 상황이 달라졌다. 거액 기업여신이 단번에 부실화되었고 가계여신이 새로운 대안으로 부각되기 시작하였다. 가계여신은 비교적 안정적인 자금흐름과 소액다건 거래에 의한 위험분산을 통해 대출포트폴리오의 리스크를 이른바 체계적 위험(Systemic Risk) 수준으로 낮출 수 있었다. 과거 제도권 금융에서 가계여신의 제공은 은행이 주로 담당하였다. 그러나 가계여신 규모가 확대되면서 은행 외에 여신부문에만 특화된 여신전문금융회사의 역할이 커지게 되었다. 선봉으로 나선 건 신용카드사였다.

신용카드업의 성장은 정부의 강력한 정책지원이 큰 동력이 되었다. 정부는 현금서비스 한도 폐지, 카드 사용액 소득공제, 카드 영수증 복권제 등으로 신용카드 사용을 적극 장려하였다. 이는 가계에 대한 신용공여 확대로 침체된 내수경기를 되살리는 한편 카드가맹점의 정확한 매출 규모 파악을 통한 세원확대를 겨냥한 것이었다. 두 가지 측면에서 신용카드는 무척 효율적인 수단이었다. 여기에 신용카드사는 샘솟는 아이디어, 민첩한 실행력, IT기술의 발전을 활용하여 고객의 잠재수요를 자극하는 다양한 카드 상품을 개발해냈다. 신용카드업은 '황금알을 낳는 거위'로 불리며 고성장했다. 업계 상위 신용카드사의 순이익은 대형 시중은행에 비견할 수준으로 확대되었다. TV를 켜면 국내에서 몸값이 가장 비싼 스타를 모델로 내세운 신용카드 CF를 언제나 볼 수 있었다.

  신용카드사가 질주하기 시작하자 나머지 여신전문금융회사도 가세하였다. 할부금융사, 리스사, 신기술금융사는 당시 세계 최대 비은행 금융회사였던 GE캐피탈을 추종하여 사명을 'OO캐피탈'로 변경했다. 외환위기 이후 남아있던 부실회사 이미지를 쇄신하고 새로운 모습으로 금융소비자에게 다가가기 위한 조치였다. 그리고 신용카드사의 카드론과 유사한 신용대출상품을 앞다퉈 출시하며 가계여신 성장열차에 올라탔다.

3. 깊은 추락

  신용카드사와 캐피탈사의 고성장을 견인한 것은 고유사업인 판매신용공여가 아닌 부대업무인 현금대출이었다. 상대적 이익기여도를 고려하면 신용카드사와 캐피탈사 입장에서는 당연한 선택이었다. 그러나 이는 국가경제 전반적으로 가계부채를 급격히 확대시키는 결과를 초래하였다. 가계부채의 과도한 증가에 대한 우려감이 커지자 정부의 활성화 정책은 2002년 들어 규제 강화로 반전한다. 이후 신용카드사와 캐피탈사의 실적은 급전직하하기 시작하였다.

  정부의 정책 변화는 현금대출 비중의 축소 유도와 충당금 적립기준 강화로 요약된다. 이 과정에서 금융권 전반적으로 소액대출

정보 공유가 확대되면서 다중채무자가 대거 노출되었다. 이들에 대한 신용공여 한도의 대폭적 축소는 연체율 급등으로 이어져 충당금 적립부담이 크게 증가하였다. 신용카드사와 캐피탈사의 향후 실적 전망에 대한 의구심 확대로 투자자들의 자금공급은 급감한다. 그 결과 신규자금조달이 위축되어 신용카드사와 캐피탈사는 유동성 위기에 직면하게 된다.

수신(受信) 기능이 없어 예금을 받지 못하는 여신전문금융회사, 특히 신용카드사는 자금시장 경색 앞에 무기력했다. 은행 계열인 국민, 우리, 외환카드는 모 은행에 피합병됨으로써 유동성 위기에서 가까스로 벗어났다. 삼성, 현대카드는 대주주인 삼성전자, 삼성생명, 현대자동차로부터 대규모 유상증자를 받아 버텼다.

신용카드업계 1위였던 LG카드는 버텨내지 못했다. 다른 신용카드사와 달리 LG카드의 최대주주는 법인이 아닌 LG그룹 오너 일가였다. 개인 대주주들은 LG카드가 승승장구할 때는 고액의 배당금을 수취했으나 LG카드가 위기에 빠졌을 때는 대규모 유상증자를 해줄 자금 지원 능력이 없었다.

LG그룹은 결국 LG카드의 경영권을 채권단에게 넘기고 금융업종에서 전면 철수한다. 업계 선두권 증권사였던 LG투자증권 경영권도 함께 채권단에게 넘어갔다. 신용카드 사태가 발생한 2003년 LG카드의 당기순손실은 5.6조 원에 달했다. 2003년 신용카드업계 전체 순손실은 10.4조 원, 캐피탈업계 전체 순손실은 0.3조 원 규모였다. 특히 신용카드는 산업 전체가 붕괴 직전까지 내몰렸다.

4. 턴어라운드

비상이 높고 화려했던 것만큼 추락은 깊고 아득했다. 신용카드사는 마치 자정이 지나자 호박으로 변해버린 신데렐라의 황금마차 같아 보였다. 신용카드업계에 비해 자산규모가 작았던 캐피탈업계는 순손실이 상대적으로 적었지만 역시 큰 내상을 입었다. 외부자금조달이 없으면 영업이 어려운 신용카드사와 캐피탈사 모두 투자자의 신뢰를 잃어버렸다는 점에서 재기가 쉽지 않은 상황이었다.

신용카드사와 캐피탈사의 새출발은 대규모 유상증자로부터 시작되었다. LG카드는 기존 차입금 중 3.5조원을 출자전환하고 채권단과 LG그룹 합산 1.0조원 유상증자를 통해 총 4.5조원의 자기자본을 확충했다. 삼성카드와 현대카드는 3년에 걸쳐 총 3.7조 원과 총 0.8조 원의 유상증자를 각각 시행하였다. 현대캐피탈은 해외 금융회사인 GE캐피탈의 지분참여를 포함하여 2년간 총 0.5조원의 유상증자를 실시했다.

다음은 신뢰회복이었다. 2003년 이전의 막대한 순이익은 신용카드 사태 발생을 통해 실질이 아닌 장부상의 이익이었음이 드러났다. 금융당국의 자산건전성 감독이 주로 예금자 보호에 중점을 두고 있었기 때문에 수신기능이 없는 신용카드사와 캐피탈사에 대한 감독은 상대적으로 느슨했다. 그것이 잠재부실 확대로 이어졌다. 신용카드 사태 이후 신용카드사에 대한 금융당국의 자산건전성 감독수위는 은행 수준으로 높아졌다. 이는 재무수치에 대한 투자자의 신뢰 회복을 다시 이끌어냈다.

대규모 순손실로 훼손된 자기자본이 다시 확충되고 투자자의 자금 공급이 재개되자 영업이 되살아나며 수익성이 개선되었다. 신용카드 사태 이후 2년간 적자를 지속했던 신용카드사와 캐피탈사는 2005년 드디어 업계 전체적으로 나란히 흑자전환에 성공했다. 예상보다 빠르고 기대보다 드라마틱한 턴어라운드(Turn-around)였다.

5. 조용한 역전

신용카드사는 흑자전환 이후 예전의 높은 수익성을 회복하며 제2의 전성기를 맞이한다. 이를 확인한 국민, 우리, 하나금융그룹은 다시 은행으로부터 신용카드사를 분사시켰다.

신용카드업이 타 금융업종 대비 우월한 수익성을 시현하며 승승장구하자 가맹점 수수료율이 새로운 이슈로 부각되기 시작했다. 1978년부터 유지되어 온 업종별 수수료 체계 하에서 영세한 중소가맹점이 대형가맹점보다 월등히 높은 수수료를 적용받는 양극화에 대해 사회적 논란이 격화되었다. 금융당국은 2007년 카드 수수료 체계를 조정한 데 이어 2012년 여신전문금융업법 개정을 통해

3년 주기로 원가 분석을 통해 가맹점이 부담하는 것이 합당한 비용(적격비용)만 수수료율에 반영하도록 하였다. 그리고 정책적 보호와 지원이 필요한 중소가맹점에 대해서는 적격비용 미만의 수수료율을 적용하는 차등 구조를 시행했다.

이후 신용카드사의 수익성은 추세적인 하락 기조로 돌아선다. 신용카드사의 관리채권순이익률(ROMA ; Return On Managed Asset)은 2007년 6.5%에 달했으나 이후 가랑비에 옷 젖듯이 꾸준히 저하되어 2019년에는 1.3%까지 낮아졌다. 황금알을 낳던 거위는 평범한 오리가 되어버렸다. 최근 2년간은 코로나19 팬데믹으로 인한 재난지원금 특수와 마케팅비 경감 효과에 힘입어 ROMA가 소폭 반등했다. 그러나 2022년 이후에는 금리상승에 따른 조달비용 증가와 3년 주기 가맹점수수료 인하 영향으로 수익성이 다시 저하될 가능성이 높다.

한편, 캐피탈사는 은행금융그룹 계열사를 중심으로 자기자본을 꾸준히 확충하며 규모의 경제를 확보해갔다. 증가한 자기자본, 개선된 자산건전성을 기반으로 신용등급이 상향조정된 캐피탈사가 늘어나며 조달금리가 한층 낮아져 신용카드사와는 달리 수익성이 꾸준히 우상향하는 모습을 보였다. 캐피탈사의 ROMA는 2011년 1.5%로 신용카드사 3.2%의 절반 수준에도 못 미쳤으나 2018년에는 캐피탈사 1.7%, 신용카드사 1.5%로 역전에 성공한다. 업계 전체 순이익 측면에서도 신용카드사가 2011년 2.0조원에서 2020년 2.0조

원으로 정체된 반면 캐피탈사는 2011년 0.9조원에서 2020년 2.6조원으로 괄목할 성장을 보였다.

신용등급 측면에서 신용카드사는 캐피탈사보다 아직 우위에 있다. 개별 회사별로는 자산규모나 재무안정성 측면에서 여전히 상대적으로 더 높은 수준이고 위기 발생 시 은행에 바로 흡수될 수 있는 사업구조를 갖고 있기 때문이다. 그러나 과거와 같은 압도적 격차는 사라졌고 수익성 측면에서 신용카드사는 하락세가 완연한 반면 캐피탈사는 상승 추세이다. 이에 따라 신용평가사는 신용카드사와 캐피탈사의 중장기적인 신용등급 방향성에 대해 고민하고 있다.

6. 신용카드사가 직면한 도전

업계 선두권 신용카드사 중 한 곳은 최근 사명에서 '카드'를 빼는 방안을 검토한 바 있다. 현재 영위 중인 신용카드업의 미래가 불투명하여 기존 사업의 고수만으로는 중장기적으로 존속이 어렵다고 생각했기 때문이다.

이러한 고민의 배경에는 지속적인 가맹점 수수료율 인하에 따른 수익성 저하가 있다. 신용카드사의 본업은 지급결제인데 이 사업의 매력도가 갈수록 떨어지고 있는 것이다. 신용카드사는 지급결제와 신용대출 사업에서의 높은 마진(Margin)을 기반으로 금융소비자의 수요에 부응하는 다양한 카드 상품을 만들어 왔다. 그러나 가맹점 수수료율과 법정 최고금리의 계속되는 인하로 마진이 축소되면서 상품개발 여력이 후퇴하고 있다.

신용카드사는 운용수익률 저하에 마케팅비 경감으로 대응해 왔다. 이는 고객에게 제공하는 효익의 축소를 의미한다. 신용카드 이용자라면 예전에 누려왔던 각종 혜택이 점차 사라지거나 축소되는 걸 느끼고 있을 것이다. 은행이 신용카드사를 분사시킨 것은 조달금리 상승에도 불구하고 상품개발과 마케팅에서의 민첩한 기동력을 살리기 위해서이다. 그런데 이 두 가지 능력이 후퇴한다면 구태여 분사 형태로 신용카드사업을 영위할 명분이 약해진다.

마진 축소보다 더 큰 위협은 빅테크(Big-Tech) 기업의 지급결제 사업 침투 가능성이다. 중국에서는 지급결제 시장에서 앱투앱(App To App) 방식이 이미 보편화되어 있다. 이는 계좌 간 직접거래 개념으로 기존 결제방식과 달리 PG(Payment Gateway), VAN(Value Added Network) 및 신용카드사의 역할을 배제한다. 따라서 거래비용이 경감되고 이를 구매자 및 가맹점과 공유 가능하다. 신용카드 이용과 비교 시 구매자는 더 높은 캐쉬백(Cash-Back) 할인 혜택을 받고 가맹점은 더 낮은 수수료율을 적용받는다. 양쪽 모두에게 신용카드보다 유리한 방식이다.

미국, 유럽, 호주에서는 최근 신용카드를 발급받지 않고도 신용으로 구매를 할 수 있는 후불결제방식 BNPL(Buy Now Pay Later)이 빠른 속도로 확산 중이다. BNPL은 단순 앱 다운만으로 바로 이용할 수 있는 간편결제 서비스다. 신용카드를 발급받을 필요도, 연회비도, 할부이자도 없기 때문에 신용등급이 낮은 2030 세대 사이에서 지급결제수단의 뉴노멀(New Normal)로 자리를 잡아가고 있다. 신용카드 대비 가맹점 수수료가 높은 것이 단점이지만 이를 감수하고도 신용카드가 없는 젊은 고객을 유인하려는 가맹점에게는 매력적인 결제방식이다.

국내에서는 앱투앱과 BNPL이 아직 보편화되어 있지 않다. 그러나 빅테크 기업들이 이 결제 서비스를 준비하고 있거나 이미 초기 단계로 시행 중이어서 향후 변화를 일으킬 가능성이 존재한다. 금융소비자 입장에서는 현재 지급결제 방식보다는 앱투앱과 BNPL 서비스가 경제적으로 더 유리하므로 여건이 조성된다면 신용카드사가 장기간 지배해 왔던 지급결제 시장은 언제든 요동칠 수 있다.

신용카드사는 주력사업의 마진이 지속적으로 축소되는 가운데 중장기적으로 그 사업의 존속 여부도 위협받고 있는 상황이다. 이에 대한 대응 방안을 찾는 과정에서 지급결제가 아닌 다른 사업으로 본업을 변경해야 할지도 모른다.

7. 캐피탈사가 직면한 도전

NICE신용평가는 지난해 12월 할부리스(캐피탈) 신용평가방법론을 개정하면서 시장지위 평가지표 중 총채권 점유율을 총자산 점유율로 변경하였다. 최근 수년간 캐피탈사의 사업 포트폴리오가 기존 할부리스자산에서 기업여신 및 투자자산 중심으로 변화하고 있는 점을 반영한 것이다. 캐피탈사의 총자산 중 투자자산인 유가증권 비중은 2015년 말 6.6%에서 2020년 말 10.0%까지 확대되었다.

캐피탈사의 투자자산 비중 확대 배경에는 신용카드사의 자동차금융시장 침투가 있다. 캐피탈사의 주력사업은 관리채권의 50% 내외를 차지하는 자동차금융이다. 거듭되는 가맹점 수수료 인하로 인해 수익성이 저하되고 있는 신용카드사가 이를 보완하기 위해 수년 전부터 캐피탈사의 주력사업인 자동차금융시장에 침투하기 시작하였다. 이에 따라 자동차금융시장에서 캐피탈사 점유율이 하락하고, 캐피탈사의 관리채권 내에서 자동차금융자산이 차지하는 비중이 축소되고 있다.

신용카드사는 캐피탈사 대비 신용등급이 전반적으로 1~2노치 높다. 따라서 조달금리 측면에서 상대적으로 유리하고 이를 기반으로 자동차금융시장에서 점유율을 계속 확대해나가고 있다. 캐피탈사는 캡티브(Captive) 물량 확보가 용이한 현대캐피탈과 수입차 할부금융사 외에는 자동차금융 비중 하락이 불가피해 보인다. 2020년 신한캐피탈이 신한카드에게 자동차금융자산을 양도한 것은 이러한 이유 때문이다.

캐피탈사는 기존 주력사업이었던 자동차금융 시장에서 입지가 계속 축소되자 기업여신과 투자자산 확대로 대응하고 있다. 지금까지는 결과가 좋았다. 시중 유동성 확대와 저금리 심화에 힘입어 연체율은 낮았고 투자수익률은 높았기 때문이다. 그러나 기업여신과 투자자산은 가계여신의 장점인 소액다건 거래에 의한 위험분산 효과를 기대하기 어려워 일기에 부실화될 리스크가 있다. 자동차금융 비중이 축소되고 기업여신 및 투자자산 비중이 확대된다는 것은 캐피탈사의 사업구조가 저위험-저수익에서 고위험-고수익 중심으로 변화하고 있음을 의미한다.

캐피탈사가 투자자산을 확대한다는 것은 또 다른 질문을 던진다. 여신전문금융회사가 자금을 빌려주는 여신(與信)이 아닌 투자사업으로 무게중심을 이동시키고 있다는 점이다. 투자사업은 증권, 자산운용 등 이에 특화된 금융투자업이 존재한다. 캐피탈사는 이들과 경쟁해야 한다. 금융그룹 소속일 경우 계열 내 중복투자나 과잉경쟁으로 인한 교통정리 필요성이 부각될 수도 있다. 이러한 현상이 심화된다면 캐피탈사는 과연 무엇을 하는 회사인가라는 정체성 논란이 발생할 것이다.

8. 어떤 미래를 선택할 것인가

미국 코닥(Kodak)은 필름과 아날로그 카메라를 상징하는 기업이었다. 세계 최초로 디지털 카메라를 발명한 것도 코닥이다. 문제는 이를 상용화하지 않았다는 것이다. 시대의 흐름을 읽지 못한 코닥은 결국 2012년 파산하였다.

코닥과 함께 세계 필름 시장의 양대 산맥이었던 일본 후지필름

(Fujifilm)은 달랐다. 부단한 노력으로 대담한 변신을 이루어내고 지금은 새로운 성장궤도를 달리고 있다. 후지필름은 디지털 카메라의 급속한 보급으로 필름 수요가 사라져버리자 살아남기 위해 새로운 사업을 시작했다.

후지필름은 미지의 분야보다는 기존의 축적된 기술을 활용할 수 있는 영역에서 돌파구를 찾아냈다. 대표적인 것이 헬스케어 사업이다. 후지필름은 필름의 주원료인 콜라겐 기술을 활용하여 피부 재생 노화방지 화장품을 개발하는 데 성공했다. 이후 후지필름은 공격적인 인수합병으로 바이오 시장에서 영역을 확장한다. 후지필름은 이를 기반으로 문서 솔루션 분야에도 진출하여 공고한 입지를 구축하였다. 위기의 순간에 사업구조를 과감하게 전환한 것이 생존의 비결이 되었다.

신용카드사의 본업인 지급결제는 빅데이터(Big Data) 수집에 강점이 있는 사업이다. 신용카드사는 최근 빅데이터를 활용하여 수익을 창출하는 데이터 전문회사로 변모하려는 시도를 하고 있다. 기존 주력사업인 지급결제 영역에서 이익을 내기가 갈수록 어려워지고 빅테크 기업의 도전도 거세지고 있기 때문에 이 시도는 신용카드사에게 중요하다. 의미 있는 성과를 얻어내지 못한다면 신용카드사는 과거처럼 은행의 한 사업 부문으로 재편입되거나 궁극적으로 소멸될 우려가 있다.

캐피탈사 역시 상황이 녹록지 않다. 주력사업인 자동차금융이

신용카드사로부터 계속 도전받는 가운데 상대적으로 리스크가 높은 기업여신 및 투자자산을 확대하는 것은 여러 문제점을 내포하고 있다. 사업 포트폴리오를 재정비하거나 신용카드사와 마찬가지로 신사업을 발굴해 내야 할 필요성이 존재한다.

신용카드사와 캐피탈사는 그간 국내 판매신용공여 시장을 발전시키고 자금이 필요한 가계와 기업에 효과적으로 여신을 제공해 왔다. 기존의 사업방식은 현재까지 성공적이었다. 그러나 이제는 사업환경의 변화에 직면하여 미래에 대해 고민을 해야 하는 상황이다. 영원히 변치 않는 것이 하나 있다면 모든 것은 변한다는 것이다. 이들이 어떤 미래를 선택하는가에 따라 신용카드사와 캐피탈사 뿐 아니라 향후 한국 금융업의 방향성이 달라질 수 있다.

참고 보고서

1. 결제 생태계 태풍의 눈으로 떠오른 BNPL, 삼성증권(김재우, 조아해), 2021.08.04
2. 2003년 신용카드 사태의 교훈과 신용평가사의 시각, NICE신용평가(이혁준), 2003.12.22

New Industry Insight

3부

배터리 광물 가격 급등 원인과 영향 분석

박종일
최재호

1. 들어가며

2021년 전기차 시장은 예상보다 더 가파르게 성장하였다. 글로벌 판매량은 650만 대를 기록했으며, 전년 대비 판매 성장률은 108%로 지난 10년 내 최고치이다. 동 기간 내연기관차 판매량은 코로나19로 인한 생산 차질과 반도체 수급 이슈 등의 영향으로 전년과 유사한 수준에 머물렀다. 전기차가 2021년 자동차 판매 증가를 이끌었다.

탄력을 받은 전기차 확산 속도가 지속될지 관심이 집중되는 가운데, 최근 전기차 배터리 원재료 가격 급등으로 전기차와 배터리 업계의 고민이 깊어지고 있다. 오늘날 전기차와 배터리 시장이 빠르게 확대될 수 있었던 이유 중 하나는 배터리 가격이 빠르게 하락했기 때문이다. 배터리 가격은 지난 10년 동안 1/8 수준으로 하락했고, 이는 전기차와 내연기관차 구매 가격 차이를 좁혀왔던 핵심 요인이었다. 그러나 최근 광물 가격 인상 흐름이 배터리 가격 하락을 저해하는 것은 물론이며, 2022년에는 배터리 가격이 오히려 상승할 수도 있다는 분석도 나오고 있다.

광물 가격 급등과 수급 이슈가 장기화될 시에는 광물 – 소재 – 배터리 – 전기차로 이어지는 가치 사슬 전반에 걸친 파급 효과가 일어날 수 있을 것이라 예상된다. 이에 본고는 최근 광물 시장 충격의 원인 분석을 시작으로 향후 전기차와 배터리 시장 성장에 따른 광물 부족 Risk 수준을 살펴보고, 반대로 광물 수급 이슈가 전방 산업에 미칠 영향에 대해 점검하고자 한다. 배터리는 다양한 종류의 광물들로 구성되어 있지만, 그중 배터리의 성능과 비용을 결정하는 주요 광물로써 소위 '배터리 광물'이라고 불리는 니켈, 코발트, 리튬을 중심으로 다루겠다.

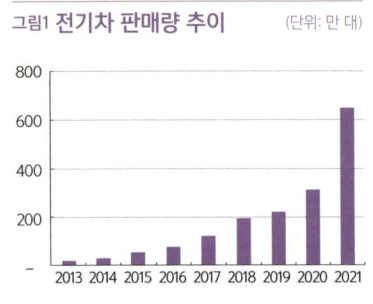

그림1 전기차 판매량 추이 (단위: 만 대)

자료: EV Volumes (BEV + PHEV 합산 기준)

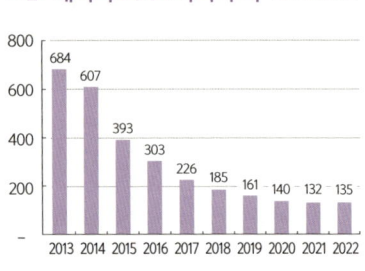

그림2 배터리 Pack 가격 추이 (단위:$/kWh)

자료: BNEF, 2022년은 전망치

2021년 광물 수요 증가 배경을 살펴보면 전기차 수요 증가라는 중장기 트렌드적 요인 뿐 아니라 코로나19라는 일시적 충격 요인도 존재

2. 배터리 광물 수급 이슈는 왜 발생했는가

1) 수요 급증 원인

2021년 니켈, 코발트, 리튬의 수요 모두 전년 대비 큰 폭으로 상승했다. 광물 수요 급증의 배경은 전기차 수요 증가만으로는 설명이 부족하다. 2021년 글로벌 광물 수요에는 코로나19 상황에 따른 특수성도 반영되어 있기 때문이다. 각 광물 별로 전기차와 코로나19가 미친 영향은 상이했다. 전기차 영향의 강도는 리튬, 코발트, 니켈 순이며, 역으로 코로나19 영향의 강도는 니켈, 코발트, 리튬 순으로 분석된다.

니켈 수요가 전년 대비 16%가량 확대된 주원인은 코로나19로부터 글로벌 경기가 회복됨에 따른 스테인리스강 수요 증가이다. 2020년 기준 니켈 수요처에서 가장 높은 비중을 차지하는 항목은 스테인리스강으로 69% 수준이다. 이에 따라 스테인리스강을 생산하는 중국이 세계 최대 니켈 수입국이다. 스테인리스강은 건설, 가전제품, 장비 제조 등에 사용되기 때문에 경기 상황에 따라 수요가 변동하는 경향이 있다. 2020년에는 코로나19로 수요가 감소했다가, 2021에는 전년 대비 17% 수요 증가를 기록했다. 반면 니켈 소비에서 배터리의 비중은 약 6% 정도이다. 배터리용 니켈의 수요가

빠르게 증가하고 있긴 하지만 아직은 비중이 작다. 배터리 수요 증가가 니켈 수요 증가에 미친 영향은 상대적으로 제한적이었다.

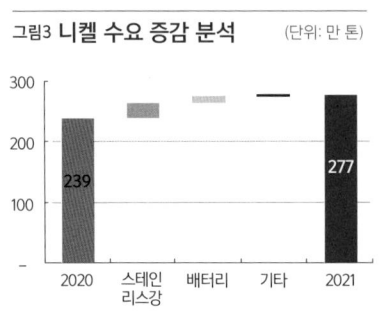

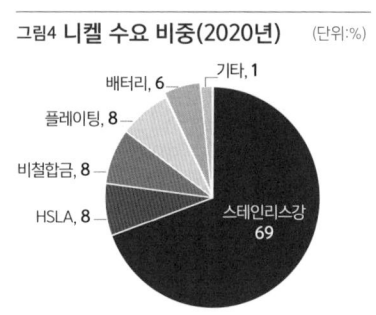

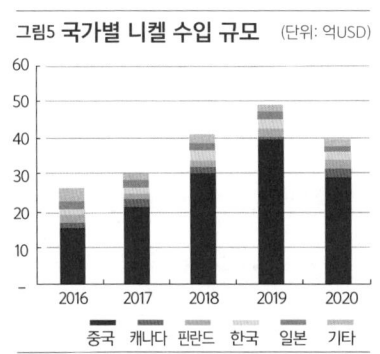

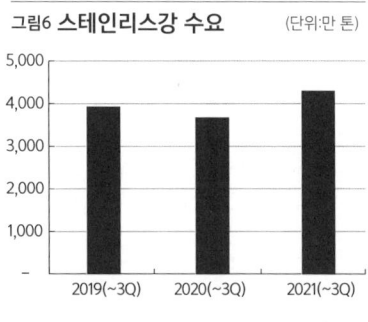

코발트 수요가 전년 대비 29%가량 확대된 주원인은 전기차 수요 증가나, 에너지저장장치(ESS), IT 기기 등 전기차 외 배터리 수요 증가도 중요 요인이었다. 2020년 기준 코발트 수요처에서 가장

높은 비중을 차지하는 항목은 IT 기기 등 전기차 외 배터리로 35% 수준이다. 전기차 배터리가 차지하는 비중은 22% 수준에 불과했다. 스마트폰, 태블릿, 노트북 등에 들어가는 배터리는 리튬코발트산화물(LCO)이 들어가지만 전기차용 배터리는 코발트의 비중을 줄이고 니켈/망간/알루미늄 등으로 대체하기 때문에 코발트 함량이 낮다. 2021년에는 코로나19 특수로 인한 IT 기기 수요 증가와 신재생에너지 확대에 따른 에너지저장장치(ESS) 수요 증가 등으로 전기차 외 배터리도 24%가량 성장하며 코발트 수요 증가를 견인하였다. 휴대폰, 태블릿 시장은 반도체 수급 문제로 성장이 저조하였지만 노트북 수요는 재택근무 확대 등으로 인해 15% 성장하였으며, E-Mobility(전동 킥보드, E-bike 등)와 웨어러블(스마트워치, 무선 이어폰 등) 등의 수요도 증가했다.

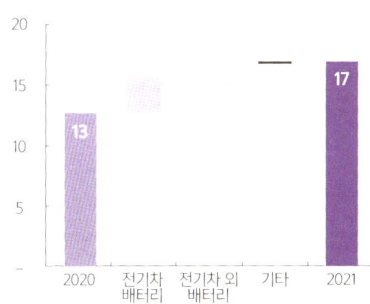

그림7 코발트 수요 증감 분석

자료: S&P, NICE신용평가

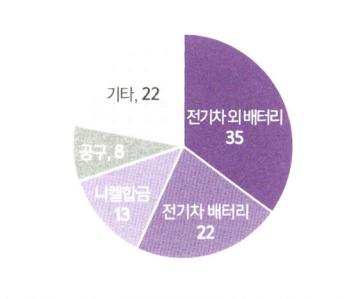

그림8 코발트 수요 비중 (2020년)

자료: Fitch Solutions, NICE신용평가

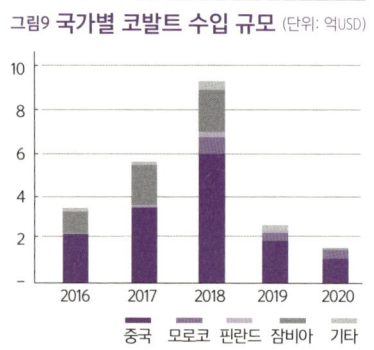

그림9 **국가별 코발트 수입 규모** (단위: 억USD)

자료: International Trade Centre

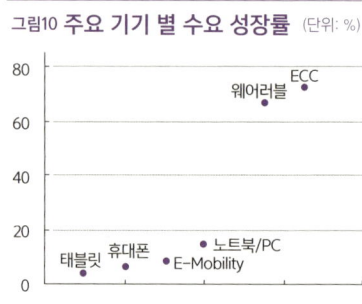

그림10 **주요 기기 별 수요 성장률** (단위: %)

자료: SNE리서치, IDC 등 종합
주: 태블릿, 휴대폰, 노트북/PC는 대수 기준, ESS, E-Mobility, 웨어러블은 배터리 용량 기준

리튬 수요는 전년 대비 47% 확대되어 50만 톤 수준을 기록했으며, 다른 광물 대비 전기차 수요 증가의 영향이 컸다. 리튬 수요처에서 가장 높은 비중을 차지하는 항목은 배터리로 71% 정도이며, 이 중 전기차용 배터리 비중이 46%이다. 리튬 수요의 가파른 상승세에는 전기차 판매량이 전년 대비 2배 이상으로 증가한 점이 주효했다.

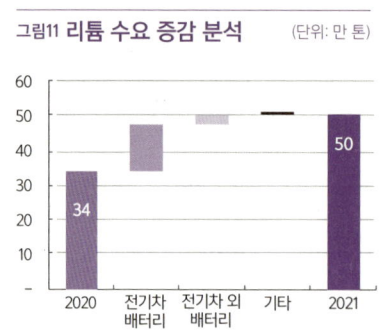

그림11 **리튬 수요 증감 분석** (단위: 만 톤)

자료: S&P, NICE신용평가

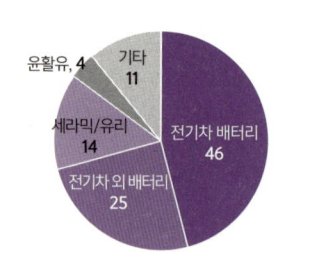

그림12 **리튬 수요 비중 (2020년)** (단위: %)

자료: S&P, NICE신용평가

2) 공급 부족 원인

> 2021년 광물 가격 급등의 배경에는 이례적인 광물 수요 증가 뿐 아니라 코로나19 등으로 인한 공급 차질 및 생산 비용 상승 등이 존재

2021년 원자재 시장의 전반적인 수급 불균형과 유례없는 가격 급등의 원인에는 공급 차질 이슈도 존재한다. 선진국 중심의 수요는 코로나19로부터 빠르게 회복되고 있는 반면, 공급 측면에서는 코로나19로 인한 가동 어려움, 에너지 요금 부담 등으로 차질을 겪을 수밖에 없었던 것이다. 이로 인해 원자재 가격은 전년 대비 53% 가량 급등하여 2014년 이후 최고치를 기록했다. 특히 알루미늄, 구리 등 비철금속을 포함한 광물 가격은 전년 대비 47% 급등하여 10년 내 최고치이자 30년 내 2번째 높은 수준을 기록했다.

배터리 광물들도 공급 문제를 겪었다. 니켈 최대 생산국인 인도네시아에서는 코로나19 영향에 따른 노동 수급 이슈로 인해 니켈 생산에 차질이 발생했다. 코발트 최대 생산국인 DR콩고의 코발트는 남아프리카 공화국을 거쳐 수출되는데, 남아프리카 공화국이 코로나19 억제를 위해 국경을 폐쇄함에 따라 코발트 운송에 차질이 발생했다. 코발트 최대 정련 국가인 중국에서도 코로나19 영향으로 공장 가동이 중단된 바 있다. 리튬 최대 생산국인 호주는 코로나19 대응을 위해 4개월간의 락다운 조치가 시행되었으며, 이로

인해 Pilbara Minerals 등 리튬 기업들의 조업에 차질을 빚었다.

  어려운 여건 속에서도 배터리 광물의 생산량은 전년 대비 8%(니켈), 20%(코발트), 22%(리튬) 확대되었으나, 공급 회복세가 수요 증가 속도를 따라잡지 못했다. 그 결과 니켈, 코발트, 리튬 가격 모두 동반 상승하였다. 니켈 가격은 전년 대비 34% 증가하여 지난 10년 내 최고 수준에 도달했다. 코발트 가격도 전년 대비 62% 증가하였으며 이는 지난 2017년 코발트 가격 급등 대란 시기를 제외하면 최고 상승률이다. 리튬 가격 상승률은 이보다 높아 무려 177%를 기록했다.

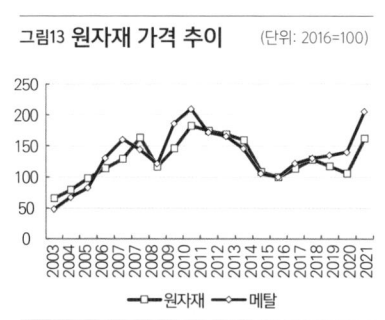

그림13 원자재 가격 추이 (단위: 2016=100)

자료: IMF Primary Commodity Price System

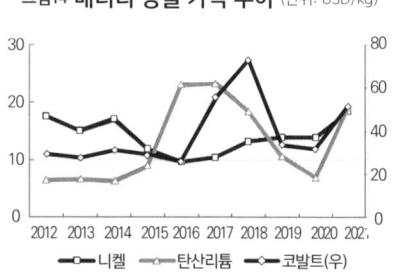

그림14 배터리 광물 가격 추이 (단위: USD/kg)

자료: 한국광해광업공단 한국자원정보서비스

3. 수급 이슈가 지속될 것인가

> 소비 비중에서 배터리가 차지하는 비중이 높고, 배터리 소재 변화에도 지속적으로 사용이 예상되는 리튬의 수요가 가장 빠르게 증가

1) 수요 전망

전기차와 배터리 판매 증가로 인해 가장 빠르게 수요가 증가할 것으로 예상되는 광물은 리튬이다. 니켈과 코발트의 수요 성장률은 광물 수요처에서 배터리가 차지하는 비중, 배터리 시장 성장률, 배터리 기술 진화 방향 등을 고려 시 리튬 대비 제한적일 것으로 분석된다.

니켈 수요는 2025년까지 연평균 8% 수준으로 성장할 전망이다. 니켈 수요 성장률이 전기차 성장률 대비 낮은 이유는 전체 니켈 수요에서 배터리 비중이 2020년 기준 6% 정도로 낮기 때문이다. 배터리용 니켈 수요는 배터리 시장 성장률과 배터리 내 니켈 함량이 증가하는 점을 감안하면 연평균 37%가량의 고성장이 전망되나, 전체 니켈 수요의 성장률은 이보다 낮을 수밖에 없다. 따라서 배터리용 니켈 수요가 전체 니켈 수요에 미치는 영향은 코발트, 리튬 대비 상대적으로 제한적이다.

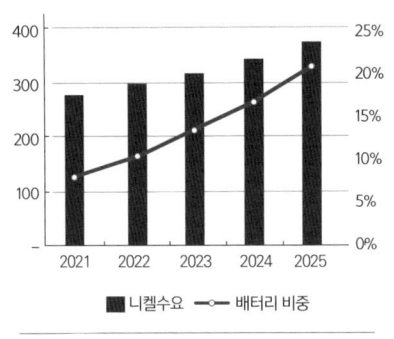

그림15 글로벌 니켈 수요 전망 (단위: 만 톤, %)

자료: NICE신용평가

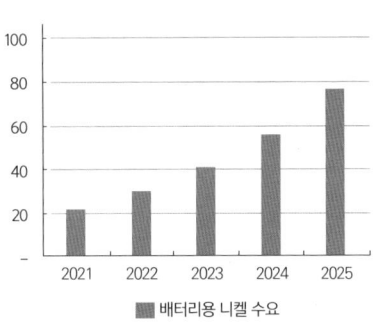

그림16 배터리용 니켈 수요 전망 (단위: 만 톤)

자료: NICE신용평가

코발트 수요는 2025년까지 연평균 14% 수준으로 성장할 전망이다. 코발트 수요 성장률이 배터리 수요 성장률 대비 낮은 이유는 배터리 내 코발트 함량이 점점 줄어들기 때문이다. 현재 배터리 핵심 소재 중 하나인 양극재에는 니켈과 코발트의 비중을 5:2 또는 6:2로 사용하는 경우가 가장 많다. 그러나 향후에는 니켈 비중이 높아져 8:1 또는 그 이상으로 확대될 전망이다. 코발트 비중을 줄이는 이유는 첫째로 코발트가 니켈 대비 2.5배 이상 비싸기 때문이다. 두 번째는 코발트가 니켈/구리의 부산물로 생산되기 때문에 니켈/구리 수요에 따른 공급 변동성이 존재하기 때문이다. 세 번째는 코발트 생산량의 절반 이상이 DR콩고에 집중되어 있고, 열악한 채굴 과정에서 아동 노동 이슈 등이 존재하기 때문이다. LG에너지솔루션, 삼성SDI, CATL 등 주요 배터리 기업들은 아예 코발트를 사용하지 않는 'Co-Free 배터리'를 개발 중이다. 테슬라도 배터리 데이 등을 통해 Co-Free 배터리 탑재 계획을 공개한 바 있다.

그림17 글로벌 코발트 수요 전망

그림18 배터리용 코발트 수요 전망

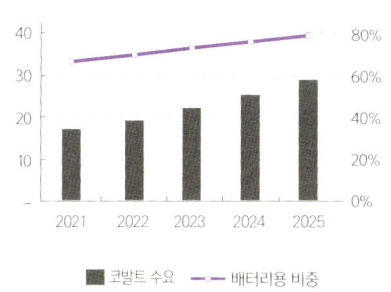
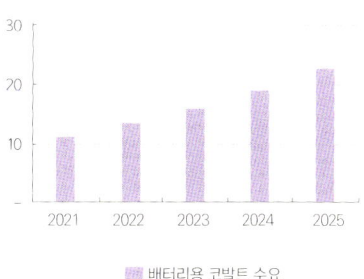

자료: NICE신용평가

자료: NICE신용평가

리튬 수요는 2025년까지 연평균 26% 수준으로 니켈, 코발트 대비 빠르게 증가할 것으로 예상된다. 현재 리튬 수요에서 배터리 비중은 80% 수준에 달하고 있으며, 전기차와 배터리 수요가 빠르게 확대됨에 따라 리튬 수요도 빠르게 증가할 것이다.

그림19 글로벌 리튬 수요 전망

그림20 배터리용 리튬 수요 전망

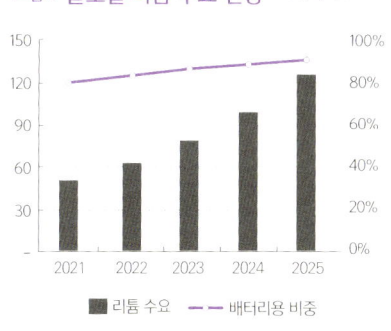
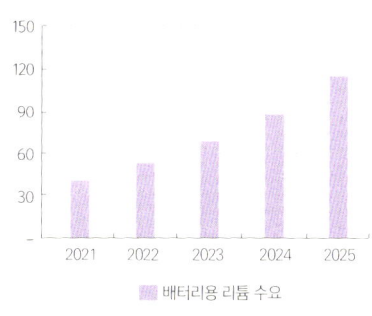

자료: NICE신용평가

자료: NICE신용평가

2) 공급 전망

> 가채년수 측면에서는 배터리광물의 매장량은 향후 광물 생산량이 빠르게 증가하더라도 부족한 편은 아님

매장량과 생산량을 기준으로 가채년수를 살펴보면 주요 광물들 모두 부족한 편은 아니다. 2021년 매장량(Reserve)[1]과 생산량을 기준으로 할 때 니켈의 가채년수는 35년, 코발트는 45년, 리튬은 220년 수준이다. 리튬 소비가 빠르게 증가하여 현재 생산량의 3배로 상승하더라도 가채년수는 70년 이상이 된다. 석유, 구리 등 주요 원자재의 가채년수가 수십 년 전 부터 줄곧 30-40년이었다는 점을 고려하면 배터리 광물들의 가채년수가 낮다고 볼 수는 없다. 게다가 채굴 기술의 발달과 가격 상승 등을 고려한다면 매장량은 추가로 증가할 것이다. 향후 매장량으로 전환될 수 있는 자원량(Resource)[2]은 매장량의 3-4배 수준이다.

표1 배터리 광물 별 가채년수

단위: 만 톤(리튬은 LCE)

광종	2021년				2025년		
	매장량 (Reserve)	자원량 (Resource)	생산량	가채년수 (매장량/생산량)	예상 수요	가채년수 전망 1 (매장량 유지 가정 시)	가채년수 전망 2 (자원량→매장량 전환 시)
니켈	9,500	30,000	270	35	375	22	76
코발트	760	2,500	17	45	29	23	83
리튬	11,711	47,375	53	220	126	90	372

자료: 미국 지질조사국(USGS), NICE신용평가

1. 현 수준에서 경제성을 확보하며 추출 또는 생산할 수 있는 광물의 양. 추출 시설의 존재/가동 여부와는 무관 (미국 지질조사국)
2. 현재 또는 향후 경제성을 확보하며 추출할 있는 광물의 양 (미국 지질조사국)

> 주요 업체들의 공급 확대 계획을 살펴보면 리튬의 경우
> 계획 Capa.를 달성하더라도 수요 대비 부족한 수준

배터리 광물 수요가 증가함에 따라 광물 업체들도 생산 확대 계획을 발표하였다. 리튬의 경우는 광물 업체의 생산 확대 계획이 실현되더라도 공급이 수요 대비 부족할 것으로 우려되며, 니켈과 코발트의 공급 확대 계획은 상대적으로 충분한 편이다.

니켈의 경우 지난해 글로벌 1위 생산 업체 Tsingshan이 대규모 Capa. 확대를 발표하였는데, 인도네시아 신규 프로젝트 등을 통해 생산 규모를 2020년 45만 톤에서 2021년 60만 톤, 2022년 85만 톤, 2023년 110만 톤까지 끌어올릴 계획이다. 2위 생산 업체 Nornickel은 글로벌 니켈 공급이 인도네시아 발 증산을 중심으로 25년까지 연평균 19% 가량 증가하여 시장 수급 문제가 없을 것이라는 분석을 내놓았다.

코발트 글로벌 1위 생산 업체 Glencore도 생산량을 빠르게 확대할 계획이다. 지난 2019년 채산성 문제로 가동이 중단되었던 세계 최대 코발트 광산인 Mutanda 광산의 재개를 포함하여 2024년까지 연평균 17%가량 생산을 확대할 계획이다. 2위 생산 업체인 China Molybdenum은 Tenke 광산 생산량을 2023년까지 2배 이상으로 확대하기 위해 25억 달러를 투자할 것이라고 발표했으며, 2020년 말 인수한 Kisanfu 광산에서도 2024년부터 코발트가 채굴될 것이라

전망된다. 선도 2개 업체의 Capa. 증가 속도와 유사한 수준으로 생산이 확대된다고 가정 시 코발트 수급은 큰 문제가 없을 전망이다.

리튬의 경우 주요 업체들이 Capa.를 빠르게 확대할 계획이나, 수요 성장 대비 부족한 수준으로 평가된다. 글로벌 1위 생산 업체 Albemarle은 현재 8.8만 톤의 생산량을 2025년 20만 톤까지 연평균 23% 속도로 확대할 계획이다. 2022년까지 칠레 염호와 호주 광산 확대를 통해 17.5만 톤 규모 Capa.를 달성하고, 5년 내 중국 내 3개 프로젝트(Qinzhou, Meishan, Zhangjiagang)와 Nevada, 호주 등을 더하여 20만 톤 Capa. 규모를 발표했다. 2위 업체인 SQM도 현재 14만 톤 규모의 생산규모를 2022년 21만톤 규모로 확대하고, 2024년에는 25만 톤까지 확대할 계획이다. 그러나 글로벌 리튬 수요가 연평균 25% 이상 증가할 것으로 본다면, 주요 업체들의 생산 확대 계획은 부족한 수준이며 향후 리튬의 수급 이슈가 재발될 가능성이 높아 보인다.

표2 주요 광물 업체들의 생산 확대 계획/전망

단위: 만 톤(리튬은 LCE)

광종	업체명	내용
니켈	Tsingshan (니켈 M/S 1위)	2020년 45만 톤 → 2023년 110만 톤 (CAGR 35%)
코발트	Glencore (코발트 M/S 1위)	2021년 3.1만 톤 → 2024년 5만 톤 (CAGR 17%)
	China Molybdenum (코발트 M/S 2위)	2020년 1.5만 톤 → 2023년 3.4만 톤 (CAGR 33%)
리튬	Albemarle (리튬 M/S 1위)	2021년 8.8만 톤 → 2025년 20만 톤 (CAGR 23%)
	SQM (리튬 M/S 2위)	2021년 14만 톤(Capa.) → 2024년 25만 톤(Capa.) (CAGR 22%)

자료: 각사 발표 종합

공급 업체들의 확대 계획 달성 가능성을 저해하는 주요 요소로써, 니켈은 인도네시아의 원자재 정책, 코발트는 주산물인 구리/니켈의 수요 상황, 리튬은 과점 구조로 인한 보수적 투자 기조 등 모니터링 필요

광물 업체들의 공급 확대 계획이 실현될 가능성에 대해서도 우려가 존재한다. 니켈의 경우 최대 생산지인 인도네시아의 정책 Risk가 존재한다. 인도네시아는 글로벌 니켈 원광 생산의 37%를 담당하고 있으며 니켈 매장량의 22%가 인도네시아에 위치해 있다. 자원 부국으로서 발언권이 높은 인도네시아는 정책적 수단을 통해 시장에 여러 차례 영향력을 행사했다.

대표적 사례는 광업법 개정을 통한 과거 2차례(2014년, 2020년)의 니켈 원광 수출 금지 및 자국 내 정련 생산 의무화 조치이다. 당시 인도네시아 발 수출 급감에 따라 글로벌 생산량 감소가 초래된 바 있다. 지난 2020년에는 광업법 재개정을 통해 외국인 투자자에 대한 49% 초과 지분 보유 허용 조항을 삭제하는 등 글로벌 광물 기업들의 투자 환경도 악화되었다. 현재는 인도네시아 내 정련 니켈 생산량이 높아져 글로벌 물량의 31% 수준으로 올라섰고, 원광 수출 금지의 충격도 상당 부분 해소가 된 듯하다. 그러나 인도네시아 정부가 자원 부국으로서의 강점을 활용하고 원광에서 정련, 소재까지 부가가치를 확대하기 위해 니켈 공급을 통제하고 시장에 영향력을 행사할 가능성이 여전히 존재한다.

그림21 **국가별 니켈 생산량** (단위: 만 톤)

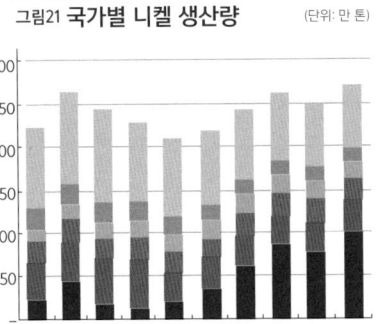

자료: 미국 지질조사국(USGS)

그림22 **국가별 니켈 매장량(2021)** (단위:만 톤)

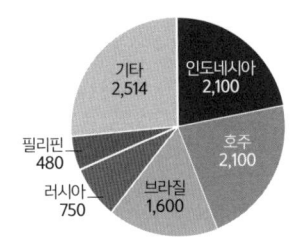

자료: 미국 지질조사국(USGS)

그림23 **인도네시아 니켈 원광 수출 추이** (단위: 억 USD)

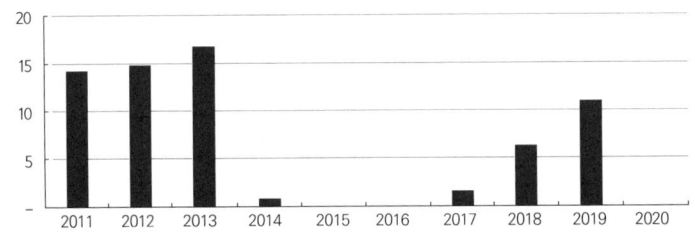

자료: International Trade Centre

표3 인도네시아 광업법 변화 주요 내용

2009년 신광업법 주요 내용	주요 개정 내용(2014년, 2017년, 2020년)
- 광산권 허가제 채택 - 중앙정부가 광물 가격 책정 권한 보유 - 연간 생산량의 25% 국내시장 의무화 - 수출 전 가공단계 의무화(제련소 설치) - 개발, 운송, 가공 등 현지 업체 사용 의무 - 외국인 투자자는 생산 개시 후 10년간 지분 49% 미만 허용(제련소 건설 시 49% 초과 보유 가능)	- 2014년부터 2년간 구리·철·망간·납·아연·티타늄 등 수출 관세 20~60% 부과 - 2014~17년 제련소 건설 및 수출관세 납부 업체는 농축 관물 수출 허용 - 외국인 투자자는 제련소 보유 여부와 상관없이 지분 51%를 인도네시아 국영기업 및 지방기업 등에 양도(불이행 시 기업 공개를 통한 지분 양도 절차 이행)

자료:대외경제정책연구원

코발트는 구리/니켈의 부산물로써 생산된다는 점이 Risk 요인으로 제기된다. 코발트는 대부분 구리와 니켈의 생산 과정에서 부산물로 나온다. 전체 코발트 생산량 중 구리의 부산물이 60%, 니켈의 부산물이 38%로, 모로코 Bou Azzer 광산 정도에서만 코발트가 우선적으로 채광되는 것으로 알려져 있다. 광산마다 구리/니켈과 코발트 채광량의 비율은 상이하나, 코발트 생산 1위 기업인 Glencore의 DR콩고 아프리카 구리 광산에서는 코발트의 채광량이 구리의 10%, 호주 니켈 광산에서는 코발트 채광량이 니켈의 8% 수준이며, 다른 광산에서는 코발트 비율이 2% 미만이기도 하다.

따라서 코발트 생산량을 1톤 늘리기 위해서는 구리/니켈이 10톤 ~ 50톤 가까이 늘어나야 하고, 구리/니켈 수요 상황이 코발트 생산에 큰 영향을 미친다. 지난 10년간 구리 소비의 연간 성장률은 줄곧 낮은 수준을 기록했으며, 3%를 초과한 적도 3번에 불과하다. 구리/니켈 수요가 약세일 경우 광산 업체 입장에서는 코발트 채굴을 확대할 유인이 낮아질 것이다.

또한 DR콩고 - 중국으로 이어지는 독점적 코발트 공급 사슬에 대한 우려도 커지고 있다. DR콩고발 코발트가 글로벌 생산량에서 차지하는 비중이 지속 확대되어 2021년 71%에 이르렀고, 채광된 코발트는 대부분 중국으로 수출되어 중국에서 정련 과정을 거친다. 이미 DR콩고의 코발트 광산 19개 중 15개를 중국 기업이 차지하고 있다. 2020년 기준 세계 정련 코발트의 중국 생산 비중은

64%에 달하며, 2위인 핀란드와도 많은 격차를 보이고 있다. 과거 중국 발 희토류의 높은 비중으로 인해 공급망 위기가 발생했던 전례를 생각한다면, 코발트도 위험성을 간과할 수 없다.

표4 구리/니켈과 코발트 생산량 관계 (2021년 기준) 단위: 만 톤(리튬은 LCE)

광종	광산명	구리/니켈 생산량 (A)	코발트 생산량 (B)	코발트 생산 비중 (B/A)
구리	Katanga/Mutanda(DR콩고) Mopani(잠비아)	277.2	27.7	10%
구리	Ernest Henry, Cobar(호주)	44.8	0	0%
니켈	Murrin Murrin(호주)	30.1	2.5	8.3%
구리/니켈 혼합	Sudbury(캐나다), Raglan(뉴질랜드), Nikkelverk(노르웨이)	68.5	1.1	1.6%

자료: Glencore

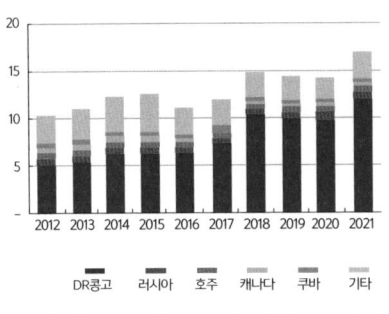

그림24 국가별 코발트 생산량 (단위: 만 톤)

자료: 미국 지질조사국(USGS)

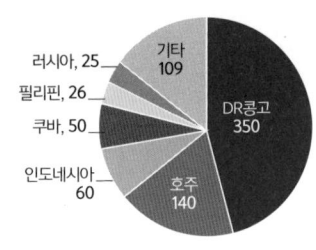

그림25 국가별 코발트 매장량(2021) (단위:만 톤)

자료: 미국 지질조사국(USGS)

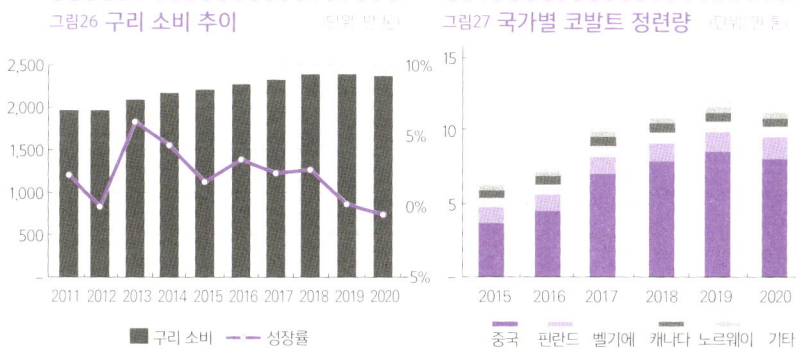

리튬의 경우 업체들의 보수적 투자 기조가 유지될 가능성이 제기된다. 리튬 시장은 니켈, 코발트와 달리 상위 5개 업체(Albemarle, SQM, Ganfeng, Tianqi, Livent)가 75%를 차지하고 있으며 상위 5개 업체 간에도 지분 투자와 JV 관계로 얽혀 있는 과점 시장이다. 글로벌 리튬 1위 업체인 Albemarle은 4위 기업 Tianqi와 JV(Talison社) 관계에 있으며, 이를 통해 세계 최대 규모 리튬 광산인 Greenbushes 광산에서 리튬을 채굴하고 있다. 또한 Tianqi는 지난 2018년 2위 기업 SQM의 지분 24%를 인수하여 2대 주주로 올라 있다.

이러한 리튬 업계의 과점 구조로 인해 리튬은 니켈, 코발트 등 다른 배터리 광물들 대비 공급자 우위의 시장 구조를 보이며, 선제적 Capa. 투자를 통해 시장 지배력을 확대하려는 유인이 적은 편이다. 리튬이 니켈, 코발트와 달리 글로벌 금속 거래소가 구축되지 못하고 있는 점도 이러한 공급자 우위 시장 구조의 단적인 예이다. 지난 2021년 LME에서 리튬 선물 거래가 개시되었으나 주요 업체들은 시세 산정에 필요한 정보 제공을 거부하는 등 대부분 부정적인 반응을 보이고 있다.

그림28 **리튬 시장 점유율 (2020년)** (단위:%)

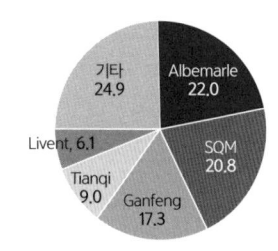

자료: RK Equity

그림29 **리튬 메이저 업체 관계**

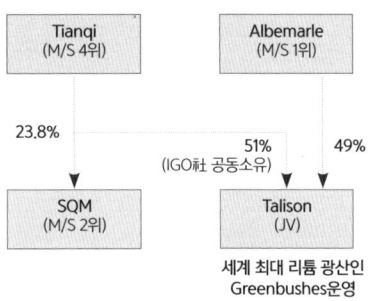

자료: Bloomberg, NICE신용평가 정리

그림30 **니켈 시장 점유율(2020년)** (단위: %)

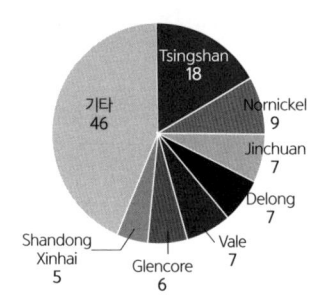

자료: Nornickel

그림31 **코발트 시장 점유율(2020년)** (단위: %)

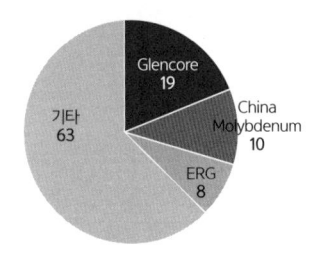

자료: Fitch Solutions, 각 사 발표자료 참고

상위 5개 업체 외 후발 주자들도 쉽사리 Capa. 투자를 가속화하기는 어려운 상황이다. 많은 업체들이 4-5년 전 리튬 수요 확대를 예상하고 가격 상승기 대규모 투자에 들어갔으나, 갑작스러운 증산에 따라 리튬 업계 생산 가동률이 60% 초반대로 떨어지고 업체가 파산하는 등 어려움을 겪었다. 2019년 Alita Resources, 2020년 Altura Mining 등이 법정 관리에 들어섰고, 소프트뱅크가 850억 원 가량을 투자하여 화제가 되었던 Nemaska Lithium 또한 2019년 파산 보호를 신청하는 등 대규모 투자에 따른 손실 경험 후 채 3년이 지나지 않았다. 이후 리튬 업계의 투자가 상당 부분 위축되었으며, 리튬 시장이 다시 확대될 것이라는 전망에도 업체들이 투자에 신중할 수밖에 없는 이유이다.

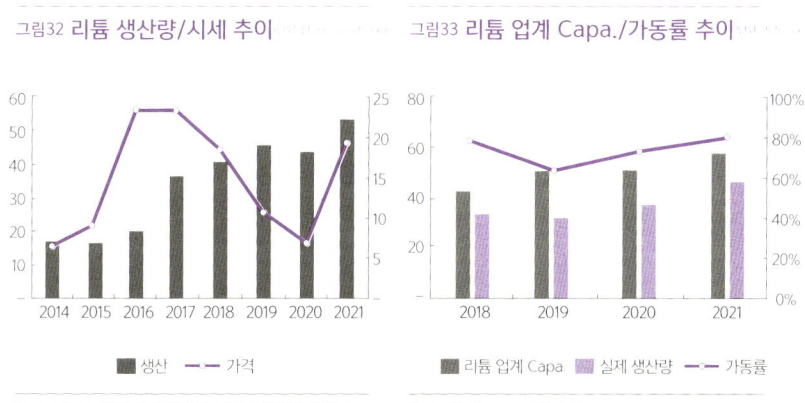

그림32 리튬 생산량/시세 추이
자료: USGS, 한국광해광업공단 한국자원정보서비스

그림33 리튬 업계 Capa./가동률 추이
자료: JP Morgan (2021.12)

> 2021년 광물 가격 급등의 영향은 배터리 셀 원가 12-17% 상승, 전기차 기준 원가 1-4% 상승시키는 효과
> 광물 가격 10% 추가 상승 시 배터리 가격 2-4% 인상 압력

4. 광물 수급 문제가 전방 산업에 미치는 영향

1) 전기차/배터리 원가 부담 수준

전기차와 배터리 Cost 비중에서 배터리 광물의 영향은 지속적으로 확대되고 있다. 지난 10여년간 배터리 가격은 빠르게 감소했지만 광물 가격은 오히려 상승했기 때문이다. 게다가 배터리 Cost에서 고정비 비중이 낮아짐에 따라 광물 가격이 미치는 영향은 더 커졌다. 글로벌 컨설팅 기업 Roland Berger의 분석에 따르면 배터리 셀 Cost에서 재료비가 차지하는 비중은 이미 71% 수준이며, 광물 비중이 13%이다. 그 동안 배터리 Cost 인하를 견인했던 대규모 투자에 따른 고정비 감소 효과가 점차 둔화될 것으로 보이며, 향후 광물 가격에 대해 더 민감해질 수 밖에 없다.

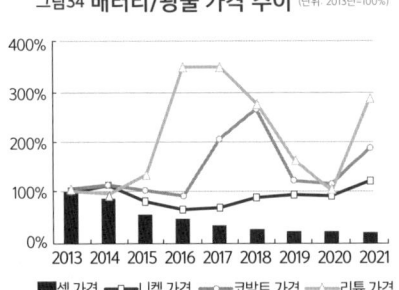

그림34 배터리/광물 가격 추이 (단위: 2013년=100%)

자료: BNEF, 한국광해광업공단 한국자원정보서비스

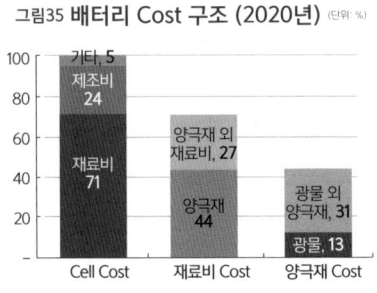

그림35 배터리 Cost 구조 (2020년) (단위: %)

자료: Roland Berger, NCM 811 기준

NICE신용평가는 광물 가격 변화에 따른 배터리 가격 변화를 시뮬레이션 해보았다. NCM 배터리 기준 2021년 광물 가격 인상이 배터리 셀 원가를 약 12-17%가량 상승시킨 것으로 분석되며, 원가 상승에 가장 큰 영향을 미친 광물은 리튬이다. 배터리 셀 원가 인상분의 절반 이상을 리튬이 차지한 것으로 보인다. 코발트와 니켈은 양극재 종류에 따라 차이가 났다. 코발트 비중이 20%가량인 622 배터리에서는 코발트 원가 상승 분이 컸지만, 811 배터리에서는 니켈 원가 상승 분이 더 컸다. 2021년 전기차 양극재 비중에서 622 양극재의 비중이 811보다 컸음을 감안하면 전체적으로 코발트의 영향이 니켈보다 컸을 것이다. 종합적으로 2021년 광물 가격 상승의 영향은 리튬 > 코발트 > 니켈 순이 된다.

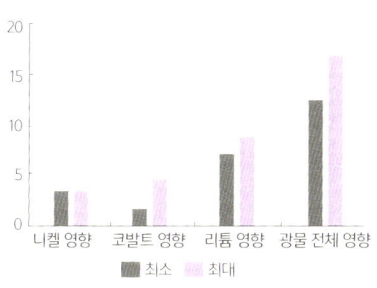

그림36 **2021년 배터리 Cell Cost 상승 요인**

자료: NICE신용평가

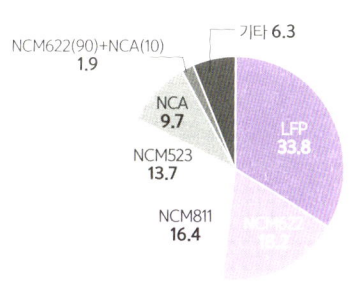

그림37 **전기차용 양극재 비중 (2021년)**

자료: SNE리서치

　　배터리 셀 원가가 12-17%가량 상승하게 될 경우 전기차 원가도 상승할 수밖에 없다. 전기차 원가에서 배터리 셀 원가 비중은 차

량마다 상이하나 15-30% 정도이다. 이를 반영하면 전기차 원가도 1-4%가량 증가하는 효과가 된다. 완성차 메이커의 영업이익률이 평균적으로 3~7% 수준이라는 걸 감안하면, 1-4%의 원가 상승은 큰 부담이 될 수밖에 없다.

향후 광물 가격 전망은 전문 기관별로 의견이 상이하나, 현재의 수요/공급 충격 상황이 회복됨에 따라 안정화가 예상되며, 안정화된 가격 수준은 코로나19 이전보다는 높아질 것으로 보인다. 한국광해광업공단의 광물 가격 예측에 따르면 2022년 리튬 가격은 전년 대비 30% 상승, 코발트는 18% 하락, 니켈은 전년 수준을 유지할 것으로 전망되며, 2023년에는 2022년 대비 소폭 하락할 것으로 예상하고 있다. 광물 가격이 2021년 대비 추가 인상할 경우, 광물 가격이 10% 상승할 때마다 배터리 셀 원가는 약 2-4% 가량 상승하는 것으로 분석된다. 광물 개별로 보면 니켈과 리튬 가격 인상의 영향이 코발트보다 높다. 향후 배터리 내 코발트 비중이 작아짐을 감안하면 코발트 영향은 더욱 줄어들 것이다.

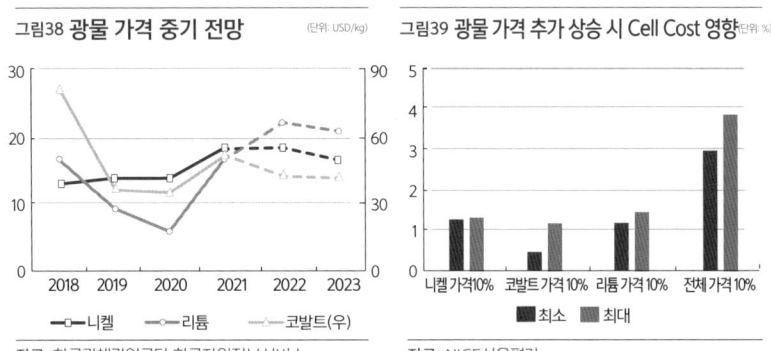

그림38 광물 가격 중기 전망 (단위: USD/kg)
자료: 한국광해광업공단 한국자원정보서비스

그림39 광물 가격 추가 상승 시 Cell Cost 영향 (단위: %)
자료: NICE신용평가

향후 전기차가 대중차 영역으로 진입하기 위해서는 추가적 원가 절감이 필요하며, OEM은 전방 산업으로 비용 부담 전가 예상

2) 전기차/배터리 업계 대응

 광물 가격 인상은 전기차 원가 인상으로 직결되었으며, 그 배경에는 배터리 업계의 계약 구조가 있다. 전기차와 배터리 업계에서는 광물 가격 변화에 따른 수익성 변동에 대해 오랫동안 고민해왔고, 그 결과 광물 시세 연동 계약과 광물 사급이 발달하게 되었다. 광물 시세 연동 계약이란 배터리 소재/셀 업체의 납품 판가에 광물 가격을 연동하는 방식으로 광물 시세 변동의 Risk를 헷징하는 계약이다. 사급은 자동차 OEM 또는 배터리 셀 기업이 광물 구매 차익을 확보하기 위해 직접 광물 기업으로부터 광물을 조달하여 배터리 셀 또는 소재 기업에게 제공하는 것이다. 이러한 계약 구조들로 인해 광물 가격 변화에 따른 수익성 변동은 배터리 소재, 배터리 셀 업체를 거쳐 자동차 OEM으로 상당 부분 전가하고 있다.

 지난해 원가 급등에 대해 OEM은 판매가격 인상으로 대응했다. 광물 가격이 급등하여 기존보다 배터리를 더 비싸게 구매할 수 밖에 없는 OEM에게는 2가지 선택지가 존재한다. 수익성 악화를 감수하고 판가를 유지하며 판매대수를 확대하거나, 수익성 보전을 위해 판매대수 하락을 감수하고라도 판가를 올리는 것이다. 테슬라, BYD, VW 등은 후자의 결정을 내렸다. 지난해 전기차의 시장

침투율이 약 8% 수준으로, 전기차의 시장 포지셔닝은 대중차보다는 프리미엄차에 가까웠다. 따라서 가격 변화에 대한 수요 탄력성이 상대적으로 낮아 판가 인상의 결정을 내릴 수 있었던 것이다.

표5 전기차 가격 인상 사례

OEM	인상 수준
테슬라	모델 3 판매가격 10% 인상(251,740위안 → 266,740위안, 모델 3 RWD 기준)
BYD	Qin, Song, Han 등 주요 모델들에 대해 1,000~7,000위안 판가 인상
NIO	전 모델에 제공되던 4,860 ~ 5,400위안 수준의 보조금 폐지
Xpeng	P5, G3i, P7 등 모델에 대해 제공했던 4,300~5,900위안 수준의 보조금 폐지
FAW-VW	ID.6 크로즈, ID.4 크로즈 5,400 위안 판가 인상
SAIC-VW	ID.3, ID.4X, ID.6X 5,400위안 판가 인상
VW	ID. 4 Pro RWD, ID Pro S AWD $795 판가 인상

자료: Insideevs 등 언론 종합(2021.11~2022.01)

그러나 앞으로 전기차 판매가 증가하여 시장 침투율이 10~15%를 넘어서고 전기차의 시장 포지셔닝이 대중차에 가까워지게 되면, 수익성 확보를 위한 OEM의 대응은 판가 인상에서 원가 절감으로 바뀔 수밖에 없다. 내연기관차 대비 짧은 주행거리와 불편한 충전 시간 등의 문제가 아직 해결되지 못한 가운데, 차량 가격까지 비싸다면 구매 유인이 감소하는 것이 당연하다. 과거 전기차 확대를 이끌었던 정부 보조금이 점차 줄어들고 있다는 점을 고려하면 소비자가 체감하는 구매 가격은 더 비싸진다. 따라서 OEM의 선택은 광물 가격 상승에 따른 비용 부담을 후방 산업으로 전가하는 수밖에 없다.

전기차 OEM과 배터리 기업 간의 비용 부담 비율은 양자 간의 교섭력 차이에 달려 있다. 현재는 전기차 배터리 기업의 교섭력이 과거 자동차 부품 기업들 대비 다소 우위인 편이긴 하나, 전기차 OEM의 배터리 내재화, 합작회사 설립 및 배터리 업체 지분 투자, 신규 배터리 업체들의 약진 등으로 인해 배터리 기업들의 교섭력이 점차 약화되고 있다. 광물 가격 인상이 장기화된다면 전기차 OEM 뿐 아니라 배터리 업체들의 수익성도 영향을 받을 수밖에 없다. 이는 향후 대규모 신규 투자를 지속해야 하는 배터리 업체 입장에서 더 안 좋은 소식이다.

그림40 **전기차 Value Chain별 교섭력/비용 부담**

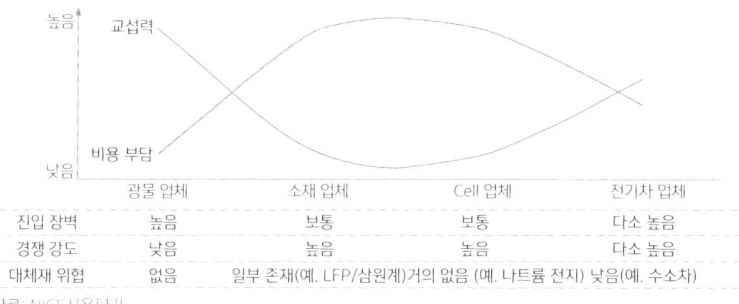

자료: NICE신용평가

광물 이슈 발생으로 인해 배터리 업계가 직면하고 있는 고민은 단지 수익성 저하뿐 아니라 추가적인 투자 부담이 수반된다는 것이다. 글로벌 전기차 배터리 1위 업체인 중국 CATL은 니켈, 코발트, 리튬 광산 기업들에 최근 3년간 8건의 투자를 검토/수행했다.

특히 2021년도에만 4건의 투자 검토/수행이 알려졌으며, 금액 규모도 수천억 원에 달한다. CATL은 지난 2021년 4월 전기차 가치 사슬 전반에 1년간 3조 원 이상을 투자하겠다고 발표했는데, 배터리 소재와 설비는 물론이고 광물까지 포함되는 것이다. 아직 국내 기업들은 광산에 대한 직접 투자보다는 장기 공급 계약을 중심으로 공급 안정성 확보에 집중하고 있다. 그러나 CATL이 광물에 대한 통제력을 기반으로 비용 경쟁력을 제고해나간다면 국내 기업에게는 위협이 될 수밖에 없다. 생산 설비 투자에만도 수 조원씩을 투자해야 하는 배터리 기업들 입장에서 투자 부담이 가중되는 셈이다.

표6 주요 배터리 기업의 광물 관련 투자

회사	광종	주요 투자 이력
CATL	니켈	2018. 4월 North American Nickel에 180억 원 투자하여 25.38% 지분 확보
		2018. 9월 자회사 Brunp 통해 인도네시아 Morowali Industrial Park 니켈 광산 투자로 15% 지분 확보
	코발트	2021. 4월 China Molybdenum이 보유하고 있는 코발트 기업에 1,546억 원 투자하여 25% 지분 확보
		2021. 8월 DR콩고 코발트 광산 보유한 Jinchuan 지분 10% 매입 시도
	리튬	2021. 9월 Millennial Lithium 인수에 3,500억 원 입찰 시도(Lithium Americas에서 4,729억 원에 인수)
		2021. 9월 Manono 광산 개발권에 2,848억 원 투자하여 지분 24% 확보
		2020. 9월 Neo Lithium에 74억 원 투자하여 지분 8% 확보
		2019. 9월 Pilbara Minerals에 470억 원 투자하여 지분 8.5% 확보
		2018. 3월 North American Lithium 지분 44% 확보
LG 에너지솔루션	니켈/코발트/리튬	2015.9월 리사이클 업체 Brunp 지분 66.72% 확보
	니켈	2021. 12월 리사이클 업체 Li-cycle에 LG화학과 함께 600억 원 투자하여 2.6% 지분 확보
		2021. 9월 Greatpower에 350억 원 투자하여 4.8% 지분 확보
	니켈/코발트	2021. 6월 QPM에 120억 원 투자하여 7.5% 지분 확보
삼성SDI	리튬	2018. 10월 Ganfeng에 574억 원 투자하여 1.8% 지분 확보

자료: 각 사 발표 자료 종합

> 광물 이슈로 인해 이차전지 업체의 수익성 저하, 투자 부담 증가가 예상되며, ROI 감소 및 투자 회수 기간 장기화 등 재무 안정성 저하 우려

이러한 광물 이슈의 파급을 고려해 본다면, 국내 이차전지 업체들의 생산 Capa. 확대 계획에는 완급 조절이 필요해 보인다. 첫째로는 수익성 감소 및 투자 부담 증가에 따라 ROI 감소, 투자 회수 기간 장기화 등이 우려되기 때문이다. 국내 이차전지 업체들의 수익성은 아직 궤도에 오르지 못한 반면, 투자 확대 계획은 공격적이다.

LG에너지솔루션은 2021년 흑자 전환하였으나 SK이노베이션 합의금이 일회성 수익으로 반영된 결과이며, SK온은 20% 이상의 영업 손실률을 기록했다. 그러나 올해 LG에너지솔루션, SK온이 공개한 배터리 CAPEX 규모가 각각 6.3조 원, 4조 원 수준이며, 25년까지 배터리 생산 Capa.를 현재 규모의 2~5배까지 확대할 계획이다. 기업공개(IPO) 및 유상 증자를 통한 자금 수혈에도 불구하고, 재무 안정성의 악화가 우려될 수밖에 없다.

> 배터리 원가 인하가 지연된다면 전기차 판매 속도도 둔화 예상됨. 현재 배터리 Capa. 확대 속도를 감안 시 가동률 저하에 따른 효율성 악화 가능성도 염려

두 번째 이유는 이차전지 업체들의 가동률 하락 우려이며, 전기차 판매 증가 속도와 배터리 Capa. 확대 속도의 미스매치가 예상되기 때문이다. 최근 이차전지 업체들은 공격적인 Capa. 확대 계획을 발표하고 있다. LG에너지솔루션, SK온, 삼성SDI의 2025년 배

터리 Capa. 계획 합계치가 700GWh 이상이며, CATL까지 포함 시 4개 업체의 2025년 Capa.는 1,300GWh 수준이 된다. 이는 전기차 2천만 대가량을 생산할 수 있는 규모이다.

주요 연구기관들이 2025년 전기차(BEV+PHEV) 판매량이 2천만 대 수준에 이를 것으로 전망하고 있는데, 상기 4개사의 생산 Capa.만으로도 글로벌 전체 전기차 생산에 필요한 배터리 용량에 대응이 가능하게 된다. 배터리 내재화를 추진 중인 전기차 OEM과 다른 배터리 기업까지 고려한다면 전기차 생산대수 대비 배터리 생산 Capa.가 과도한 수준이다. 만약 다양한 이슈로 인해 전기차 시장의 성장이 예상보다 부진하다면 가동률 문제는 더욱 심화될 것이다.

표7 주요 전기차 배터리 기업의 투자 계획 및 사업 실적

배터리 업체	현재 Capa.('21년)	계획 Capa.('25년)	투자 계획('22년)	'21년 매출	'21년 영업이익(률)
LG에너지솔루션	155GWh	442GWh 이상	6.3조 원	17.9조 원	7,685억 원(4.3%)
SK온	40GWh	220GWh 이상	약 4조 원	3.0조 원	-6,871억 원(-22.6%)
삼성SDI (전지 부문)	40~50GWh	110~214GWh	N/A	10.9조 원	5,376억 원(4.9%)
CATL	155~210GWh	510~660GWh	N/A	22.9조 원	3.2조 원(13.8%)
Panasonic (Energy 부문)	47~56GWh	126GWh	N/A	7.6조 원	7,232억 원(9.5%)
BYD (전기차 실적 포함)	105GWh	238GWh	N/A	41.2조 원	1.4조 원(3.3%)

자료: 각 사 발표 자료, 언론 보도, 증권사 전망, Bloomberg 종합
주: LG에너지솔루션, SK온 Capa.는 각 사 발표 기준, 그 외 Capa. 현황/계획은 업계 전망 종합.
　　CATL, BYD 실적은 가이던스 기준. BYD 실적은 배터리 외 전기차 등도 포함

물론 이차전지 업체는 전기차 OEM으로부터의 수주를 기반으로 생산 Capa.를 늘리고 있는 것이나, 전기차 브랜드별, 모델별 판매량은 예상 수준과 크게 달라질 수 있다. 아직 출시되지 않은 전기

차 모델의 판매량을 예단할 수는 없다. 또한, 자동차 산업 관련 사업 경험이 많지 않은 이차전지 업체가 향후 높은 판매량을 기록할 것으로 예상되는 브랜드나 전기차 모델만 선별적으로 수주하는 것 또한 쉽지 않다.

OEM은 전기차 모델의 플랫폼화와 배터리 공용화 확대를 통해 생산 효율성을 최대한 높이겠지만, 이차전지 업체는 OEM 또는 모델별 최대 생산 Capa.를 갖춘 상태에서 수주 모델의 판매량에 맞추어 생산량을 조절해야 한다. 전술한 바와 같이 배터리 광물 수급 불안 및 가격 상승에 따른 투자 부담 증가, 생산라인의 적정 가동률 확보 문제 등을 고려하면, 이차전지 업체의 수주전략과 향후 투자계획에 대한 재검토 필요성이 증가하고 있는 것으로 판단된다.

5. 마치며

지난 2021년도 배터리 광물 가격 급등은 전기차 확산이라는 중장기 트렌드에 코로나19라는 일시적 충격이 더해진 결과물이다. 향후 배터리 광물 가격이 얼마나 변동할지 예측하기는 어려우나, 코로나19 영향이 걷히더라도 전기차 확대가 지속되는 한 배터리 광물의 중요성은 지속적으로 부각될 것이다.

광물 가격이 전기차 배터리에 미치는 영향은 향후 더욱 확대될 것으로 보인다. 그동안 전기차 배터리는 규모의 경제 효과를 기반으로 고정비 감소를 통해 원가를 빠르게 개선해왔다. 그러나 현재 변동비가 70% 이상인 배터리 원가 구조상 고정비 감소의 속도는 둔화될 것이며, 반대로 광물 가격 변동성에 취약할 수밖에 없다. 배터리/전기차 기업들은 광물 가격 변동성을 해소하기 위한 방법의 하나로써 광산/광물 업체 투자를 확대하는 추세이다. 업의 본질이 상이한 광산업으로까지 확대를 고려할 정도로 업계 고민이 깊은 상황을 알 수 있다.

광물은 다양한 요인으로 인해 수급불균형이 발생하고 가격이 급변하는 등 리스크가 내재되어 있다. Value Chain 상의 누군가는 이러한 리스크를 감내해야 하며, 전후방 산업에 대한 교섭력 차이가 감내 수준을 결정할 것이다. 최근 광물 수급 불균형이 지속되고, 가격 변동성이 심화됨에 따라 배터리 기업들의 사업적/재무적 Risk 수준이 점차 커질 것으로 우려되고 있다. 시시각각 변화하는 광물 시장과 주요 업체들의 전략 변화에 대해 지속적으로 모니터링이 필요한 시점이다.

한편, 자동차는 단종 이후 10년 이상 A/S가 가능해야 하는 고가의 내구소비재이다. 배터리 기술의 진척 속도를 감안하면 10년 이상 지난 구형 배터리팩은 가격, 용량, 효율 등에서 신형 배터리팩에 뒤처질 것이다. 통상 5~7년 사이 전기차 모델의 세대교체가 이루어지면서 구형 배터리팩 생산라인의 가동률이 급격히 저하되겠지만, 이차전지 업체는 A/S를 고려하여 해당 배터리팩에 들어가는 배터리셀 생산 라인을 유지해야 한다. 문제는 구형 배터리팩 교체에 거금(1~3천만 원 수준)을 지불할 용의가 있는 소비자는 거의 없을 것이라는 점이다.

아직 전기차 세대교체가 본격화되지 않은 시점이기 때문에 해당 이슈가 부각되지 않고 있으나, 구형 배터리 교체 관련 비용부담 이슈도 명확한 솔루션이 부재한 상황이다. 소비자에 전적으로 비용을 부담하게 할 경우 전기차 시장 성장은 현재 기대보다 크게 저하될 것이다. 반대로 비용 부담이 배터리 업체로 전가된다면 수익성 악영향이 불가피하다. 소비자 편의성과 더불어 전기차와 배터리 산업 발전을 고려한 해결 방안 모색이 필요할 것이다.

인터넷전문은행 출범 후 4년, 우리가 기대했던 것은 달성되었는가

| 박선지 |

> 인터넷전문은행 출범 4년 경과 시점으로 향후에도 토스뱅크 출범, 중·저신용자 대출 확대 등 다양한 이슈 존재

1. 들어가며

우리나라 최초의 인터넷전문은행인 케이뱅크은행(이하 '케이뱅크')가 2017년 4월 영업을 시작한 지 4년이 지났다. 그동안 특례법이 제정되어 은산분리 완화 등 규제의 틀이 정립되었고 오픈뱅킹 사업이 도입되는 등 사업환경에 큰 변화가 있었다. 사업자의 위상과 시장의 기대도 많이 달라졌다. 전통 금융기관과의 차별화 부족으로 초기 돌풍이 지속되지 못할 것이라는 예상과 달리 인터넷전문은행은 시중은행 수준인 2천만 명의 고객을 확보할 정도로 순조

롭게 기반을 다져가는 중이다. 시장의 높은 기대는 하반기 상장을 추진하는 카카오뱅크의 높은 예상 기업가치에도 반영되고 있다.

숨 가쁘게 달려왔던 인터넷전문은행 업계는 2021년 하반기 토스뱅크 출범, 카카오뱅크 IPO라는 또 한 번의 변곡점을 맞이할 전망이다. 사업자들의 자본 확충과 신규 상품 출시로 경쟁 강도는 심화될 것이 확실하다. 금융당국이 포용 금융 등을 위해 중·저신용자 대출 비중 확대를 요구함에 따라 인터넷전문은행은 수익성과 건전성 확보라는 도전적 과제를 해결해야 하는 상황에 놓여있다. 이러한 상황에서 인터넷전문은행의 지난 경과를 점검하고 직면한 과제를 살펴보는 것은 향후 은행산업 변화를 예상하는 데 있어 의미 있는 정보를 제공할 것으로 기대된다.

표1 인터넷전문은행 주요 연혁

연월	내용
2015년 06월	금융위원회, 인터넷전문은행 도입 방안 발표
2016년 12월	케이뱅크 인터넷전문은행 1호 본인가 획득
2017년 04월	케이뱅크 대고객 영업 개시
2017년 04월	카카오뱅크 인터넷전문은행 본인가 획득
2017년 07월	카카오뱅크 대고객 영업 개시
2018년 09월	'인터넷전문은행 설립 및 운영에 관한 특례법' 국회 통과
2019년 01월	'인터넷전문은행 설립 및 운영에 관한 특례법' 시행
2021년 06월	토스뱅크 인터넷전문은행 본인가 획득

자료: 금융위원회

> 2019년 은산분리 규제 완화가 법제화된 이후 카카오뱅크는 카카오, 케이뱅크는 비씨카드로 최대주주 변경

2. 출범 후 변화

1) 주주구성

은산분리 규제 완화 이후 카카오뱅크와 케이뱅크 모두 지분 구조에 상당한 변화가 나타났다. 변화의 직접 배경은 2019년 1월 시행된 <인터넷전문은행 설립 및 운영에 관한 특례법>이었다. 특례법은 은행산업 경쟁 촉진, 신성장 동력 확보라는 당초 도입 취지를 살리기 위해 ICT 기업과 같은 산업자본의 지분 소유 한도를 기존 4%(지방은행은 15%)에서 34%까지 완화하였다.

특례법 제정 이후 카카오뱅크는 2019년 11월 최대주주가 한국투자금융지주에서 카카오로 변경되었다. 카카오가 유상증자를 통해 최대주주가 되면서 카카오뱅크는 자본 확충은 물론 계열 정체성과 사업 연계를 강화하는 효과를 거둔 것으로 판단된다. 케이뱅크의 경우 우리은행, KT, NH투자증권 등이 10% 내외의 지분을 보유하고 있었으나, 2019년 7월 비씨카드가 KT 지분 10%를 인수하고 제3자 유상증자에 참여하며 34%를 보유한 최대주주가 되었다. 당초 케이뱅크 사업을 실질적으로 주도한 KT는 공정거래법 위반 이슈로 대주주 적격심사를 통과하지 못하고 최대주주 지위를 자회사인 비씨카드에 넘겨준 바 있다.

성장과 규제자본 충족을 위해 지속적인 자본 확충이 필요한 인

터넷전문은행에게 주주구성은 특별한 의미를 가지고 있다. KT의 대주주 적격성 심사 이슈로 증자가 지연되며 2019년 한해 동안 대출 영업이 중단된 케이뱅크의 사례가 이를 말해준다. 지배 구조 안정화로 당분간 인터넷전문은행 3사 모두 최대주주 변동 가능성은 낮은 것으로 보이며, 주요 주주의 지분 희석이 최소화되는 범위에서 자본 확충 경쟁이 이어질 것으로 예상된다.

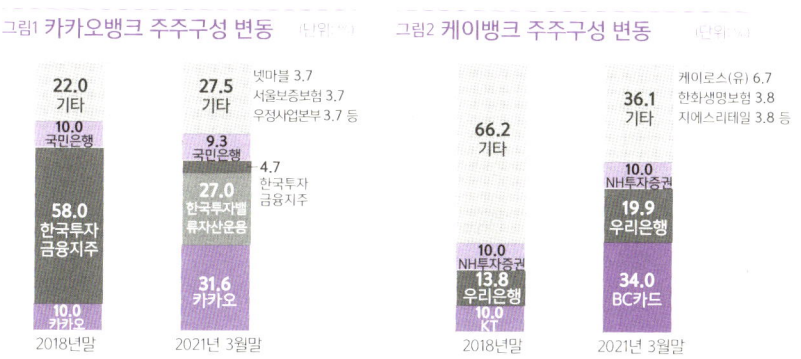

그림1 카카오뱅크 주주구성 변동 / 그림2 케이뱅크 주주구성 변동

자료 : 각 사 경영공시, 언론 보도 취합
주: 케이뱅크는 2021년 7월 14일 1.25조 원의 유상증자 완료

출범 이후 시중은행에 비해 높은 자산 성장을 지속한 가운데, 안정적 자본확충과 흑자전환을 이룬 카카오뱅크의 자산성장성이 케이뱅크에 비해 전체적으로 우위

2) 성장성

인터넷전문은행은 시중은행과 지방은행에 비해 높은 성장을 지속하고 있다. 시중은행 총자산이 2019년 8.2%, 2020년 8.4% 성장하는 동안 카카오뱅크 총자산은 87.4%, 17.3% 성장하였으며, 케이뱅

크 총자산은 17.1%, 69.3% 증가하였다. 케이뱅크의 경우 가상화폐 거래소의 계정 서비스 활성화에 힘입어 2021년 3월 말 자산규모가 2020년 말의 4.3조 원에서 117.3% 성장하였다. 이러한 빠른 성장에 힘입어 카카오뱅크와 케이뱅크의 2021년 3월 말 예수금 규모는 각각 지방은행인 광주은행과 제주은행을 추월한 상황이다.

양 사를 비교하면, 카카오뱅크는 매년 0.5~1조 원의 안정적 자본 확충과 2019년 흑자전환에 힘입어 증자 지연의 어려움을 겪었던 케이뱅크보다 3배 가까운 자산(28.6조 원)을 보유하는 등 격차가 존재한다. 카카오뱅크의 경우 2021년 하반기 상장을 통한 자기자본 확대가 예상되고 케이뱅크 역시 최근 1.25조 원의 유상증자로 대규모 자본 확충이 이루어진 상황으로 당분간 양 사 모두 기존 은행을 상회하는 성장이 전망된다.

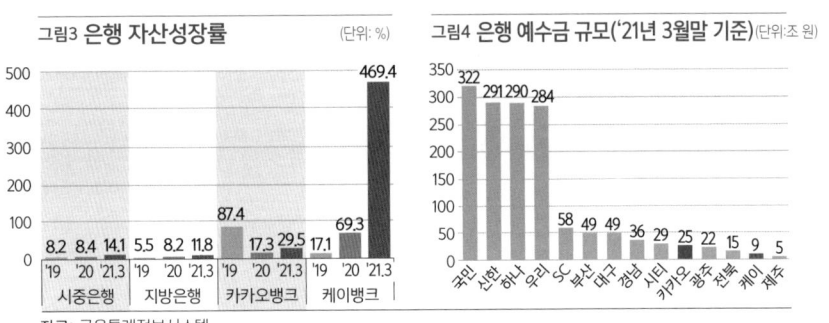

그림3 은행 자산성장률 (단위: %)
그림4 은행 예수금 규모('21년 3월말 기준) (단위: 조 원)

자료: 금융통계정보시스템
주: 2021년 3월 말 은행 자산성장률은 연환산 기준

> 카카오뱅크와 케이뱅크 모두 가계 신용대출이 절대적 비중 차지

3) 대출구성

대출 구성 면에서는 카카오뱅크와 케이뱅크 모두 원화 가계대출만 취급하고 있다. 전체적으로는 가계 신용대출(보증부 포함)이 2021년 3월 말 기준 카카오뱅크 73.9%, 케이뱅크 86.9%로 대부분을 차지하고 나머지는 전월세보증금 담보대출 등의 담보부대출로 구성되어 있다. 이는 특례법 6조에 의거 법인 신용 공여가 원천적으로 금지(중소기업 제외)되어 있고, 비대면 영업 특성과 심사 및 리스크 관리역량 측면에서 가계 신용대출이 인터넷전문은행의 초기 대출사업에 적합했기 때문으로 풀이된다. 가계 담보대출의 경우 카카오뱅크가 2018년 전월세보증금 담보대출을 출시하고 케이뱅크 역시 2020년 아파트 담보대출 상품을 판매하며 점차 비중이 증가하고 있다.

인터넷전문은행이 심사 능력 및 밀착 영업 네트워크가 필요한 법인대출을 본격 취급하는 데는 시일이 걸릴 것으로 전망된다. 다만, 확대된 자본 능력을 바탕으로 2021년 하반기부터 비대면 주택담보대출, 소상공인 대출 공급이 늘어날 것으로 보여 가계대출 상품 구성은 보다 다양해질 것으로 예상된다.

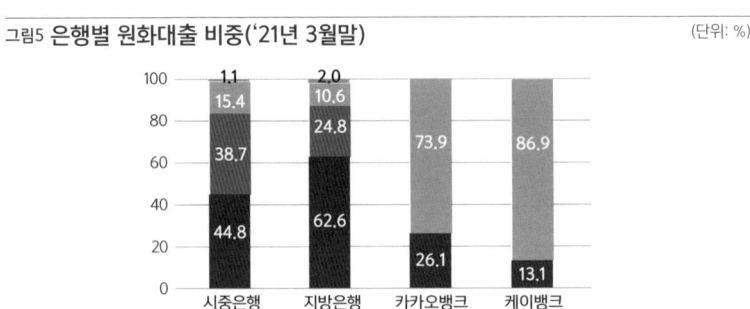

그림5 은행별 원화대출 비중('21년 3월말)

자료: 금융통계정보시스템

> 케이뱅크 적자규모 축소된 가운데, 규모의 경제 달성한 카카오뱅크는 시중은행 수준의 수익성 확보

4) 수익성

수익성 측면에서는 카카오뱅크가 빠른 실적 개선세를 보이고 있다. 영업 3년 차인 2019년 흑자전환(순이익 137억 원)한데 이어 2020년 0.5%, 2021년 1분기 0.7%로 시중은행 수준의 총자산순이익률(ROA)을 시현하며 순항 중이다. 반면, 케이뱅크는 2021년 1분기 적자 폭이 크게 줄었으나, 여전히 카카오뱅크와는 큰 격차를 보이는 적자 기조가 이어지고 있다.

양 사의 사업 초기 수익률 격차는 규모의 경제 달성 여부에서 비롯된 것이다. 카카오뱅크는 시의적절한 자본 확충을 바탕으로 2018~2019년 빠르게 대출을 확대한 반면, 케이뱅크는 이에 미치지 못하였다. 우량 가계대출 및 수수료 부문의 성장 효과로 판관비 등 고정비 부담이 완화되고 대손상각비가 적절히 통제된 점, 2020년 이후 (평균)예대율 증가로 NIM(Net Interest Margin)이 상승한 점도 카카오뱅크의 수익성 개선에 기여한 것으로 판단된다.

중·저신용자 대출 비중 확대로 인한 대손비용 증가와 업계의 경쟁 심화 가능성은 인터넷전문은행의 수익성을 저해할 수 있는 요인이다. 인터넷전문은행의 강점으로 언급되는 무점포 영업방식에 따른 낮은 고정비 부담 정도, 증권계좌/대출/카드 중개 관련 수수료 부문 성장의 성과가 기존 은행 대비 수익성의 우열을 드러내는 차별화 포인트가 될 것으로 보인다.

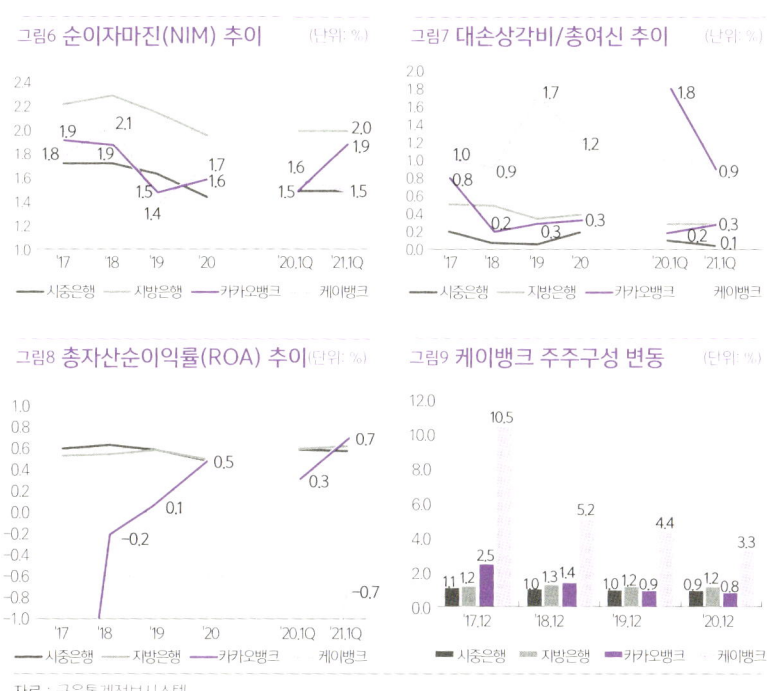

자료 : 금융통계정보시스템

> 양호한 자산건전성을 보여주고 있으나, 초기 신규대출 증가와 정부의 금융완화정책 효과에 따른 착시가 있을 수 있어 보수적인 해석 필요

5) 자산 건전성

2021년 3월 말 기준 인터넷전문은행의 고정이하여신비율 등 자산 건전성 지표는 전반적으로 양호하다. 케이뱅크의 경우 열위한 여신 규모와 상대적으로 높은 4등급 이상 차주 비중으로 2020년 6월 말 고정이하여신비율이 2.7%까지 상승한 바 있으나, 이후 여신 규모가 크게 늘며 하향 안정화되고 있다. 카카오뱅크와 케이뱅크 모두 시중은행 이상의 양호한 대손충당금 커버리지를 확보하는 등 예상 손실에 대한 흡수 능력도 우수한 수준이다.

다만, 현재 인터넷전문은행의 부실률 지표는 급격한 신규대출 확대와 2020년 이후 정부의 금융완화 정책 효과가 반영된 상황으로 착시가 있을 수 있는 것으로 보인다. 특히, 영업 초기 신규 여신이 계속 증가하는 국면에서는 고정이하여신비율 희석으로 부실률이 실제보다 좋게 보일 수 있어 보수적인 해석이 필요하다. 중·저신용자 대상 대출 확대, 정부의 금융완화 종료 이후 차주의 상환능력 저하 가능성도 향후 수익성뿐 아니라 건전성 측면에서도 상당한 부담이 될 수 있는 요인이다.

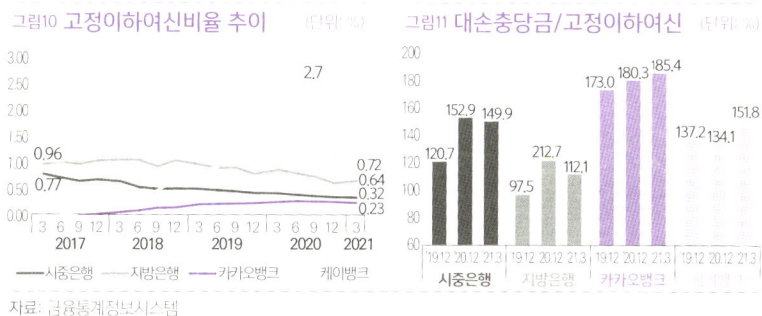

케이뱅크의 경우 변동성 존재하나, 양 사 모두 자본확충과 바젤III 적용 효과로 2019년 대비 자본적정성 개선

6) 자본 적정성

2021년 3월말 카카오뱅크의 BIS 자기자본 비율은 19.9%로 시중은행과 비교해도 상당히 우수하다. 케이뱅크의 경우 2021년 1분기 가상화폐 관련 대규모 예수금 유입으로 2020년말 17.9%였던 비율이 2021년 3월말 기준 14.2%로 하락하는 등 변동성이 나타나고 있다. 가파른 대출 성장과 영업 초반 실적 부진 영향으로 양 사 모두 2019년말 비율이 저조했으나, 2020년 자본 확충과 바젤III 적용에 따른 위험가중자산(RWA) 감소 효과에 힘입어 2020년말 기준 비율이 개선되었다.

카카오뱅크와 케이뱅크는 2023년까지 시중은행과 동일한 수준의 최저자본 규제를 매년 단계적으로 적용 받게 된다. 양 사는 영업 3년차인 2019년까지 바젤 I 특례규정(BIS 자본비율 8% 이상 등)을 적용 받은 바 있다. 높은 성장과 자본 비율 규제 충족이라는 목표를 모두 달성해야하는 상황에서 자기자본 확충과 수익성 개선이 보다 중요한 과제가 되고 있다.

그림12 BIS자기자본비율 추이 (단위: %) 그림13 인터넷전문은행 최저자본비율 규제(단위: %)

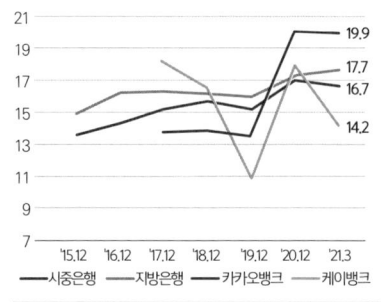
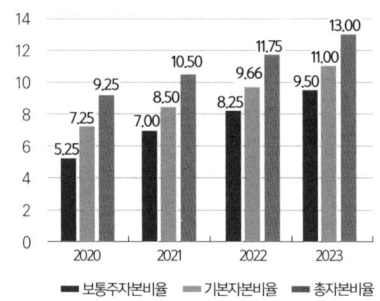

자료: 금융통계정보시스템, 금융감독원

3. 최근 이슈

인터넷전문은행 도입 이후 사업환경과 소비자 행동방식, 산업의 경쟁양상도 끊임없이 변하고 있다. 기존 금융기관에 대한 충성도가 낮은 밀레니얼(Millennial) 세대를 중심으로 새로운 금융서비스는 부담없이 받아들여지고, 코로나19 이후 비대면 전자금융 거래수요가 확산되며 전 연령에 걸쳐 디지털과 모바일 의존도가 크게 높아지고 있다. 규제측면에서는 업종간 경계가 허물어지는 소위 빅블러(Big Blur) 환경에 맞춰 금융인프라가 개방되고 비금융사의 금융플랫폼 진출 규제는 완화되고 있다. 이와 함께, 2021년 하반기 출범하는 토스은행의 등장과 이후 금융지주사의 진입 가능성은 양강 구도로 유지되던 인터넷전문은행의 경쟁에 근본적 변화를 가져올 것으로 보인다. 최근 인터넷전문은행 업계에 가장 특징적인 환경변화는 다음과 같다.

그림14 **국내 모바일뱅킹 이용실적**

자료: 한국은행

제3호 인터넷전문은행인 토스뱅크는 국내 대표 핀테크기업인 토스가 지분 34% 보유

1) 토스뱅크 신규 진입
 - 사업자들의 수익성 및 자산 건전성 저하 요인으로 작용 가능성

지난 6월 본인가를 받고 10월 대고객 영업을 시작한 토스뱅크의 진입은 당분간 기존 사업자의 영업 전략에 가장 직접적인 영향을 미칠 전망이다.

토스뱅크는 간편송금 앱으로 출발한 토스(Toss)의 운영사 비바리퍼블리카가 지분 34%를 보유하고 있다. 토스(비바리퍼블리카)의 경우 2015년 간편송금 앱을 출시하여 현재 ATM출금, 신용등급조회, 소액투자, 대출/보험/신용카드 중개 등 40개 이상의 금융 서비스를 제공하는 국내 대표 핀테크 기업으로 성장하였다. 2020년까지 적자가 지속되었지만 2021년 4,500억원의 투자유치를 통해 7조원 이상의 기업가치를 인정받는 등 향후 성과에 대한 투자자의 기대는 높은 모습이다.

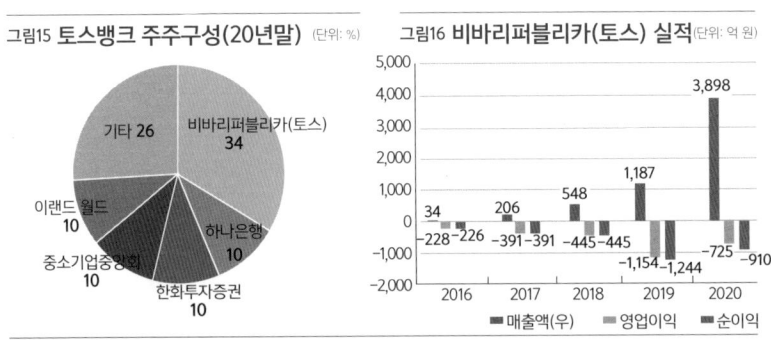

자료: 금융위원회, 언론보도, 비바리퍼블리카 감사보고서
주: 비바리퍼블리카 실적은 2016~2018년 개별기준, 2019~2020년 연결 기준

> 토스뱅크의 강점은 대주주인 토스의 우수한 고객기반과 강력한 금융플랫폼 보유

토스의 강점은 간편송금 등 금융 서비스를 접점으로 하는 1,800만명 이상의 모바일 고객과 1,300만명을 넘는 실사용자(MAU)를 확보하고 있는 점이다. 적자를 무릅쓰고 적극적으로 서비스 영역

을 확대하는 토스의 사업전략은 신규고객 유입과 락인(Lock-in)을 통해 플랫폼을 강화하는데 초점이 맞춰져 있다. 또한, 사용빈도 증대를 통해 충성 고객을 늘리고 플랫폼 파워를 강화하는 방식은 카카오뱅크와 상당히 닮아있다.

 토스뱅크는 하나의 앱(App)안에 주식브로커리지(토스증권), 보험(토스인슈어런스)를 포함한 소위 '원앱' 전략을 취하는 토스의 고객 기반을 활용할 수 있을 것으로 예상된다. 실제로 지난 3월 MTS(Mobile Trading System)를 출범한 토스증권의 경우 직관적 UI(사용자 인터페이스)와 기존 고객 기반을 이용해 출시 70일만에 300만개의 신규 계좌를 확보한 바 있다. 이러한 모습들을 종합할 때 기존 인터넷전문은행 사업자에게 있어 토스뱅크는 부담스러운 경쟁자가 될 것으로 보인다.

우량 가계여신 수요 확보, 상대적으로 열위한 대출 상품 구성은 후발주자로서 불리한 경쟁 요소

 하지만, 후발주자로서 토스뱅크에게 불리한 요인도 있다. 우선, 기존 인터넷전문은행 성장의 토대가 되었던 고신용자 대출 수요 확보가 상대적으로 어려울 수 있다. 금융당국의 규제 강화로 우량 가계여신 확보 측면에서 기존 사업자와 직접적 경쟁이 심화될 것으로 보이기 때문이다. 이와 함께 준비 기간이 좀 더 필요할 것으로 보이는 비대면 주택담보대출, 전세자금대출 등 대출상품 구성 면에서도 제3 사업자로서 약점을 극복해야 한다.

표2 인터넷전문은행 3사 비교

구분	카카오뱅크	케이뱅크	토스뱅크
은행인가	2017년 4월 (영업개시 2017년 7월)	2016년 12월 (영업개시 2017년 4월)	2021년 6월 (영업개시 2021년 10월)
주주구성	카카오 31.8%, 한국투자운용& 한국투자지주 31.8%, 국민은행 9.4%, 기타주주 27.0%	비씨카드 34.0%, 우리은행 19.9%, NH투자증권 10.0%, 기타주주 36.1%	비바리퍼블리카(토스) 34.0%, 하나은행 10%, 한화증권 10%, 기타주주 10%
투입자본	2.8조원(+IPO 신규공모)	0.9조원(+ 유상증자 1.25조원)	0.25조원(+ 유상증자 0.5조원)
고객수	1,614만명	537만명	간편송금 가입자 약 1,800만명
임직원수	967명	377명	180명(영업개시 시점)
MAU	1,300만명 이상	350만명	1,300만명 이상(토스앱 기준)
수신규모	25.4조원	8.7조원	n.a.
여신규모	21.6조원	3.8조원	n.a.
최대주주 핵심사업	커뮤니케이션앱(모바일메신저), 음악/게임/웹툰 컨텐츠 플랫폼	통신서비스, 신용카드 프로세싱	금융서비스 (결제/증권/보험/상품중개)
보조 플랫폼	카카오톡	-	간편송금(계좌이체/송금)

자료: 각 사 경영공시 및 발표자료, 금융위원회, 언론보도
주: 주주구성과 투입자본은 2020년말 기준(괄호는 최근 자본유치 내용), 고객수 및 임직원수는 2021년 4월말 기준,
MAU, 수신규모, 여신규모는 2021년 3월말 기준
주2: MAU는 월간 활성이용자 수(Monthly Active Users)

한편, 다소 공격적인 목표를 제시한 중·저신용자 및 소상공인 대출 확대 계획의 경우 아직 선두업체들의 성과도 검증이 되지 않은 상황으로 향후 추진 경과에 대한 확인이 필요하다. 고도화된 신용평가시스템(CSS)의 성공적인 구축 및 운영 여부가 상기 사업의 성패를 결정할 것으로 판단된다.

> 토스뱅크 진입으로 경쟁 심화로 인터넷전문은행의
> 수익성 및 자산건전성 저하 가능성 존재

신생기업인 토스은행은 출범 효과를 극대화하기 위해 사업 초기부터 공격적인 영업을 수행할 가능성이 높다. 최근 자본 확충을 완료하거나 추진 중인 카카오뱅크와 케이뱅크 역시 예대율 관리를

위해 적극적인 대출 영업을 지속할 것이다. 이 때문에 저하된 사업 환경 속에서 성장을 위한 경쟁이 심화될 것으로 예상되는 2021년 하반기 이후부터는 수익성 및 자산 건전성 하락 가능성을 염두하고 인터넷전문은행 업계를 살펴봐야 할 것으로 보인다.

금융지주가 인터넷전문은행에 관심을 갖는 배경은 새로운 성장모델 확보와 조직 유연성 및 효율성 강화

2) 금융지주의 인터넷전문은행업 진출 가능성
- 경쟁 심화요인이나 단기적으로 기존사업자에 큰 위협으로 작용할 가능성 제한적

기존 인터넷전문은행이 예상보다 빠르게 자리를 잡으면서 금융지주들도 인터넷전문은행업 진출을 검토하고 있는 것으로 알려졌다.

금융 지주가 인터넷전문은행 설립에 관심을 가지는 이유는 두 가지로 볼 수 있다. 우선, 기존 사업자의 성장을 견제하고 새로운 성장 모델을 확보하기 위해서이다. 인터넷전문은행은 새로운 고객군 접근이 수월하고 다른 사업영역 확장 및 비계열 사업자와의 협력도 비교적 쉬운 특성을 가지고 있다. 일본 미쓰비시UFJ은행이 통신사 KDDI와 합작하여 설립한 지분은행(Jibun Bank)의 경우가 통신사 부가서비스 등을 통해 새로운 고객 창출에 성공한 사례로 꼽힌다. 둘째, 보수적 성향이 강한 조직에 혁신과 유연성을

불어넣고 효율성을 개선하기 위한 목적이다. 인터넷전문은행의 상품 구성과 서비스는 사용자 중심의 단순함을 추구한다. 이는 레거시(Legacy) 시스템 하에서 구축되어 무겁고 복잡할 수밖에 없는 기존은행의 앱에서는 발현되기 어려운 특징이다. 또한, 인터넷전문은행을 통해 비대면 무점포 방식의 영업방식을 도입, 조직 내 활력과 효율성 개선의 동기를 마련할 수 있는 점도 매력적일 수 있다.

> 금융지주사의 인터넷전문은행업 진출은 업계의 경쟁심화 요인이나, 기존사업자의 핀테크 경쟁력 감안 시 단시간 내 큰 위협으로 대두될 가능성 제한적

금융 지주의 인터넷전문은행업 진출이 현실화된다면 중장기적으로 업계의 경쟁은 심화될 가능성이 높다. 최근 몇 년간 금융 지주는 핀테크의 장점을 흡수하여 금융소비자 편의성 등에서 상당한 개선을 이룬 것으로 평가된다. 높은 고객충성도 및 상품개발/자금조달 등의 경쟁 우위와 최근의 혁신 경험을 잘 활용한 경우 금융지주의 인터넷전문은행 진출은 중장기적으로 업계 판도에 영향을 미칠 가능성이 있다. 또한, 해외 사례에서 볼 수 있듯이 합작/제휴를 통한 특성화 영역 진출, 온라인 특화 창구를 통한 연계 상품 판매 등에서도 일정 수준 성과가 나타날 여지는 충분하다.

하지만, 설립허가 가능성을 차치하고라도, 금융 지주사의 인터넷전문은행업 진출이 단기간 내 기존 사업자에게 큰 위협으로 떠오를 가능성은 크지 않은 것으로 보인다. 이는 무엇보다도 차별화

된 사용자 경험과 강력한 플랫폼 구축으로 대표되는 카카오뱅크 등의 경쟁력은 단기간 내 쉽게 모방될 수 있는 특성이 아니기 때문이다. 사용자 편익와 호감도를 최대치로 끌어올려 빈번한 접속을 유도하는 능력은 국내에서는 네이버나 카카오, 토스 등 대형 ITC 및 핀테크 기업이 보유한 것으로 사업에 대한 완전히 새로운 정의와 접근이 필요하다. 이와 함께, 다양한 서비스를 통해 구축해 놓은 플랫폼 생태계도 기존 금융사가 극복하기 쉽지 않은 장벽이 될 가능성이 있다.

표3 해외 인터넷전문은행 설립 사례

설립주체	설립형태	인터넷전문은행(본점 소재국가(기업))
은행	사업부	Marcus(미국 골드만삭스), Hellobank(프랑스)
	독립법인	Pepper Bank(이스라엘의 르미은행 자회사), SBI Sumishin Net Bank(일본 SBI홀딩스 등)
은행+산업자본	통신업체 제휴	Jibun Bank(일본)
	ICT 제휴	Japan Net Bank(일본), WeBank(중국)
제2금융권	증권(브로커리지 확장)	Charles Schwab Bank(미국), Daiwa Next Bank(일본)
	보험(저축예금 공략)	ING Direct(네덜란드), Sony Bank(일본/보험사 중심의 Sony Financial이 최대주주)
	카드(지급결제 확장)	American Express Bank(미국), Discover Bank(미국)
산업자본	유통&ICT(고객기반 활용)	Mybank(중국/앤트파이낸셜), Seven Bank(일본/세븐일레븐)
	자동차(자동차금융 특화)	Ally Bank(미국), BMW Bank(독일)

자료: 우리금융경영연구소, NICE신용평가 재가공

4. 도입 중간평가

1) 금융소비자 편의성 개선, 은행산업 경쟁 촉진 부분적 제고

'간편로그인, 간편이체, 비대면 상품출시 등을 통해 금융소비자 편의성 제고에 기여'

인터넷전문은행 도입은 금융산업의 혁신과 경쟁 촉진 면에서 상당한 성과였다. 일단, 간편 로그인, 간편 이체 등 과거 인터넷전문은행이나 핀테크의 전유물이었던 혁신적 기능들이 이제는 웬만한 금융회사도 채택할 정도로 범용화되었다. 또한, 비대면 대출 및 예금상품이 확산되고 상품 가입 절차가 간소화된 것도 인터넷전문은행의 공이 컸다고 볼 수 있다. 아직 수수료 혜택이나 사용자 인터페이스 등에서 아쉽다는 의견이 있지만 전체적인 은행서비스 수준은 인터넷전문은행 도입 이전보다 상향 평준화된 것으로 평가된다.

표4 인터넷전문은행과 기존은행의 모바일서비스 및 상품 특성

구분	카카오뱅크	케이뱅크	기존은행
접근성	간편 로그인⊠이체(지문인증, 패턴잠금 등), 비대면 가입 및 계약 절차 대폭 축소, 메뉴 전환 속도 대폭 개선		대부분 수용하여 편의성 개선
인터페이스	핵심기능 위주의 단순하고 정돈된 UI		변화하고 있으나 한계 존재
수수료	ATM, 중도상환수수료 등 수수료 무료, 해외송금 수수료 인하		고객 대상 수수료 무료 혜택 확대
여신상품	비상금대출, 비대면 전월세보증금 대출	비대면 아파트담보대출(국내 최초), 비상금대출	다수의 비대면 유사 서비스 출시(비대면 대환대출, 자동심사 및 자동약정시스템 도입 등), 비대면 기업대출 상품 개발 추진
수신상품	모임통장, mini, 26주 적금, 저금통, 세이프박스(하루입금해도 이자 혜택)	플러스박스(하루 입금해도 이자 혜택)	
연계서비스	주식계좌 개설, 제휴사 대출 중개, 제휴 신용카드	카드사용/보험가입에 따른 금리 혜택 차별화	자사 중심의 판매전략 고수
기타서비스	내 신용정보, 빠른 해외송금(계좌번호 없이 24시간 실시간 해외송금)	내 신용관리, 공과금납부 서비스	부동산플랫폼(KB) 생활밀착 서비스 출시(음식 중개, 문서관리, 택배 픽업)
기타	카카오톡 사용자 계좌이체, 모임통장 초대	-	디지털 전환을 위한 조직정비, 오프라인 점포 감축(시중은행 6개사 점포 수 20년 5월 말 4,842개→ 21년 5월말 4,634개 (207개↓)
	빅데이터, 비재무 신용정보 활용 추진		

자료: 언론보도, NICE신용평가 정리

디지털화 및 효율성 개선 관련 은행간 경쟁 촉진에 기여

편의성 제고만큼 성과가 뚜렷하지 않지만 경쟁 촉진, 특히 디지털화와 조직 효율성 개선 면에서도 성과가 있었던 것으로 보인다. 대부분의 금융 지주와 은행이 디지털 인력과 조직을 확충하고 조직을 슬림화 하는 노력을 기울이고 있다. 이러한 가운데, 점포 수가 축소되고 한국씨티은행의 경우처럼 소매금융부문 철수를 추진하는 사례도 나타나고 있다. 물론 경쟁의 양상이 조직을 축소하는 방향으로만 나타나는 것은 아니다. 시중은행의 경우 고유의 강점인 영업조직과 고객 로열티를 활용한 다양한 마케팅노력과 신규사업참여 움직임이 강해진 것으로 파악된다. 자산관리 부문 강화와 인터넷전문은행에 대한 높아진 관심 자체가 이러한 노력의 연장선으로 볼 수 있다.

그림17 **시중은행/지방은행 합산 점포수** (단위: 개)

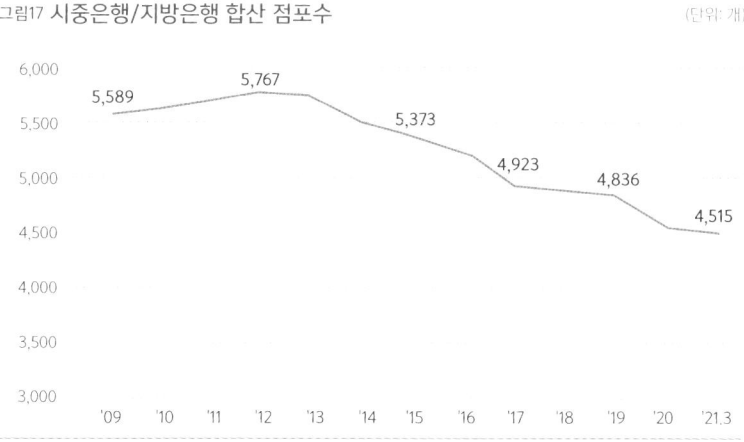

자료: 금융통계정보시스템

> 중저신용자 대상 신용공여 확대는 기대보다 미흡

2) 중·저신용자 대출 성과 미흡

중·저신용자 대상 신용공급 확대는 기대보다 미흡하다. 금융위원회에 따르면, 2020년 말 인터넷전문은행의 중·저신용자 대출 비중은 12.1%로 은행 전체의 24.2%에 비해서도 저조했다. 취약계층에서 신용공급이 미흡했던 것은 고신용자 신용대출만으로도 충분한 성장이 가능하여 중금리 대출 확대를 위한 유인이 부족했던 점, 차별화된 CSS(Credit Scoring System) 구축이 지연된 점에 기인하는 것으로 보인다.

표5 중·저신용자(KCB기준 4~10등급) 대출 비중 (단위: %, %p)

구분	인터넷전문은행			전체은행(B)	차이(B)-(A)
	카카오뱅크	케이뱅크	계(A)		
전체 가계대출	14.9	20.4	15.6	24.2	8.6
- 신용대출	10.2	21.4	12.1	24.2	12.1

주: 금융위원회 발표자료(2020년말 기준)

당초 인터넷전문은행은 중·저신용자들을 위한 10%대의 중금리 대출 시장 공급 경로를 다양화할 것으로 기대되었다. 빅데이터 기반의 CSS를 적극적으로 도입함으로써 중금리 대출 활성화의 선결 요건인 고객 선별(Screening) 능력을 빠르게 갖출 것으로 보았기 때문이다. 기존 중금리 대출의 경우 평가 역량 부족으로 적정 대출금리 및 시장 형성이 어려웠으며, 이에 은행들은 건전성과 평판 리스크 악화 우려로 중·저신용자 신용대출에 소극적이었다. 결과적으로 중·저신용자는 20%대의 고금리시장에 집중되고 중금리 대출은 공동화되는 현상이 고착화되었다.

인터넷전문은행 도입이 성공적이었다고 평가받기 위해서는, 중금리 대출 시장 활성화 과제에서 어느 정도 성과를 내야 할 것으로 보인다. 이는 인터넷전문은행 도입을 포함한 디지털화로 나타날 수 있는 역효과들, 예컨대, 은행의 지점/인력 감소에 따른 금융소외계층 증가 등의 문제를 보완할 수 있는 길이기도 하다.

인터넷전문은행 3사, 높은 수준의 중저신용자 대출 확대 목표 제시

금융위원회는 이와 관련해 2021년 5월 <인터넷전문은행 중·저신용자 대출 확대 계획>을 발표하여 인터넷전문은행의 향후 목표와 금융위의 관리·감독방안을 제시하였다. 주요 골자는 사업계획 대비 저조한 인터넷전문은행 사업자의 중·저신용자 신용대출 비중(2020년말 카카오뱅크 기준 10.2%)를 2023년 말까지 30% 이상으로 올리고 CSS 구축 목표와 감독기관의 관리 강화를 구체화한 것이다. 눈에 띄는 것은 토스뱅크가 제시한 중·저신용자 비중 목표가 현격하게 높게 설정되어 있는 점이다. 이는 기본적으로 신생기업으로서 축적된 대출이 없기 때문이지만, 자체 구축한 CSS에 대한 토스은행의 자신감에서 비롯된 것으로도 해석할 수 있다. 토스뱅크의 진입이 단순히 또 다른 일반 경쟁자의 출현으로만 볼 수 없는 이유이다.

표6 인터넷전문은행 중·저신용자 대상 신용대출 확대계획 (단위: 억 원)

사업자	구분	사업계획 ('20말)	'20말	'21말	'22말	'23말
카카오뱅크	가계신용대출(A)	10,575	140,376	153,761	-	-
	중·저신용자신용대출(B)	3,255	14,380	31,982	-	-
	비중(B/A)	30.8%	10.2%	20.8%	25.0%	30.0%
케이뱅크	가계신용대출(A)	6,417	27,289	56,151	-	-
	중·저신용자신용대출(B)	3,376	5,852	12,084	-	-
	비중(B/A)	52.6%	21.4%	21.5%	25.0%	32.0%
토스뱅크	가계신용대출(A)	-	-	4,693	-	-
	중·저신용자신용대출(B)	-	-	1,636	-	-
	비중(B/A)	-	-	34.9%	42.0%	44.0%

주: 금융위원회 발표자료

5. 시사점

> '메기'로서의 역할과 사업/재무적 역량은 인터넷전문은행을 평가하는 주요 판단요소

과거 유럽 어부들이 북해 연안에서 잡은 청어를 수조에 보관할 때 천적인 메기를 넣어 멀리까지 운송할 수 있었다는 이야기는 인터넷전문은행의 은행산업 내 역할을 강조할 때 많이 거론된 비유였다. 최근 카카오뱅크와 케이뱅크는 '메기'를 넘어 '청어'로 변모하고 있다. 그러나 여전히 '메기'로서 금융당국이 기대하는 역할 수행능력과 사업/재무적 역량은 인터넷전문은행을 평가하는 중요 판단 요소로 볼 수 있다.

본문에서 언급한 대로 중·저신용자 대출 비중 확대 등 포용금융 성과는 인터넷전문은행의 '메기' 역할을 평가하는 시금석이 될 것

으로 예상된다. 만약 실망스러운 결과가 계속될 경우 신사업 진출 등에 있어 개별 사업자의 불이익은 물론, 은산분리 완화 등 업계에 주어진 혜택에 대한 논란이 재점화될 수 있다.

> 신규사업자 진입 및 중·저산용저 대출 비중 확대 과정에서 인터넷전문은행 사업자간 사업/재무 역량 격차 발생 가능성 존재

향후 신규 사업자 진입과 중·저신용자 대출 비중 확대 과정에서 사업자 간 수익성 및 자산 건전성 격차가 나타날 가능성이 존재한다. 카카오뱅크의 경우 이미 규모의 경제를 확보하고 있고, IPO를 통한 자본 확충 및 비대면 주택담보대출 출시를 앞두고 있어 지표 저하 폭은 적을 것으로 보인다. 반면, 신생기업인 토스뱅크는 영업 초기부터 부실률이 높은 중·저신용자 대출을 확대하면서 상당 기간 수익성 확보에 어려움을 겪을 수도 있다.

대폭적인 성장 기조 환경에서 비교적 안정적인 건전성 지표를 보여왔던 인터넷전문은행에게 향후 몇 년은 검증 기회가 없었던 리스크 관리능력을 테스트하는 기간이 될 것으로 보인다. 금리는 이미 상승기에 돌입했고 중·저신용자 대출 목표는 부담으로 다가올 것이다. 경쟁력 있는 사업자의 진입은 인터넷전문은행의 진짜 실력을 가늠하는 시험대가 될 것이다. 기존 은행들도 물론 예외가 아니다.

APPENDIX

은행 및 인터넷전문은행 비교

구분	은행	인터넷전문은행	비고
설립 및 운영에 관한 기본법률	은행법	인터넷 전문은행 설립 및 운영에 관한 특례법(특별 규정 이외는 은행법 따름)	
최소자본금	1,000억 원(지방은행은 250억원)	250억 원	완화: 지방은행 수준
동일인 소유한도 규제	'동일인'은 최대 10%(지방은행 15%)까지 소유 가능(금융위원회 승인 시 10% 초과 가능(10%, 25%, 33% 초과 시마다 승인 필요))	좌동	
비금융주력자 소유 제한	은행지분 최대 4%(지방은행은 15%)까지 소유 가능(금융위원회 승인 시 10%까지 소유 가능(의결권 행사는 4% 이내로 제한))	비금융주력자는 은행지분 최대 34%까지 소유 가능	완화
업무 범위 규제	은행법 지정 업무(고유업무, 겸영업무, 부수업무)	법인에 대한 신용공여를 제외한 은행 업무(중소기업 신용공여는 가능)	기업금융 업무에 제약
동일 차주에 대한 신용공여 한도	동일 차주 대상으로 자기자본의 25%까지 대출 가능	동일 차주 대상으로 자기자본의 20%까지 대출 가능	규제 강화
대주주에 대한 신용공여 한도	대주주 대한 신용공여 자기자본의 25%까지 한도	대주주에 대한 신용공여 금지	규제 강화
대주주 발행 지분증권의 취득 금지	대주주 발행 지분증권은 은행 자기자본의 1%까지 취득 가능	대주주 발행 지분증권 취득 금지	규제 강화
바젤 적용수준	21년 이후 바젤Ⅲ 전면 적용 (조기 적용)	신규 영업개시 3년간 유예. 이후 3년간 단계적 적용(LCR, NSFR, 레버리지 규제는 전면적용)	

주: 국가법령정보센터, 금융감독원